大夏书系｜教师专业发展

一辈子学做良师

任勇——著

华东师范大学出版社

·上海·

图书在版编目（CIP）数据

一辈子学做良师／任勇著．—上海：华东师范大学出版社，2025.

— ISBN 978-7-5760-6211-3

I. G451.6

中国国家版本馆 CIP 数据核字第 2025J5Y571 号

大夏书系丨教师专业发展

一辈子学做良师

著　　者	任　勇
策划编辑	朱永通
责任编辑	潘琼阁
责任校对	杨　坤
封面设计	奇文云海·设计顾问

出版发行	华东师范大学出版社
社　　址	上海市中山北路 3663 号　邮编 200062
网　　址	www.ecnupress.com.cn
电　　话	021-60821666　行政传真 021-62572105
客服电话	021-62865537
邮购电话	021-62869887
地　　址	上海市中山北路 3663 号华东师范大学校内先锋路口
网　　店	http://hdsdcbs.tmall.com/

印 刷 者	北京密兴印刷有限公司
开　　本	700×1000　16 开
印　　张	20
字　　数	305 千字
版　　次	2025 年 7 月第一版
印　　次	2025 年 7 月第一次
印　　数	3 100
书　　号	ISBN 978-7-5760-6211-3
定　　价	69.80 元

出 版 人	王　焰

（如发现本版图书有印订质量问题，请寄回本社市场部调换或电话021-62865537联系）

目录

"师"指一条路，"烛"照万里程

于漪老师有句名言："一辈子做教师，一辈子学做教师。"回眸我的"一路走来"，广义说来，也算是"一辈子做教师"。初为人师时，我对教育家精神的了解甚少，初心就是做一名不误人子弟的教师，但教育之旅多有良师伴行，我就步入了"一辈子学做良师"之境。

良师是内在的自我追求和自我完善之师，也是深受学生爱戴之师。"寻找大国良师"活动告诉我们，教育家一定是良师，良师不一定都能成为教育家，但众多良师的教育之道，聚合起来也就涵盖了教育家精神的所有特质。

良师引路，且行且悟。"师"指一条路，"烛"照万里程。

我的求学路上，遇到许多良师。幼儿园老师的循循善诱，小学老师的耐心指导，中学老师的言传身教，大学老师的严谨治学，"国培"专家的高位视角……都给我留下深刻的印象。教师对学生的影响是深远的，我的老师、我的良师，就是我学习的榜样。

我身边同事，也是良师荟萃。龙岩一中老师的艰苦奋斗，双十中学老师的精益求精，厦门一中老师的育人情怀，教科院老师的锐意进取……他们都是我身边的好老师。向同事中的良师学习，取人之长，补己之短，就能不断提高自身素质和教学水平。

第一章　求学路上遇良师

求学路漫漫，良师常相伴。

我的求学路比较长，从爸爸厂里的幼儿园小小班学起，经历了农村小学、城里中学的学习；上山下乡后，从知青点考入龙岩师专，后来又到福建师大函授学习本科和攻读教育硕士，再到北师大读博士课程班；因工作需要，我还在北师大参加了国家级骨干教师培训，到华东师范大学教育部中学校长培训中心学习。

因为一直在求学，所以也一直在学，一直向着更高的目标奋进。这种原本为改变低学历状态而"被逼"一直在学的理念，用今天的语言可以表述为"终身学习"。我的求学之路默合了先进的教育理念：天天学习，天天进步，终身学习，终身受益；学习创造机遇，知识改变命运；机遇与勤奋同在，成功与笃学共存。

每一段的学习，我都遇到了良师。良师的一言一行、一举一动、一点一滴，既体现了他们良好的职业形象，又时时滋润我的心田，"长大后我就成了你"！

1. 幼儿园的老师

我是 1961 年进幼儿园学习的，幼儿园名叫**龙岩风动工具厂托儿所**。

园长陈桂碧是某军骑兵团团长的妻子，很有水平又很和善。幼儿园老师大多是厂里的技术人员的妻子，综合素质都比较好。

我家有四个孩子，我是老大。父母把我全托——星期一早上送进幼儿园，星期六才接回家。

幼儿园办得很规范，每周安排得井井有条，三餐吃什么清清楚楚地写在黑板上，每天的活动内容也一目了然。早操、唱歌、游戏、剪纸、泥工、体育活动、讲故事、学拼音、学汉字、学算术……一应俱全。能记得起的智力游戏就有七巧板、火柴游戏、积木、橡皮泥、猜谜语。我跳的第一支舞是"小鸟飞，小鸟飞，你要飞到哪里去，请你飞到我这里，我有句话告诉你……"

有一节游戏课，老师让我们五个小朋友一组，每个人站成一排，背后贴上1、2、3、4、5 五个数字中的一个，自己不知道贴的数字是几，要通过观察其他小朋友的数字，推出自己的数字。老师一声令下"开始"，我们就在草地上"跑"了起来，这"跑"还真不容易，既要看到别人背后的数字，又尽量不让别人看到自己背后的数字。

竹子做的围墙一侧，标有1、2、3、4、5 五个数字，谁最先准确地站在自己的数字下面，就可以得到五朵小红花，第二名得四朵，依次类推。第一次玩，我第二名，不甘心，第二次玩，我动了"歪脑筋"，不用看完四个数字，看完三个即可跑向余下的两个，故意不站稳，用眼睛的余光看观众小朋友的眼神，听呼声，若对了，小朋友欢呼雀跃，若站错了，小朋友表情怪异，我就摇晃一下站在准确的数字下，屡屡第一。虽有"赖皮"之嫌，现在看来也许就是一个

"不乖男孩"的"智慧成长"。

还有一位男教师，特大胆。他上课时，拿来一把细长的小刀，让我们像他那样玩：把左手五指张大压在木桌上，右手持刀，刀尖落在大拇指和小臂这一侧，老师一声"开始"，右手快速起刀，第一次刀尖落在大拇指和食指中间，再还原，第二次刀尖落在食指和中指中间，再还原，以此类推，玩到小拇指和小臂那一侧时算一个周期，可以持续玩多个周期。老师说，动作要快，要尽量靠近手掌而不是"远离手掌"，他还幽默地说："谁扎到手上，告诉我，我这里有红药水。"

现在的幼儿园哪敢这样玩！

我教初一时，就曾经模仿那位男教师，自己在讲台上表演，把学生惊吓得不得了。我就让学生和我一起玩，不过我把"小刀"换成了"铅笔"，对部分胆小的学生，还允许他们把橡皮那头朝下。老师们，和你的学生玩玩看，一定会有"另类惊喜"。

最开心的事，就是每年的春游和秋游。春游时，我们手拉手到郊外的草地去玩，有各种各样的游戏和体育比赛。有一次春游时我的一条新裤子破了一个口，被母亲骂了，被父亲打了。陈园长丈夫和我爸是战友，陈园长找到我爸说打孩子不对，裤子破了可以补，心灵伤了怎么办？我眼里含着委屈的泪水，听不懂阿姨说的"心灵"是什么意思。

幼儿园毕业照（作者在后排右3）

秋游时幼儿园一般先安排我们去参观厂里的总装车间，然后我们会在车间里的一个简易舞台上为车间里的叔叔阿姨们表演节目。之后，厂里会派车拉我们到城里游玩，比如到中山公园游园，到烈士纪念碑活动，到火车站看火车。

我在厂里的幼儿园读完了小小班、小班、中班和大班。记得毕业那天，园长给我们每个人戴红花，送了一个军用书包，里面还有些文具。晚上，毕业生全体就餐，四年幼儿园，唯此餐不限量，幼儿园大厨赵爷爷弄了太多好吃的东西，我们拼命地吃，那晚不少小孩吃坏了肚子。

2. 小学的老师

我读小学时，厂里还没有子弟学校。厂里的所有孩子，都在附近的农村小学——**龙岩县西陂公社陈陂小学**上学。

读一年级时，教我们语文的邱老师要求我们写字时，左手压纸，张开虎口，右手握笔，做到"三个一"：握笔处离笔尖一寸，胸脯离桌一拳，眼睛离书本一尺。邱老师当时手把手教大家的情景，至今历历在目。

读二年级时，邱老师教柳宗元《江雪》一诗。"千山鸟飞绝，万径人踪灭。孤舟蓑笠翁，独钓寒江雪。"她让我们齐读一遍，接着大略讲解诗意，特别强调"千山""万径"来照应"孤舟""独钓"，用"绝""灭"来照应渔翁超然物外之境界。邱老师又让我们一边读诗一边想象诗中的情景，然后请大家闭上眼睛，她慢慢地轻声地拖着长音读着诗，所有学生想象诗境。邱老师读完了，还让大家伏在桌上继续想象一会儿，我们所有同学都有了属于自己的诗境。没有板书，没有挂图，只有无配图的课本，儿时的诗境在我脑海里保留了很长一段时间。

30多年后我当了校长，去教学巡视，忽闻教室里传来了"千山鸟飞绝"，我好奇地悄悄隔窗向教室里看去，屏幕上的"诗境"瞬间替换了我儿时的"诗境"，以至于我现在闭上眼睛想《江雪》的诗境，竟然只有那屏幕上的诗境，而我儿时的诗境已荡然无存。

我绝没有否定课件在帮助学生想象方面所起的作用，我只是想说，在多媒体技术如此发达的今天，教学中留给学生想象的空间和创设想象的境界，还能做得更好些吗？演奏交响乐，配上背景图，效果会更好吗？

读三年级时，印象很深的是开过一次忆苦思甜会。学校搭了很高很高的台，一位老人在诉说家史，旧社会真是贫苦啊，所有的人听了都哭了。忆苦思甜会快结束时，大家齐唱："天上布满星，月牙亮晶晶，生产队里开大会，诉苦把冤伸。万恶的旧社会，穷人的血泪仇……"至今我还会唱这首歌的第一段。

读四年级时，我们要到更远的分校去上学。有一次上学，作为四年级（1）班班长的我，早早就出门了，要去开门和准备读毛主席语录事宜。路过一座农家庄园时，看见一株桃树"红杏出墙"，树上的桃子青里透红实在诱人。我前观后看、左顾右盼，不见有人，便纵身一跃，把那桃子摘下来，往书包里一放。第一节课下课后，校长陈景华把我叫了去，说："你书包里有个桃子。"我一下傻眼了，头脑一片空白，心想，这下完了。我是老师眼中的好学生，父母眼中还算好的孩子，同学眼中的好班长，这下完了。正当我不知所措时，陈校长说："你写份检讨放在我这边，就我一个人知道，你好好表现，好好学习，我永远不告诉任何人。"两行热泪从我眼中夺眶而出。如果没有陈校长当年的宽容和善待，可能就没有今天的"任勇"了。

到底是谁发现了我偷摘桃子呢？至今仍是个谜。

我没有读五年级，为什么呢？因为我"跳级"了，直升六年级学习。别看这是所农村小学，我觉得它是一所很开放、敢创新的小学。学校规定：四年级成绩优秀的学生，有两名学生可以不读五年级，直升六年级学习。那时班级没有明着排名，更没有全年级的排名，我也不知道我在班级和年级的名次，就这样被"直升"了。

读六年级时，语文总体跟得上，数学就是珠算除法不太行。教数学的郭添荣老师特地给我单独补了几次课，他一开口就说："珠算除法其实没什么，说白了就是乘法的……"他是教我用四年级的知识变化一下来解决六年级的问题，我茅塞顿开，很快就理解了珠算除法的要诀。我当老师后，经常在课堂上这样说："××××其实没什么，说白了就是……"这算不算是郭老师教我的？

有段时间，我一说"其实没什么"，学生就会跟一句"说白了"，我顺势激学生"说白了什么？"让学生补充，一"问"激起千层浪。后来我明白了，郭老师的方法，就是问题转化，就是数学教育界常说的"化归"。

3. 中学的老师

1970 年，我们风动厂的子女都到城里的**龙岩华侨中学（下文简称"侨中"）**读书。厂里离侨中大约三公里路，从初一到高一，我都走路上学，中午在学校吃饭，下午放学后走路回家。读到高二时，家里才有自行车，我才能骑自行车上学。

那时的侨中有一批非常优秀的老师，其中有一些是错划"右派"，从省城和其他地方高校下放来的。教初中语文的张大英老师，上课非常有激情，几乎每节课都讲小典故。教高中语文的陈和钦老师，上课风趣幽默。讲毛泽东诗词《沁园春·雪》时，他就高歌一曲："北国风光，千里冰封，万里雪飘……"；讲到新疆话题时，他就拉一曲小提琴《新疆之春》。当时我们班的学生都爱学语文，说心里话，并不都是真心爱这个学科，而是"亲其师，信其道"啊。

数学课也很有意思，教的内容不太多，但实践活动特别多。学一点三角知识，就用所学知识去测量纪念碑的高度；学一点立体几何，曾亚珊老师就要求大家去做立体几何教具。每年寒暑假，数学作业不多，但一定有这道题："用所学的数学知识解决一个生产生活中的问题。"我们几个男生，暗中较劲，听说同学郑小兵在读一本什么书，我就设法也找书读，甚至多读书，用书中的新知识解决新问题。我曾经利用数学和物理原理解决一个冲床安全加工零件工艺，能节省时间又不使人受伤，当时轰动了一阵，学校的老师夸我，厂里的工人夸我，家里的父母夸我，我觉得自己成"圣人"了。那段时间，我又自学了很多理化的书，希望解决更多的生产生活问题，希望再次被人夸。

学工、学农、学军，甚至学医，是那个时代的产物。我曾到电机厂学了一个月的电工，学发电机原理、外线安装、室内照明电路安装。我还到龙岩第一医院学医，第一周学打针换药，第二周学针灸，第三周学中药，第四周学病房护理。你还别说，这一个月的学医，加上自己读了些医学书，使我在下乡时能混上"赤脚医生"资格，挣了不少工分。

高中师生照（第一排左 3 为数学老师兼班主任曾亚珊）

学校里的图书馆有两间教室那么大，里面有不少藏书。我们学生每次可以借两本书，半个月内要归还，可以续借但只能续借一次，不能长期借。由于我家几乎没有书，图书馆成了我最经常光顾的地方。记得图书馆里有两本《三国演义》，我抢先借得一本，半个月读不完就续借再读半个月，虽然读完了，不过瘾，还想再读一遍，怎么办？馆长陈长添老师，很喜欢我这个爱读书的学生，教我一招：我在还书时，找一位同学一起去借书，我还《三国演义》，他马上借《三国演义》让我读，再用我的借书证借这位同学想读的书。陈老师真好，也很有智慧，我用这一招读了许多想持续读的书。图书馆每年进行一次学生借书统计，我有一年是全校第一名。

《三国演义》，我不知读了多少遍，书中为我们刻画了性情各异的历史人物：神勇无比的赵云、足智多谋的诸葛亮、诡诈多疑的曹操、粗中有细的张飞、情深义重的关羽，以及谦逊亲民的刘备。从某种角度说，《三国演义》奠定了我的文学、我的历史、我的智慧的基础。

4. 师专的老师

我是 1975 年 7 月 15 日下乡的。

知青生活是我一生的财富。我无法想象，如果没有三年知青生活这段经历，我这些年能靠什么力量去面对一个个困难，去克服一个个困难。有了知青生活这段经历的"酒"，今后面对什么样的"酒"，我想我都是能应对的。

1977 年 12 月，我走出大山，参加恢复高考后的第一次高考。12 年的高中毕业生齐聚在一年内参加高考，当年作为上山下乡知青的我，有幸考上**龙岩师范大专班**数学系。

因为大专班位于龙岩县的北面，别人问我们在哪里读书，我们就说"龙岩北师大"。当时能读福建师大，已经相当了不起了，谁能读上北师大，那简直不得了了。

师专师生照

我们是 1978 年 4 月入学的，一入学便知 1979 年 7 月必须离校，学校没有校舍，要让 79 级新生入学，我们"先分配后实习"。学校当年办学条件虽然简陋，但学校管理井井有条，教育教学认真严谨，学生活动丰富多彩，给我们留下了深刻的印象，至今历历在目、记忆犹新。

学校的老师都非常严格，一年多的时间里，要教近三年的知识，谈何容易！

老师们站在专业的立场上，用娴熟的教育教学技能教导我们。班主任吴剑龙老师管班有方，刘礼天老师循循善诱，张鉴源老师细致导学，黄重器老师亦庄亦谐，王灿照老师严谨推理，邱梓振老师幽默风趣，麻鸿欣老师宽容善待……让我们学有所获、智慧成长。

还有一位叫陈文雄的老师，也是知青，被推荐读龙岩师范的，龙岩师范就是龙岩师范高等专科学校的前身，他在读师范期间就自学把高等数学全攻下来了，还精通英语。他师范毕业后就留校当辅导员，学校请他给学生作报告，讲他的自学成才之路，我们听了都非常敬佩，都把他当成学习的楷模。

后来，陈文雄老师"提升"了，成为我们班的数学老师和英语老师。他讲高等数学与众不同，是站在学生的角度来讲的，是从中学数学引申过来的，也是抓住要点"大道至简"的，我们都非常喜欢他的数学课。他的年龄比我们班多数同学都小，还是中师生，却把我们这些大专生给"镇住了"。何止是"镇住"，用今天的时髦语说，是我们"追星"。

现在的大学，没有博士学位是很难上讲台当老师的，当年的师专有宽厚的胸襟，有开放的情怀，没有什么条条框框，唯才是用啊！

陈老师教英语，更让我们惊叹！上节课我们还在陈老师的抽象的数学高原上驰骋，这节课就在声情并茂的语言世界里遨游，这陈老师脑子里的"频道"是怎么切换的？黑板上一串串的数学公式还没擦掉，空白处就布满了英语的文句。我个子高，坐在最后一桌，把全班情景尽收眼底：老师轻声地娓娓道来，学生微笑着频频点头，师与生都在"共情"中享受着这美好的时光！

我当时就暗下决心，将来当老师，就要当像陈老师这样的老师！

5. 大学的老师

师专毕业后，我被分配到龙岩一中。我从 1980 年到 1986 年，参加了**福建师大数学系**本科函授学习，之所以读了六年，是因为这个班是以高中为起点的。

函授，说到底是平时自己学习，学校寄来作业，学生做完寄回，寒暑假期间老师来到龙岩地区面授。直到 1986 年 7 月，我们才真正见到福建师大，因为要在那里学习计算机知识，当时龙岩没有计算机教学设备，我们学完这门课再交上论文，答辩通过后就可以毕业了。

到了福建师大，我才发现大学好大呀，大学怎么可以没有围墙？哈哈，大学里还有医院，大学里的食堂还要编号。

大学，真大呀。

说到函授学习，我要讲一下卢正勇教授。他当年是福建师大数学系副主任、成教处处长，没有任何领导的架子，非常平易近人、和蔼可亲，给我们的感觉是攻苦食淡、虚怀若谷。他教我们数学教育、运筹学、教育统计与测量，以及数学解题思路，每次上课他都是早早来到教室，了解我们学习的情况，上课时就微笑着用莆田腔有节奏地讲起来，我当时就在笔记本上写下了"笑着讲课，真好！"

教学方法改革问题是一个复杂的系统工程，也经常听到"教改"，但我真正对教改有比较深刻的认识还是在函授时学了"数学教材教法"之后。卢老师在授课时详细介绍了多种教改方法，并对我的教改工作给予热情的鼓励和具体的指导。打那以后，我几乎年年在学校里搞教改，已进行了"读、思、议、讲、练""知识结构单元教学法""数学学习指导"等多项实验，收到很好的效果。

卢老师后来到莆田学院当校长，还特地邀请我去给师范学院的学生讲学。

卢老师七十寿辰时，我写了一副对联为他祝寿。

横批：龟鹤遐寿
上联：教书育人诚正称世范处处欢歌上寿
下联：传道授业笃勇乃吾师人人乐颂稀龄

和卢正勇老师（右2）在福师大

我的"大学"，还包括"硕士"之学。

为了提升厦门市教育管理水平和师资水平，1997年厦门市教育局与福建师范大学联合举办教育硕士研究生班。通知下来了，我也积极报名了，心想这下可以圆硕士梦了。

这期教育硕士共60人，分管理、语文、数学三个小班，我在数学小班。

林章衍老师是我们的教材教法课老师，他知道我对数学学习指导颇有研究，特地安排了几节课让我上；肖逢老师上函数论，知道我在这方面也有心得，让我专门讲了一节"函数周期性问题"；讲教育学的老师让我介绍我在学校开展的"构建课程体系，实施素质教育"的做法。这些课都受到师生的好评，我的确很高兴，心想："我不能成为师大本科生，但能在硕士班里讲课，也不错嘛。"

我们利用三年的寒暑假和集中一段时间的学习，学完了所有课程，终于毕业了。毕业证上盖了学校的钢印，校长曾民勇签了名。后来才得知，这种性质的教育硕士，只能算研究生班，国家不予承认。当时大家都有怨言，现在想来，不承认又何妨，追求硕士梦的过程中，我们收获多多。

对我来说，大学老师把自己的课腾出来让我上，把我高高地"托了起来"，让我充满自信，让我很有成就感。没有当年老师之"托"，也许就没有我的今天。

6. "进校"的老师

如果说师范院校是教师成长的"摇篮"，那么进修学校，就是教师发展的"阶梯"。教师的职前教育多靠师范院校，教师的职后教育多靠**进修学校**。

龙岩新罗区教师进修学校，是我成长的一个"阶梯"。学校的蒋梓声老师，一位憨厚的老先生，他最擅长成全他人——发现和发展青年教师。发现，就是用他那双犀利的眼睛，发现青年教师不完美中的闪光点和创新点；发展，就是积极培养潜在新人，宏观上给出方向，微观处给予指导。

1979 年，我到龙岩一中不久，蒋老师就来听课，指出问题时就用"我们探讨一下"展开，评价特长时就用"你的课非常有趣，你要在'趣'上做足文章"肯定。从那时起，我就坚定了"每课一趣"的教学观念，进而形成"品玩数学"的教学主张。

龙岩地区教师进修学院（现改为龙岩市教育科学研究院），也是我成长的一个"阶梯"。陈清森老师是学院的数学组的组长，分析问题条理非常清晰，他忠告我：青年教师首先要当好班主任，抓好德育，练就管理能力；其次，要教好书，这是看家本领；再次，有机会要带数学奥赛班，会更深刻地领悟数学；最后，就是搞教育科研，可以提升品位。尤其是这第四点，就要看你是否有兴趣，是否有毅力。

陈老师的话不多，但句句有分量！

1984 年，我才从教五年，前三点的工作，我一直在进行着，也一直很努力去做。唯有这第四点，不是那么容易做的，也不是那么容易做得好的。当时，大多数教师对教育科研还很陌生，认为中学教师只要教好书就行了，教育科研是教育研究专家的事，也有的认为教育科研高不可攀，还有的反对中学教师进行教育科研。

陈老师说："你结合教学实践进行研究，不声张，现在许多老师还认识不到这一点，你先走一步，就领先一步。人们认识教育科研还有一个过程。"

于是，我在搞好教育、教学、竞赛的同时，悄悄进行教育科研。要进行教育科研，就要学习；要学习，就要订许多报纸杂志。我们在闽西山区，相对来说信息不灵，通过订阅报刊了解外面的世界、了解数学教育研究与实践的情况，是十分有效的方法。我和陈老师都订了很多数学杂志，当时收入很有限，拿出那么多钱订杂志，是要下很大决心的。

杂志一到，我们各自先读，几乎是"读红"了，就是每页都读都画还写批语，同时做目录分解，以便日后查询。有时，看完目录中的某个题目，自己就想"这个题目让我来写，我会怎样写？"把自己的写作框架拟出来，再打开对照：是别人写得好还是我的框架妙？那段时间我们读了大量数学教育文章，为日后研究奠定了深厚的基础。

我每周都要到陈老师家去，有时也邀上几位志同道合者一并去，人多了，研究的氛围就浓了，大家都进步了。那段时间的日子过得真愉快，正如魏书生老师所言："忘我学习，处处都是净土；潜心科研，时时都在天堂。"

陈老师和我合写过文章、合编过书，在合作过程中，我悟出了许多治学之道，更多的是悟出了做人之道。

参加数学教学会议和陈清森老师（右1）在一起

我到厦门后，就被厦门的"进校"关注了，不过那时厦门的"进校"放在"教育学院"内，现在叫"教科院"。

时任厦门教育学院副院长叶水湖老师要求数学组为我提供展示平台，学院数学组很快就行动起来：先是组织一批优秀数学老师到双十中学听我的课——"特级教师任勇数学观摩课"，让我的"课"在厦门立了起来；再有开辟专场，请我给高三数学老师讲《数学高考复习与数学思维训练》，当时算是轰动，不少老师说是他们听到的最好的讲座，让我的"讲"在厦门传播开来；后来还推荐我为"厦门市数学教育基地"主持人，让我"带"一批优秀的数学老师跟岗学习和研究。

在叶院长的建议下，1997 年，厦门市数学奥林匹克学校成立了，我担任校长。主要教练有集美大学王志雄、厦门大学林亚南、程立新、李时银、钱建国，厦门一中戴维刚、郭仲飞、吴卫军、苏龙、蒲建东等，厦门双十中学陈智猛、郭俊芳、潘永俊、宋立强、张瑞炳等。奥校每周日上午分年级上课，学生为各校推荐的数学拔尖人才。奥校为厦门培养了一大批数学尖子，参加全国数学奥赛成绩在全省连年第一，受到各界好评。

叶院长曾经是数学教师，数学教得好，退休后潜心于书法研究和创作。凡是我向他求墨宝，他都能很快写给我，比如"上善若水""和为贵""聚小方能成大"等。他还会不时写些字给我，以"字"励人，比如"精气神""道法自然""勇毅前行""数之勇者"等。

叶水湖老师（左1）的书法展

我曾为龙岩的一所学校给出"各造其极"的办学理念，叶院长写下的"各造其极"四个大字，刻在一进校门的大石上。中央音乐学院鼓浪屿钢琴学校内，有个厦门最好的音乐厅——"五缘音乐厅"，音乐厅上的这五个字，是我请叶院长写的。我写的书，责任编辑想让封面"灵动"起来，我就会请叶院长帮写几个字，《寓教于谜，润物无声》书中的那个"谜"字，叶院长写了六个让我挑。

　　《寓教于谜，润物无声》出版后，读者说封面那个"谜"字让书有了动感，我要给些润笔费，叶院长坚决不收，就说："你多给我几本书，我送朋友，传播你的教育理念。"

7. "国培" 的老师

　　我于 2000 年 10 月 8 日，搭上了教育部 "跨世纪园丁工程" 的 "航班"，到**北京师范大学**参加中小学骨干教师国家级培训，深感荣幸。经过 90 天的培训，所得颇多，所思颇多。

"国培班" 师生照

　　培训所得是多方面的，我在北京培训结束前就总结了 "二十得"：充实了知识，开阔了视野，发展了能力，借鉴了教法，交流了经验，游览了京城，购买了图书，参观了名校，提高了品位，磨炼了意志，增进了友谊，更新了观念，探讨了课题，学会了治学，增强了认识，建立了联系，了解了高校，反思了自我，获得了资料，服务了社会。后来，我精选 "十二得"，写了篇文章《培训十二得》，在北师大培训学院的刊物《木铎金声》上发表。

　　这次培训，我们系统地聆听了许多教育学、心理学专家的讲座，掌握了不少教育学、心理学方面的知识。顾明远、周之良、劳凯声、石中英、林崇德、裴娣娜、王定华、谢维和、檀传宝等教授和日本教育专家为我们开设讲座，这些讲座，有的深入浅出，风趣幽默；有的寓意深刻，富有哲理；有的联系实际，揭示问题，给人以新的启迪。

在"国培"结业典礼上代表学员发言

数学系为我们安排了系统的学科课程和学科教育，以及课堂教学技能课程，如王昆扬、刘绍学、刘继志、李占炳、刘来福、沈复兴等教授的数学专业课；又如钟善基、王申怀、钱佩玲、严士健等教授的数学教育课；还有何青教授的"网络与课件制作"课、王梓坤教授的"科学发现纵横谈"课等。这些课程有的能结合中学实际，以高观点分析中学数学问题；有的侧重数学理论在中学数学教育中的应用；有的则从各个方面拓宽数学基础。

数学系还邀请了部分专家学者、特级教师为我们开设专家讲座。有北大附中特级教师周沛耕、张思明，北京四中特级教师刘坤，北师大附属实验中学特级教师储瑞年，北京市教科院郭立昌先生，中国教育学会数学教学研究会理事长陈宏伯先生，他们的讲座贴近中学实际和教师实际，立足基础，也有理论拔高，听起来倍感亲切，用起来切实可行。

我们先后到北师大二附中、北师大附属实验中学、北京一零一中学、北京十一学校、北京第二十二中学、人大附中、天津四中进行考察，参观了校园，了解了学校概况，听了多节数学课。在听课中我们学习了许多好的教学方法，如北京第二十二中学孙维刚老师的"宏观把握，大胆超前，师生互动，情感沟通"；北师大附属实验中学马成瑞老师的"一题多解，一题多变，探究思维"；北师大二附中的"快速思维训练"和"学生主持数学解题"活动；天津四中的"问题—探究—问题"教学实验；人大附中的"数学建模"活动等，都是很值得我们借鉴的。

走进北师大

北师大肖川博士在一次报告中指出，"中小学教学要向好的大学教学看齐"，这是很有道理的。好的大学教学，注重探索性、开放性，注意发展学生个性，教学灵活多样化。对于已有一定教学经验的我来说，在听课中，除了学习知识，还十分注意学习老师好的教学方法，以便日后丰富自己的教学。

其实，在北师大，我们"漫步校园，感到内心的恬淡与怡然，感到生活真好，大学真好"（肖川语），但我们更多的是浸润在"大国良师"的崇论宏议中，更多的是近距离感受名家大师的教育情怀，更多的是增添了怀揣着教育梦想一路前行的力量。

8. "中心"的老师

　　教育部中学校长培训中心，更多的校长说，它是当今中国教育界的"黄埔"。

　　2003 年 10 月 8 日，我有幸成为"教育黄埔"26 期的一员，来到**华东师范大学**教育部中学校长培训中心，进行为期 80 天的学习。这里有丰硕的成果，等待我们来分享；这里有丰厚的理论积淀，补给我们的营养；这里有浓郁的学术氛围，激活我们的思维；这里有全新的理念，梳理我们的思想……

　　有学员激动地说："为了教育更美好的明天，让我们今秋就选好种子，孕育在每个人的心房；为了创造新世纪更理想的教育，让我们就从这里补充能量，蓄势待发，扬帆远航！"

　　第二天就要举行开学式啦，晚上班主任代蕊华老师来找我，要我代表学员发言。我是急忙从北京办完杂事赶到上海的，本想借机休整一下，没想到一来就"惹"来了这一差事。

和代蕊华老师（左 3）一起研讨

当晚，我关进小屋，写下了《校长要成为终身学习理念下的学会学习者》，在第二天的开学式上发言。

在"中心"，我聆听了叶澜、钟启泉、赵中建等教授的讲座，还聆听了吕型伟、张民生、唐盛昌等上海的专家、学者、校长的讲座。给我们讲课的专家非常多，时任"中心"主任陈玉琨教授是讲的最多的，也是对我影响最大的讲课老师。

他给我们的讲座，大多收录进了他的两本著作里。一本是《一流学校的建设——陈玉琨教育讲演录》一书，收录有《基础教育再认识》《一流学校的建设》《让教育适合学生》等；另一本是《卓越校长的追求——陈玉琨教育评论集》一书，收录有《教育：回归人的本源》《教育：从自发走向自觉》《追求美和追求美的教育》等。

我的笔记本上，清晰记录着陈教授给教师专业发展提的建议：坚持教学相长，在师生交往中发展自己；反思教学实践，在总结经验中提升自己；学习教育理论，在理性认识中丰富自己；投身教学研究，在把握规律中端正自己；尊重同行教师，在借鉴他人中完善自己。

和陈玉琨教授在一起

厦门一中百年校庆前夕，我邀请陈教授前来讲学，顺便带他参观校区。陈主任到过很多学校，但一中令他惊奇不已：新校与老校连成一体，全国少有；外延与内涵如此和谐，实不多见；规范与创新有机统一，充满生机。他在讲学时，经常"一不小心"就结合一中的发展讲了起来。

　　之后，陈主任请"中心"的王俭老师带队，把在"中心"培训的校长们带到厦门一中来。面对教过我的老师，面对"教育黄埔"的学弟，我像小学生一样汇报了厦门一中包括学校文化、办学特色、学校管理等在内的学校建设和学校发展，校长们对"为发展而教育"的办学理念十分赞同，对信息型学校的构建倍觉新奇，对新校区建设的精细化运作充分肯定。王俭老师要我到"中心"去开讲，并激动地说："我要带更多的校长来！"

"中心"永远在心中

　　顺便说一下，当年的班主任代蕊华老师，多年来一直鼓励我，也一直激励我。他后来成了"中心"的主任了，我们又延续着新的师生情和新的学术追求。

第二章　身边同事有良师

研究同事，向同事学习，是一种很好的学习方式。

我在龙岩一中工作了 17 年，这 17 年是我专业成长的 17 年，是我成家立业的 17 年，是我成就事业的 17 年，也是我向同事学习的 17 年。龙岩一中的许多老师，是我初为人师时的导师，他们的"精气神"给了我为师的力量，他们的爱生如子给了我育人的情怀，他们的不断创新给了我教学智慧……

我在厦门双十中学工作了六年，双十中学的"勤毅信诚"校训深深地融入我的心灵，双十中学的教师是"特区精神"（文明、开明、守信、开拓、竞争、奉献）的弘扬者，是闽南文化"爱拼才会赢"的传承者，是常怀创新之心的探索者。我见证了双十中学从优秀到卓越的巨变，见证了品牌教师的理性成长，见证了双十文化的内涵与厚重……

我在厦门一中工作了四年，虽说才四年，但这是我生命中最"激荡人心"的四年。我是校长，发展教师，是校长的第一使命。有好的教师，才有好的教育，谁拥有好的教师，谁就拥有好的教育未来。我在培育好教师的过程中，时时被他们之好所敬佩、所感动，也就持续修炼向好之境……

我在厦门市教育局履职 12 年，这是一个更大的平台，从广义角度说，我的同事就是厦门的广大教育同仁。教科院的老师，都是有一定研究能力的教育实践家，都是相关学科的"科头"；厦门市中小幼的老师，每年评优评先、评特级、评正高时，我都会看到他们的新成就；厦门的大学教师，我也是时有接触，他们理性思辨和高屋建瓴……

这么多好同事，我就要向同事学习，何乐而不为呢？

1. 龙岩一中的老师

初为人师

龙岩一中的老校长王力峯，是我生命中的"贵人"。

我曾因住房问题和王校长红过脸，那天我情绪很激动地对校长说："为什么新来的老师比我们工作了两年的老师住的好？"王校长看我嗓门大，也拉大嗓门说："为什么？我来告诉你！本科是中教8级，专科是中教9级。学校分房是按级别分的！"羞愧啊！我一时说不出话来。王校长接着说："你还年轻，可以再去提升学历，创出业绩，跃上高地。房子算什么？"

我当时不知是怎么走回宿舍的，只觉得满脑子在想"房子算什么"的潜台词是什么。那晚躺在床上，我悟出这样一个道理：要拿下本科，要多出成果，还怕什么！

于是，在接下来的几年中，我函授读完了本科，82届初三（6）班中考平均分位列年级第一，后来89届高三（1）班高考又第一，指导奥数一鸣惊人，陆续发表论文100余篇，还出版了专著。那几年，我一直暗暗地与那几位本科老师比拼，骨子里充盈着"一定要超越他们"的动力。1992年我破格评上了高级教师，他们都还是中级职称；1994年我又被评为特级教师，成为福建省最年轻的特级教师之一。

退休后的王校长得知我评上特级教师，非常高兴，笑着对我说："还记得那年你来吵要房子的事吗？房子算什么！"

龙岩一中的研究氛围是很浓的，我是读着郭朝泓老师的文章开始尝试"研究"的。我的一篇文章发表在内部刊物上，王力峯校长说要"登记"——那个时候的龙岩一中已经有这样的教研制度了，还说"发给应有奖金"——激励教师著书立说。

王力峯校长（右3）会见我班获"国奖"学生

王立峯校长的鼓励和奖励

郭朝泓老师是研究型教师，当时他研究了许多问题，比如用某种方法解决某几类数学难题，一个数学问题如何多解、多变、多用，数学解题的通法与特法等，在省里很有名气。我们的数学教研组是"教而有'研'"的，作为组长的郭老师经常开讲座，也鼓励我们青年教师上来讲或给学生开设全校性的讲座，在郭老师的指导下，我给老师开了《趣味数学与智力发展》《公式教学教什么》《数学学习学试探》等讲座，给学生开了《形形色色的数学猜想》《数学·力量·美》《数学解题的道与术》等讲座。

龙岩一中数学组部分教师（前排右 1 为郭朝泓老师）

记得王校长曾在一次会上自言自语："什么叫学校？学校学校，看见海报。"那时龙岩一中的各类讲座非常多，我听过陈丹心老师讲《花之美》："……花之美，在于形……在于色……在于香……不！在于韵。"我听过刘剑川老师讲《人间何处大观园》："……世事洞明皆学问……假作真时真亦假……一朝春尽红颜老……谁解其中味。"陈老师和刘老师讲座时的音容笑貌，至今仍留在我的脑海。就这样，我们在听着讲座和讲着讲座中渐渐"丰满"起来了。

物理老师刘礼家曾经和我在同年段教书，当时教师休息室有几块布黑板（"布黑板"现在基本没有了，就是类似用黑色帆布制作的可以挂在墙上的小黑板），老师可以事先在上面写点东西，节省上课板书的时间。我曾经想用布黑板写点东西，但我几乎抢不到布黑板，刘老师每天都早早来到学校，将布黑板

"占为己有"，用粉笔在每个布黑板上工工整整地写满正反面，当年没有多媒体，用好布黑板是很有学问的。

有一次，我去听刘老师上课，他上到激动时要快速板书，而黑板上已写满文字，刘老师要擦黑板，一看黑板擦还要走几步去拿，索性就弯着手臂用自己衣服的袖子擦黑板，瞬间许多学生眼圈红了，是带着泪听完课的。龙岩一中120周年校庆时，很多当年的学生一说到"刘老师用袖子擦黑板"时，都印象深刻，一说到此事他们的眼圈又红了。

听完那节课，我破了一个"案"：经常看见刘老师下课时，袖子脏兮兮的，原来如此！

2. 双十中学的老师

1996 年，我刚到厦门**双十中学**任教时，就知道很有名气的陈聪颖老师。之所以有名气，是因为他的地理课上得好。我慕名前去听陈老师的课，他那天上的是地图课。

在地理教学中如何引导学生认识地图，在头脑中形成地理概念，在当时条件下可以有两种不同的方法。一种是"挂图讲解"，使用现成的地图，根据教学要求，指点地图中的有关内容进行讲解。另一种是"作图讲解"，即教师根据教学要求，在黑板上画图，边画边讲解。边画图边讲解，是陈老师的看家本领。陈老师画的地图，不仅整体逼真，就连细部也不放过，加上幽默的语言，让师生都沉浸在探求知识的海洋里。听课的老师差点忘了自己的身份，想在课堂上互动了。

在我看来，作图讲解的效果肯定要比挂图讲解效果好。挂图是静止不变的，作图是动态生成的。轮廓、符号、颜色、线条，在作图讲解中突出地、有序地映入学生的视觉里，给学生留下清晰、鲜明、深刻的痕迹，为学生理解知识创造良好条件。

不是老师们不想作图讲解，而是作图讲解谈何容易！

陈老师不仅课上得好，他抓高考还自有一套。地理学科相对于语数英学科，是"弱势学科"。但陈老师带领地理组的老师们，平时打好基础，迎考不让"阵地"也不抢"课时"，追求人文的、健康的、和谐的、生态的高考，地理复习科学化、有序化、最优化、人性化，地理高考连年传来捷报，令那些抢课的其他学科教师颇显尴尬。

课堂也好，高考也罢，都是陈老师的阵地，但陈老师的梦是"追星"。追明星？不！追天上之星。

陈老师年轻时就是"追星一族"，作为教师的他觉得还要引导学生一起追，于是他就想方设法组建学校天文台，让天文教育走上正轨，让学生在"追星"中成长。他的身边总是围绕着一群"追星族"，他们观测天象，办《追星小报》，绘星图轨迹，创作活动星盘，创编新历法，不断地探索着星空的奥秘，在探索中收获了知识，也收获了快乐，拥有了一段终生难忘的经历。

双十中学的"老特级"中，有德高望重、治学严谨的历史老师巫日成，有幽默风趣、教学有方的化学老师郭竞雄，有独具慧眼、淡泊明志的物理老师赖祖良，有学贯古今、才华横溢的语文老师彭永叔，有诲人不倦、谦卑自牧的语文老师李金城，有天资聪颖、善于积累的艺术老师苏小珍，有宠誉不惊、虚怀若谷的数学老师王毓泉，有以勤补拙、自强不息的数学老师张福端。

双十中学教研室研讨会（左1彭永叔，右2王毓泉，右3谢志强，右4张福端）

当年双十中学还有一句赞美数学组的流行语——"三强两俊一勇猛"。

"三强"，指的是谢志强、宋立强、陈文强，几年后谢志强是厦门外国语学校的校长，宋立强是厦门英才学校的校长，陈文强先是双十中学的校长、后来又是厦门一中的校长。从普通数学教师走到名校校长，你说强不强！

在双十中学与谢志强老师（前排左2）、陈文强老师（右1）一起教研

"两俊"是潘永俊、郭俊芳，潘永俊上课充满激情、声音洪亮，没有学生不喜欢他的课；郭俊芳同时教着文科班和理科班的数学，两个班的数学高考成绩都位列全省第一，你说他们"俊不俊"！"勇"是我，自夸一下，总体还算"勇"！那个"猛"就是陈智猛，教起书来一丝不苟、严谨细致，后来成了厦门市教科院的数学组组长，你说"猛不猛"！

3. 厦门一中的老师

2002 年，我到**厦门一中**当校长，我是融入厦门一中的，深田沃土滋养了我。一中有许多优秀且很有特长的教师，正是他们托起了一中教育的璀璨星空。

曾国寿，是一中的生物与环境科学教育基地负责人。他研究文昌鱼 40 多年，获英特尔国际科学与工程大奖赛杰出教学奖第一名。麻省理工学院发现"小行星（21398）"，以"曾国寿"命名。

撇开层层光环不谈，曾老师用简单质朴的语言这样说：基地努力营造自主创新的科学氛围，让孩子们就保护厦门环境等感兴趣的问题进行研究，并在科学探索的道路上不断前进。能参与并见证这个过程，是我一生中最幸福的时刻。

黄建通，是一中科技发明基地负责人。指导学生参赛，在国内获奖无数，还获得巴黎国际发明展银奖，当时是中国中学生在这个发明展上获得的最高奖项。黄老师送给基地的孩子们这样一句话：一个人只要一生中获得一次创造的欢乐，必将终生难忘。

庄岩、吴旭日，是厦门一中电脑机器人工作室负责人，这个工作室是 2002 年设立的一个省级科技活动基地。在培养学生的分析解决问题能力和创造能力方面，这个活动基地有着无可比拟的优势。同学们说："在基地活动，笑声从来没断过，在和老师的平等交流中，我们体会到无穷乐趣。"

王佑杰，一中音乐组组长。打开厦门一中校园网，进入"校园讲坛"，"佑杰音乐"跃入眼帘。点击，弹出一行小字："音乐，生命的沉醉；感受音乐是每个人的权利。"再点击，出来 50 多篇学生音乐作文，读之，又是一次音乐之旅。如果你点击"佑杰音乐工作室"，你就进入了音乐世界。

庄南燕，一中美术教师。一中校园网里，和"佑杰音乐"平行的栏目还有个

"南燕说画"。难怪他不"说话"要"说画"。其实，他也说话，不过是"百画百说"，还"说"得让《厦门晚报》连载。他用心灵读画，表达独特的感受，便形成了一种独特的写法。他打破了这类文章先介绍时代背景、作者生平，再介绍作品，加上一点逸闻的定式。他最大的特点是活泼的思想、跳动的思维……

如果说，音乐因王佑杰老师而动听，那么图画就因庄南燕老师而精彩。一中的学生，就是在这样浓郁的文化氛围中成长起来的。

陈美祥，一中书法教师。他的楷书，结体严谨，端庄清雅，秀劲宜人；他的隶书熔《曹全碑》和《史晨碑》于一炉，入乎其内，出乎其外，功力深厚。他辛勤耕耘，培养出一批又一批书法艺术人才。著名诗人舒婷曾是陈老师的学生，1998 年，舒婷在给陈老师的贺卡上这样写道：您的学生人才济济，我是您最没有出息的学生，祝贺您教师生涯功德圆满，祝您的砚上春秋再度花红柳绿。

许桂芬、蓝福彬、黄雄伟，生物组的"三驾马车"——三位生物奥赛教练，带出几百位省赛、国赛金牌，还带出国际奖牌。如果说，特级教师体现了他们的综合素质的话，那么奥赛教练就表明他们是某一学科的专家。特级教师和奥赛教练，绝大多数是具有人格魅力和学识魅力的教师，学生更多地从特级教师身上感受到人格魅力，从奥赛教练身上感受到学识魅力。

其实，一中还有太多的老师值得我书写，值得我汲取他们教书育人带来的精神养分，我甚至想模仿作家魏巍的名篇之语这样说：在一中的每一天，我都被一些东西感动着；我的思想感情的潮水，在放纵奔流着……

4. 厦门教科院的老师

2006 年，厦门一中百年校庆结束后，我就要到市教育局履任新职了。那夜，我独自一人走进校园，坐在运动场中央，看着眼前的楼群，感慨万千。

我在教育局分管过多项工作：职教高教处、学生安全处、规划处、体卫艺处、督导室、教科院。我对教科院的工作稍熟悉些，也就分管了 12 年。

一个新的平台，一次新的探索。

有一天，办公室的同志告诉我，中央教科所《教育文摘周报》的编辑打来电话，说我入选该报"一周教育人物"，要我提供材料。我心里的确高兴，我深知，入选实属不易！当时工作虽然很忙，但再忙我也要挤出时间赶出材料来。

我成了 2006 年第 24 期的封面人物，"精彩回放"的文章是《做学习中的有心人》。"教育理想：为发展而教育；教育名言：教育恒久远，创新每一天。"以教科院**谭南周**老师"任勇其人其事"作"专家点评"。

我从山区来特区，时任厦门市教科所（教科院前身）所长的谭南周老师，很快关注到初来乍到的我，且时常给我平台，说是让我支持他的工作，实则是给我成长舞台，让我在特区舞出自我、舞出精彩。

我在龙岩工作时，就在厦门的学术会议上认识了**徐报德**老师——厦门市教科所第一任所长。我们有多次通信往来，多次电话联系，多次当面交流，分享各自的研究成果。我记得我们当时讨论《教育研究》这份"高端"杂志，福建中小学教师能否在此发表文章，实现"零的突破"。说来真神奇，不久徐老师和我在这份杂志上都各自发表了一篇文章。之后还有没有谁发表，我没印象。

徐老师是一位"活到老学到老"的长者，是青年教师学习的楷模。他一直引领包括我在内的青年教师成长，走过十多年的"厦门市青年教师学习共同体"活动，他几乎每次都参加，每次都答疑解惑。我们从他身上学到的是教育情怀，是教育理想，但更多的是为人处世的人生哲学。

和徐报德老师在一起

2009 年，我的著作《走向卓越：为什么不？》出版不久，教科院**段艳霞**老师急匆匆地进了我的办公室，大着嗓门说："任局长，你的书我们学习共同体想向你买十几本。"我疑惑地看着她，还来不及说"我不卖书"时，她笑嘻嘻地说："那你送我们也行，不过你要签个字。"她瞬间拿出早已备好的名单让我签，我看了一眼名单，除认识刘胜峰老师外，其余老师我不认识。刘老师我是在厦门火炬学校认识的，是一位充满激情的数学教师，后来去了厦门实验小学。我签着字，段老师又开腔了："任局的字真好看，任局啊，我们用一段时间读你的书，然后大家就谈论读书心得，届时请你来，作者和读者见面共论教师发展，你一定要来！"

就这样，在那个浪漫的"时光驿站"，共同体的老师们在谈阅读《走向卓越：为什么不？》的体会。大家谈论我的书，一开始我还真是不自在，但我从他们认真的态度、充满智慧的思考、新颖的观念、创新的实践中，似乎又悟到了什么。当时的感觉是，在教育被异化、社会心态浮躁的今天，有这么一群教师，远离名利，于纷扰中沉淀书生本色，很值得我敬佩。

学习共同体活动照（前排左3为段艳霞老师）

　　共同体走过了十多年，实属不易！坚守，是一种耐力，是人以一种顽强不屈的精神去做一件自己想做的事。能否坚守下去，往往是卓越与平庸的分水岭，因为在这个世界，没有什么比坚守对成功的意义更大。

5. 厦门的幼儿园老师

我在局里分管体卫艺处时，处长告诉我海沧区新阳幼儿园的"创意美术"非常有特色，我很快就去这所幼儿园考察学习。园长**谢颖蘋**告诉我，创设教育生态，适合幼儿成长，给幼儿最生态的开始，培养具有创新思维的阳光幼儿，这是她从事教育的逻辑起点。

每个幼儿都是一个全新的生命，她希望他们在生命的最初几年都能够"最健康、最快乐、最自信"，这就是幼儿的"最生态"。"最生态"，多好的教育情怀啊！

幼儿园的一切课程和活动都以幼儿为主体，发挥好教师引导者、支持者和帮助者的作用，努力创设出能够激发幼儿兴趣点和好奇心的教育情景。艺术活动是一种情感和创造性活动，他们以"美术"为抓手，激发幼儿"玩"画的兴趣，让幼儿在创作中体验到成功的喜悦，激发幼儿对艺术创作的持续热情，从而增强幼儿参与艺术活动的兴趣和信心，发展幼儿对生活中美的感受力、表现力和创造力。

2014 年，《幼儿园创意美术活动案例集》由华东师范大学出版社出版，在新书发布会上，谢园长这样说："让我们共同创造一个充满着无限可能的童心世界。让孩子非凡的想象力在空白的纸页上恣意飞翔，让孩子稚嫩的童年迸发出创造力的火花，让孩子在探索中创造自己的宇宙！"

江旭琳园长是一位很有教育思想的园长，当年她在厦门市实验幼儿园就做真正的具有实验性的课题，当《幼儿100》让我推荐一名园长上封面时，我就推荐了江园长，那一期介绍了她在实验幼儿园的课题。

江园长后来到了厦门六幼，她告诉我：每一个生命都像一株小花，纵向生长的高度或许无法预知和估量，但可以通过自身或外在的力量使根茎汲取丰富养分，让生命之花变得更加枝繁叶茂。横向生长，提升生命的质量，最终求得生命的精彩绽放。

他们倡导生命教育：是引导幼儿在感知与探究自身、他人、动植物等周围生命的生长变化中，促进自身生命主体成长的教育；是传递温暖、引导幼儿感受生命温度的教育；是发展幼儿对生命的关爱、感恩之情的教育；是尊崇幼儿发展规律、激发幼儿潜能的教育；是引导幼儿感知、尊重生命法则的教育；是引导幼儿认识自身、自身与自然、自身与社会关系的教育。

多好的生命教育，让生命之花绽放光彩！

周志英曾是思明区艺术幼儿园的园长。这是一所富有艺术特色的幼儿园，"全面发展，艺术见长"，园中环境物语艺术化，园里课程设置"多艺术"，班级课堂教学"很艺术"，让幼儿在浓厚的艺术氛围中"发现美、感受美、体验美、表现美、创造美"。周园长很重视教师成长，认为发展教师是园长的重要工作，多次请我到这所幼儿园讲教师发展之道。周园长还认为学前教育更需要家庭的配合，也让我多次为他们开设"家教论坛"，着力提升家长素养。

幼儿园讲座准备中（右2为周志英园长）

周园长轮岗到四幼，十分关注教师成长，努力提升教师的思维素养——她觉得幼儿教师思维素养相对弱些。她知道我在这方面有研究，又多次让我开设观摩课——让我和幼儿园小朋友玩益智游戏，让她们的老师感受什么叫"益智趣玩"。为了让家长配合幼儿园的思维教育，又让我多次和家长讲《数学趣玩：玩出聪明娃》。

周志英是一位充满激情的园长，激情是她向上的精神状态，激情是她满腔热情的工作态度，激情是她忘我投入的人生境界。

我第一次听到"混龄教育"，是在厦门九幼听**葛晓英**园长说的。

葛园长告诉我，幼儿健康人格的养成需要同龄同伴交往和异龄同伴交往的机会。为了弥补独生子女家庭缺乏家庭内兄弟姐妹间的社会交往和幼儿园普遍按年龄段编班的缺陷，有必要在幼儿园中按照混龄编班的方式引导不同年龄层次的幼儿一起生活和学习。

他们坚持理论与实践相结合，探讨了混龄教育内涵等基本理论问题，组织实施了混龄教育的具体做法，包括混龄教育中的师幼互动与同伴互动、一日活动安排与环境创设、集中教育活动、区域活动以及家园共育等内容。"幼儿园混龄教育的实施模式与实施策略"获基础教育国家级教学成果奖二等奖，实属不易！

独生子女时代，葛园长他们建构混龄教育模式，有效解决了幼儿社会性问题。随着生育支持政策的推行，深化混龄研究，巧解多孩相处难题，他们又开启了新的研究和探索。葛园长的专著《混龄教育的探索与实践》于2013年出版，后又再版发行。葛园长不愧为学前教育的翘楚。

6. 厦门的小学老师

初识**刘胜峰**老师，是在厦门市火炬学校。每次去，几乎都能见到他。无论是教学活动、课题研究还是展示表演，他总是忙前忙后、雷厉风行，认真地做好每一件事。

我到教育局后，有一年多没见到他了，再次见到他时，是在青年教师学习共同体的一次学习活动上。那时他已来到厦门实验小学，从民办学校到品牌名校，已让我感叹一番。他在活动中的发言，更让我感到他已"今非昔比"了。谈读书，有独到的见解；论教研，有新颖的辨析；讲教学，更是如数家珍。

后来，我在厦门的多次教学评课中看到他上课的身影，在教育论坛上听到他的精彩讲演，在教育刊物上读到他的多篇文章。作为分管厦门市教科院的行政官员，我主持了厦门市教育科研专著资助出版项目会议，我在申报的书目中看到了刘老师的著作——《做最好的新教师》。

刘老师写书啦！

以往，我给年轻教师讲座时，结束语常常这样说："因为你们年轻，所以你们拥有。"

后来，我发现并不是"年轻"就一定"拥有"。于是，再后来我给年轻教师讲座时，结束语就这样说："人是要有点精神的。未来是属于青年的，因为你们年轻，所以你们拥有；但未来未必属于所有的青年，它只属于那些有准备的头脑、有进取精神的青年。"

有数学教育背景的我，一直在寻找这样有为的青年教师，尤其是想在厦门找一位教小学数学的男教师，现在我找到了，至少刘老师算一个！

类似这样的老师，我还有两位教小学语文的朋友——**肖俊宇**和**钟振裕**。

我在一次教研活动中见到了肖老师，那时厦门的老师出书的不多，没想到肖老师从包里拿出他的著作《教海泛舟》给我，这本 2004 年出版的书至今放在我办公桌正前方的书架上。

我翻阅《人民教育》《福建教育》等杂志时，经常看到他发表的文章，听他评课、说课、指导片段教学，给我的感觉是肖老师就是我们这个时代所呼唤的新型教研员。

2016 年，我又收到肖老师的新书《徜徉语文教研》，洋洋洒洒近 35 万字，记录着一位教研员的理性思辨与诗意行走。

中国教育学会小学语文教学专业委员会理事长崔峦在序言中所谈对书稿的"印象"，也是我想说的。崔老师说："肖俊宇长期奋斗在语文教学第一线，不仅熟悉语文教学，而且用心倾听教师们的困惑，留心发现教学中存在的问题；无论是肖俊宇的讲座还是评课，都贯穿着一个指导思想，即辩证唯物主义；肖俊宇对语文教学的研究涉及的面很广……这本书是他交出的教学教研工作的一份优秀的成绩单。"

钟振裕老师非常辛苦，市局让他从厦门实小到农村边远学校——汀溪中学挂职副校长，一去就是好几年。我曾经应钟老师邀请，到这所学校开设《为学有道》的讲座，去一趟就深感路途遥远。

钟老师年纪不大，肚子不小，乐于自嘲，逢人便自我介绍"钟胖是也"。他一直以来，都以"悦"为他从教的追求。

平日里和学生相处，钟老师总是能保持着亦师亦友的关系，课堂上他的各种话术妙趣横生、令人捧腹，甚至于他日常接人待物时，也总是用热烈的情绪、细致的关注和暖人的行动让人如沐春风。无论在闻名遐迩的海岛鼓浪屿上，还是在同安乡下的边远学校，抑或是在城区核心的学校里，他都不改初衷，如同一把熊熊燃烧的火炬，在课堂上、校园里、小语教坛上，释放着他独特的光和热。

据闻他即将出版个人的一本专著《悦语文——小学语文教学新境》，愿他的著作能给当下的老师们带来"悦"的感受。

7. 厦门的中学老师

认识**潘清河**老师很多年了，每次见面都和书有关。

我还在厦门一中履职时，潘老师就送来了由他编写的他们学校——厦门三中的文集，也送给我他写的书。翻看这些书，我惊奇地发现一位语文教师居然能够把学生带向何等宽广的领域，一位语文教师可以突破自我走向那样的高度。

我到教育局履职后，潘老师又送来了他的新著和他指导的张玮老师的书稿《玮光溢彩 我的十年》，还让我为年轻教师的书稿写序。看到潘老师的新著，我再次为一位勤勉耕耘的师者的持续写作而感动。

前不久，潘老师打来电话，说是疫情期间写了本《书的味道》的书稿，嘱我作序。这书名太吸引人了，我急不可待地打开书稿电子版，竟让我闻到了书香，看了目录更让我感受到"最是书香能致远"的意蕴。

潘老师真是个有心的读书人啊！我读他人之书，多是画画线条、折页记号，偶尔摘录几句，读了特别好的书最多也是掩卷而思一小会儿。你看人家潘老师，读了友人赠送的书和字画，就写下篇篇文字，因为是友人送的，文字中流淌着真实情感，笔下充满隆师、亲友、提携后人的情愫；读了名家名篇，看了名画书法，都能有感而发，写下赏析之文，让读者再次领悟作品，再次引发思考，再次了解作者。

"言而无文，行之不远。"我们把读书的思考和探索写下来，把教育发现和教育感悟写下来，这些有价值的东西就能产生更广泛而深远的影响。潘老师做到了。我期盼有更多的老师也能像潘老师那样，有收获就写下来，品着书味，伴着书香，一路芬芳，走向远方。

前不久，潘老师发来《教育智慧与教育家情怀》的电子文档，打开一看才发现是潘老师专门汇编了对我的 10 多本书的书评，他说还要再写 20 多篇才能成书。我知道潘老师为我的多本书写了书评，但潘老师几乎要把我写的所有书都"评"之，确实让我感动。于是我把 20 多本著作交给他，他都一一写了书评。就这样，我被潘老师"读透了"，我也在被他"读透"的过程中，读出了他的人格魅力、他的教育情怀、他的顽强意志、他的文字功底……

和潘清河老师（左 2）到厦门一所中学帮助凝练办学主张

李玉影老师是厦门市特殊教育学校的老师，他们面对的是有特殊需求的学生，他们就要有特殊的教育情怀和特殊的教育智慧，大爱精神与敬业精神同在，教育素养与专业素养共融。每一次特教教研活动，都需要他们做好与众不同的精心准备；每一次特教学生技能展示，总有特教教师忙碌的身影。

为了提升厦门市特教水平，李老师被招聘到市教科院。我们看一下她的简介：特级教师，福建省名师，市中小学学科带头人，厦门电视台首位手语新闻主播，市特教名师工作室领衔人，中国教科院特聘专家，受聘多个高校硕士研究生实践导师、兼职副教授，"国培"项目讲师。获评全国特教园丁奖、省优秀教师、市杰出教师、市拔尖人才等称号。

每一个称号背后，都是她在特教领域深耕的成果。

她还获评全国特殊教育学校教师信息技术综合应用能力大赛、市创新课比赛、市教育数字资源评选一等奖，多次获省特殊教育听障、智障、孤独症类别教学比赛指导教师一等奖。主持国家、省、市级多个课题。多篇论文公开发表，主编多部书。

李玉影和她的"特殊"学生

每一个成果背后，都是她在迎接挑战中的突围。

"大夏书系"出版了她主编的《图解培智学校课程层级目标体系——特教教师备课指南》一书，编辑推荐语写道：思维导图式呈现，纵向横向式解析，为特教教师开展教学提供有力支持。

北师大特教系教授邓猛评价此书：厦门市特殊教育界在教研员李玉影老师的带领下，以国家课标为引领，从地方实际需求出发，构建具体化、层次化、系统化的特殊教育学校课程目标体系。课题研究采用行动研究法、德尔菲法、调查法等方式，将国家课程与个别化教育目标相联系，个别化教育目标与具体学校教学目标相关联，教学目标与教育评价相结合，教育评价与课堂教学相连接。

邓教授还为此书写了一首《特教人》的诗：总把我意比天心，呕心沥血为育人。应信教化力量大，特教园丁不了情。

在李老师的邀请下，我给特教教师讲过《研究让教育更精彩》，这是讲教育科研与教育协作方面的问题，算是我的强项。李老师还让我讲"资源教室"和

"融合教育"，还要与特教结合，这对我来说就是挑战。因为被特教人感动，我接受挑战，开发新的研究领域，请教特教专家，终于可以和他们分享《"资源"诚可贵，"融合"价亦高》《指向特需学生生涯发展的普职融通碎思》等讲座。

我想说，在李老师和特教人的共同努力下，厦门特教跃上了一个又一个新的台阶，我鼓励李老师再写一本关于她与特教的书，如果需要我写序，我一定写，序言的标题我都想好了——"无声世界有玉影"。

2002 年，我到厦门一中担任校长时，有位高中年段长好厉害，他不仅书教得好，还把年段的全面发展落实到位，高考迎考全省第一，学科竞赛全面丰收。这位段长叫**陈福光**。

我知道他是从漳平一中引进到厦门一中的，能被引进的都是当地的教学高手。来到特区，面对新的挑战，他也能一展身手。

2009 年，为促进厦门教育均衡发展，厦门一中与海沧区东孚学校实现"高位嫁接"，岛外薄弱的东孚学校成了厦门一中海沧分校，陈福光被任命为分校校长。

在陈校长的努力下，两校在广阔领域里进行了全面而深入的合作，分校发生了质的变化。实施精细管理、强化师资队伍、倡导幸福德育、深入教学改革、开设校本课程、探索科技创新、推进"心育"工作，一项项成绩既是合作的硕果，更是"崇尚一流、追求卓越"的一中精神的具体体现。分校还有自己的亮点，防震减灾全省有名，琴棋书画广泛普及，科技发明屡创佳绩，才艺广场青春飞扬，应变能力凸显睿智，分校既秉承了一中的办学理念，又创新超越，走出了自己的特色。

2017 年，为帮助民族地区发展教育事业，陈老师义无反顾地远赴福安，担任宁德市民族中学执行校长。在民中的两年时间里，总有陈校长忙碌的身影，他以校为家，住在学校宿舍，吃在学校食堂。只要不出差，每天早读铃声还未响起，他就开始在教学楼道里穿梭。每晚，他还要巡查孩子们的自习情况。他时刻关注课堂教学的动态，始终把教师的发展和学生的进步放在第一位。

在他和全体师生的共同努力下，学校发生了令人惊喜的变化。教学质量稳步提升，中高考成绩喜人，学科奥赛取得重大突破，教师参加各种教学技能大赛捷报频传。作为一位校长，他率先垂范，用行动向我们诠释了"一个好的校长就是一所好的学校"。

民中任职期满，陈校长又返回厦门一中海沧校区，作为厦门一中校长助理，他既担任高一物理教学，又负责新校区的管理工作，继续为学校高质量发展作出努力。

2020年，陈老师又"出岛"了，他被任命为厦门实验中学副校长，重点分管教学教研工作，学校获评省首批义务教育教改基地校、市首批教师发展示范校、省示范性高中建设学校，高考中考再创辉煌……学校已经成为福建省发展最快的优质学校。

退休后的陈校长"坐不住"，担任了厦门市金鹰高级中学（民办）校长，继续探索民办高中校的教育教学管理，为学生发展、教师发展和学校发展努力耕耘着。

陈校长一直行走在充满挑战的教育路上，他觉得无比荣光，令许多教育人感动。我在微信里给他点赞："福光，福光，为师生造福，为学校增光！"

8. 厦门的大学老师

潘懋元，我们经常称他为"潘老"，他被公认为中国高等教育学的奠基人。走过 103 岁的他，拥有传奇的从教经历，他从 15 岁开始教书，100 岁还上了网课；他从小学老师当到厦门大学教授、副校长。

潘老是厦门一中的杰出校友，我去过他家好几次，说是去探望校友，我更多的是想看看先生那个神奇的客厅——每周六的晚上，他准时在家里客厅接待他的学生，没有课堂上的正襟危坐和刻板拘谨，大家畅所欲言，既谈学问，也谈人生。

潘老近百岁时，还应教育部邀请，在线上为全国三万多名师生上了一堂近一个小时的课，讲的是《高等学校内涵式发展的内涵与样板》。很多人问潘老"长寿秘诀"，他认为长寿秘诀在于"大脑运动"——大脑的运动比身体的运动更有利于长寿！

厦门市老干局得知我退休后仍坚持讲学、写作、上课，请记者采访我，我回答的第一句话是："老教育家潘懋元先生百岁华诞还登上讲台给研究生授课，我这般年龄更没有理由不追随老教育家的脚步，为教育事业再尽点力。"

潘老生前最喜欢的一句话是：如果有来生，还是愿意做一名教师。

潘老的教育家精神，是不可多得的一种教育力量，是可以引领我们发展的宝贵财富。

我和厦门大学**邬大光**教授有一段神奇的经历：30 多年前我开完会从南京乘火车回龙岩，我对面坐着一位同龄人，他是朝阳师专的老师——邬大光，我是龙岩一中的老师，我们一路上啃着鸡爪喝着啤酒谈着教育的那些事儿。车到漳平站，我们就要分手了，他要去厦大考潘懋元教授的研究生，我要转车回龙岩。

我们各自留下通讯地址和电话，那时家里都还没有电话，留的是单位的座机号码。

就这样一别十多年没有联系。后来我从龙岩到厦门双十中学教书，一次在一个教育刊物上看到一篇邬大光的文章，落款写的单位是厦门大学高教所，我瞬间认定这"邬大光"就是我十多年前在火车上邂逅的那位小帅哥。

那时我兼任厦门市数学奥林匹克学校的校长，有几位厦大教授来奥校讲课，我托他们带话给邬老师，我们终于又见面了。后来，我们在各种会议、学术活动中，有多次交流，我又在多本教育刊物上看到他发表的论文，在一些论坛上听他的讲演。他是高等教育方面的研究专家，曾获厦大首届"懋元奖"一等奖，还担任过厦门大学副校长。

成就未来不是梦！邬大光老师，让我见证一位年轻教师的持续发展，让我找到了"青春是用来奋斗的"一个生动案例。

林亚南老师在担任厦门大学数学学院院长时，我请他来厦门市数学奥校上数论课，林老师非常认真备课、用心讲课，深受学生喜爱。他还请程立新、钱建国、李时银三位老师来上函数、图论、组合等课，这些课总体是中学数学老师的短板，大学老师来上课，提升了课程的高度。

林老师在厦大讲课更精彩，这也是林老师评上国家级教学名师的原因之一。网络检索一下"林亚南"，我们会看到他更多的学术成果。但林老师有一个爱好，网上没有说，就是他非常热衷于益智器具的收藏和益智游戏的研究。在"智能时代下的中小学数学教育变革研讨会"上，他的《益智活动和数学教育的初步思考》报告，展现了一位大学教授的基教情怀。

厦门大学有个"数学与智力玩具空间"，位于厦大翔安校区德旺图书馆五楼，占地 200 平方米，拥有 5000 余件智力玩具，其中 4000 余件来自"爱玩"的国际著名代数学家——林格尔的捐赠。这是林老师的功劳，因为林格尔是林亚南老师的导师，是林老师让导师林格尔把玩具捐到厦大来的。

"空间"揭幕时，林格尔也来了，他被《厦门日报》记者问及玩具和数学的关系时说，许多智力玩具和智力难题都具有数学背景，一些数学概念可以用这种方式得到很好解释，数学老师应该意识到一点：智力玩具在训练学生数学思维方面有着独特的作用。此外，人们在玩玩具时，会遇到形形色色的障碍，从而学会克服障碍的策略。

与林亚南老师（中）、赵祥枝老师（左）教育论道

林亚南老师说，他其实有个心愿，要把益智玩具推广到中小学生中去。其实，他已经在行动了：在厦大，他开设了"数学益智游戏"选修课，旨在培养更多的推广者；在全国的益智游戏年会上，活跃着他的身影；在马丁·加德纳科普主题交流群里，他是最受尊重的专家之一；在"景润同心1+2爱数学"公益活动中，他既是主任又是讲师；陈景润科学精神教育基地落地厦大，也有他的一份功劳。

第三章　教师朋友多良师

"朋友一生一起走"，人生最贵是相知。

人的一生最快乐的事情，莫过于交到几个知心朋友。为师为学，必须借重朋友的指导和帮助，这是教学相长规律的客观反映，是历代学者治学经验的结晶。朋友间相互资益的作用是多方面的，人有诚挚好友，不但对做学问有切磋促进之功，而且对道德品质修养与行为表现也有相互砥砺、彼此模仿的良好作用。

在多年的教学研究、参观考察、学术活动和教育管理中，我结交了不少朋友，与新朋老友见面、交流，成了我生活的重要部分。大家一起探讨教育问题，分析教育发展，交流科研心得，研究学术动态，拟定合作课题，互赠近期著作，彼此相互勉励。科研的道路上，朋友就像一盏明灯，照亮着我前进。

每个教师朋友都是一本书，我抓住各种时机与他们零距离接触、沟通、对话和设问，学习他们的教育教学智慧，吸纳他们的文化气息，品味他们的学识魅力和人格魅力，尽可能从他们身上"挖出真经"。

我在这一章中所说的"朋友"，主要是指厦门地区的与我不是同一单位的朋友，谈友中的部分外地朋友。其他的朋友，我放在其他章节里说。

"良师益友"这句汉语成语，意思是能给人以教益和帮助的好老师、好朋友。我想倒过来说一嘴——"益友良师"——好朋友，多良师。

1. 小学校长朋友

真正读懂**黄马福**校长，是在厦门市海沧区育才小学。当时育才小学底子薄，八成多学生是外来务工人员子女，师资缺口大，教学成绩一般。黄校长从五个方面入手培养：阅读，成本最低效果最好；卫生，做到面净口洁；运动，让学生变得阳光；劳动，让学生学会勤奋；艺术，陶冶学生的情操。

"每个学生都会吹陶笛，每个学生都要'爬雪山过草地'。"黄校长当时说的话，我至今都还记得。他着力抓好教师队伍建设，充分给教师发展平台，一批教师脱颖而出；他鼓励教师教育科研，谢淑美老师的国家级教学成果奖，始出于育才小学；他注重五育融合，学生精神面貌焕然一新，学习成绩有了很大提高，学校发展渐入佳境。

他后来到双十中学海沧附属学校当校长，优化升华了育才小学的"套路"，经过缜密的论证与计划，他和他的团队从师资、课程、环境、信息化、质量品牌等五方面入手，迅速占领发展高地。反观自己的成长过程，他经常这样说："我只是教育长河里的一滴水，没有其他水滴汇聚，我进不了波澜壮阔的大海。"

第一次见到**戴曙光**校长，是在我的办公室，那时他是北师大海沧附校副校长，后来他是海沧"进校"附校校长。那天他和朱永通老师一起来，把他的新著《简单教数学》送给我。大家谈数学，谈数学教育，谈厦门教育，其乐融融。戴校长当时给我的印象是儒雅的，他对教育尤其对数学教育有独到的见解。

后来，我多次在教育论坛上听到他富有哲理的讲演，在教研活动中多次分享他精彩平实的点评，在教育刊物上读到他的多篇文章，我发现戴校长不仅是儒雅的，还是睿智的。

那次见面几年后，我收到戴校长发来的他的新著《数学，究竟怎么教》的电子版书稿，一看书名我就被吸引住了。因为书好读，我竟然用了一个晚上的时间就能粗读完全书，第二天我又细读了一遍。书分三章写，实则是三问。数学，究竟教什么？学生，究竟怎么学？数学，究竟怎么教？

朴素的追问，没有华丽的词句，却问在点子上，探在关键处，答在合情中。《简单教数学》，让我感受到大道至简之境界；《数学，究竟怎么教》，让我感受到问道至极之境界。戴校长请我为此书写序，我欣然写了《在追问中悟道》的序言。

序言结尾处，我写了这样一段话：

说到境界，多曰"三重"。此时，我们已经感受到戴老师数学教育到达"第二重境界"了，也许过不了多久，戴老师的第三本新著，将带领我们走进数学教育的"第三重境界"。

我们期盼着……

一次出差讲学途中，我收到戴校长发来的书稿《简单的力量》，一看到那新颖的目录，我就在动车上迫不及待地读了起来。啊，这就是我期盼的"第三重境界"，这是一个超越数学教育，走向学校教育的大境界！我又给这本书写了《教育大道亦至简》的序言。

教育论坛互动（左1为戴曙光校长）

厦门第二实验小学，是厦门教育的一张名片，是厦门市民心目中非常有名气的小学。

二实小之名，名在哪里？能否用一句话来概括？我一直在寻找这个答案。当**陈燕华**校长将和美教育论坛系列构思发给我时，我眼前一亮，这不就是我要寻找的那个答案吗？二实小人，持续将"和美"办学理念融于学校品牌发展的多个维度中。

系列构思的主题是：2020年，和美教育之教育教学微主张；2021年，和美教育之师生共长；2022年，和美教育之课程建设；2023年，和美教育之跨界融合；2024年，和美教育之问道质量；2025年，和美教育之家校社合作……这就是二实小的"未来有谋"。

在二实小的和美教育论坛上，我作过《读懂孩子，智慧施教》的讲座；在陈校长主编的《"微"张宏"观"：我的教育教学微主张》书里，我写了《教有主张：始于微，行于远》的序言；在厦门市教育局举办的首场校长论道上，我作为专家，与三位校长之一的陈校长，共同分享了和美之道。

在2023年的和美教育论坛上，二实小展示了课程改革成果——"三阶课程"体系，具体包括：基础课程、发展课程、特色课程。在此基础上，学校还开设了100多门校本课程。陈校长介绍，学校希望开发并实施更多的特色课程，以满足不同学生的需要。在实施过程中，强调以学生兴趣为主，鼓励学生主动学习，进而增强他们的内驱力。

参加和美教育论坛，和陈燕华校长（左2）在一起

最近一次，2024 年的和美教育论坛的主题是"学习场景：教育空间与媒介的可能"。二实小的每一次和美教育论坛，都是一种登高远望的视角和谋划，都是一种教育良知的坚持和守望，都是一种教育本真的遵循和践行。

2. 小学教师朋友

初见**张玮**，是在我的办公室，我以为她是从哪个大学刚毕业想来询问有关教师招聘事宜的。我一边给她和一同前来的同伴们沏茶问些情况，一边想说"今年放开招聘教师啦"时，张玮说她是已有十年教龄的老师了。我无法相信眼前这位稚嫩但充满朝气、眼神中透出智慧、感觉就是大学刚毕业的小女生，已经走过十年教学生涯。正当我惊讶地看着小张老师时，她拿出一摞厚厚的书稿说："这是我十年从教的心得和作品，请任老师作序。"

翻阅张老师的《玮光溢彩 我的十年》，仿佛看到了这位年轻教师十年来一步步成长的足迹。十年树木，百年树人。十年很长，可以让一个懵懂的小姑娘成长为名副其实的优秀教师；十年很短，往往十年前的事还历历在目……参加工作的第一个十年，值得每一位以教育为事业的教师好好珍惜与品味。张老师是个有心的年轻教师，她把自己这十年的点点滴滴经验积累下来，既为新教师领航，又为自己立了一个新的起点。记录这十年的磕磕绊绊，与同行们分享；记录这十年的收获，为自己的教育理想奠基，激励自己开始新的起航。

我给年轻教师讲座时，结束语常常这样说："青春是用来奋斗的，幸福是奋斗出来的！"

读完张老师的书稿，我找到了一个例证——张老师就是我所说的"奋斗者"。

她能不拥有吗？

又过了十年，张老师的第二本书《苇絮轻扬 我的二十年》出版了，我相信她的"我的三十年"更精彩。

初识**谢淑美**，是在北师大。

那年我在北师大讲学，没想到听者竟是厦门海沧进京研修的一批教师。讲学中，我发现有一位教师特别爱笑，她几乎是笑眯眯地听完我的讲座，笔记记了一大本。她在北师大书店买了本我写的书，要我在那本书上写句鼓励的话，我才知她的名字，我在那本书上写道："笑着当老师，真好！"

北师大负责教师教育的栾少波主任告诉我，谢老师是一位有思想的数学教师，指导学生撰写了很多数学小论文，她还是一位非常优秀的班主任，正在参评厦门市优秀班主任。我无法想象，那位爱笑的年轻教师，竟能让小学生写论文，竟有十年的"班主任龄"。

我"官僚"啊，作为数学教师出身的厦门的教育官员，竟然没有发现这样一位后起之秀！

后来，我在多次的讲座中，又见到了她，"她在丛中笑"，是带有智慧的那种笑。她听得很认真，是真想学、用心学的教师。

后来，我在厦门市青年教师学习共同体的活动中，又见到了她，她乐颠颠地帮着发材料，微笑着读材料。闲聊中，我对她说："你可以把数学教学和班主任工作总结出来，写成一本书。"

不到一年，她真的写成了《教室里的情与智》一书，记录着她的数学教学和她的班主任工作。我欣然为这本书写了《璞之既出，早成大器》的序言，序言中有这样一句话："我相信这是一部中国版的《第56号教室的奇迹》。"

书出版后，谢老师送来几本样书给我，我说了几句鼓励的话，送她到电梯口时我随口说了一嘴："你再写本书，我再给你写序。"其实，当时心里想，写一本书谈何容易，当你写好后，我可能早就退休了。

没想到，三年后，谢老师又写了本《激活师生的成长潜能：班主任专业化修炼之道》的书，我兑现了"随口一嘴"之言，为这本书写了《创造性地做教育》的序言。

我吸取了"教训"，不敢"乱说"，但一年后谢老师还是要我为她的《小学数学微写作里的大世界》一书写序，我读了书稿后，忽觉可以用"微，无不至"来描述我的感受，于是我又写了《微，无不至》的序言，序言中有这样一句话："微之行远、微之有效、微之长久、微之丰富、微之稳行，此'微'，无不至。"

谢老师的"微写作"之探，成了她的教学主张，也引起教育学术界的关注，经评审，她研究的"数学写作导学法：创新数学教学方式"的成果获全国教育改革创新奖、福建省基础教育教学成果奖一等奖，实属不易！

陈登连老师是厦门的小学数学教师，其教学主张是"情理教育"。

陈老师的情理教育，既指向非智力因素中的"情"，又指向智力因素中的"理"，情理交融奏响了课堂教学的多彩诗篇，体现了陈老师独具特色的教学主张，提供了学生灵性生长的发展空间。在情理交融的课堂里，我看见了与时俱进的扎实的双基教学，我看到了情感、态度、价值观浑然一体的走向"三维目标"的教学，我看到了核心素养悄然落地的精彩教学。

情理教育融合有序，情理教育润物无声，情理教育贵在合一。"情之"诚可贵，"理之"价亦高。若为教育故，两者都需要。"以情感人，以理服人"之于教育，我们是否可以这样说："情"让学生感受到数学的好玩，"理"让学生步入数学的玩好，"情理"促进学生玩转数学。

好课堂扎根于中国优秀文化之土壤，好课堂遍布于中国基础教育之大地，关键在于我们用心去发现、去挖掘、去提炼。陈老师用心去探索、去研究、去挖掘、去提炼，我敢说情理教育就是"寻找中国好课堂"的一个要寻找的优秀案例，一个可以拿到全国去展示的独具特色的"厦门样本"。

3. 中学校长朋友

蒋思彬和**欧阳玲**都是我在厦门一中的同事，我没有把她们放在厦门一中的老师一节里写，是因为她们后来都"闯"出去了。蒋思彬先到厦门二中当副校长，后到集美中学当副校长，再到厦门市教学事务受理中心当主任，最后又回到集美中学当校长。厦门岛内岛外奔波，她为教育不辞劳苦，多岗位锻炼，每到一处就点亮一处。欧阳玲先是被提升为厦门一中副校长，后到厦门六中当校长，把六中的特色之一阿卡贝拉纯人声合唱做到了极致，最后她到双十中学当校长，又为这所省里数一数二的百年名校注入新的内涵。

我从双十到一中担任校长时，时任一中办公室主任的蒋思彬，是第一个接我走进厦门一中的人。一中和双十的竞争由来已久，我走进一中从某种角度说是非常艰难的，毕竟我是从"竞争对手"那边过来的，一中对我的认同需要一个过程。蒋思彬一方面让我尽快了解一中的制度和文化，另一方面协调好我与一中方方面面的关系，尤其是与一中老领导之间的关系。她还把她的高中生物教学做得有声有色，教出了优秀的高考成绩。

欧阳玲当时是德育处主任，一中德育可圈可点，创好德育之境界，育新时代之英才，可概括为以下几个方面："共育"之境——德育管理全员化，"达成"之境——主题教育系列化，"丰实"之境——德育资源多样化，"现代"之境——德育管理信息化，"坚守"之境——时政教育日常化，"融合"之境——艺术活动常态化，"特色"之境——游泳形体课程化，"制度"之境——团学工作规范化，"完美"之境——社团活动精品化，"求新"之境——精英教育多元化。

由于学校中层轮岗，蒋思彬和欧阳玲的岗位互换。实话实说，当时我心里有点担心——她们能胜任新的岗位吗？没想到，她们很快就"上手了"，很快都在新的领域里传承与创新。比如，欧阳玲把迎接百年校庆工作做得井井有条、早早部署、步步推进；蒋思彬在教学楼下的小广场——音乐广场，开展学生"快乐嘉年华"活动。两位得力的干将，做事干练、精细，又有人情味，自己的教学工作也深受学生喜爱，教育教学业绩一再突破。学校中层最辛苦，学校需要什么样的中层？我想就是需要像她们这样的中层。

电视台活动（左3蒋思彬，右2欧阳玲）

厦门市火炬学校成立于2001年，是火炬高新区配套的学校。创办之初，火炬学校作为厦门教育体制改革的试验田，率先尝试"国有民办"的创新办学模式。学校的创办人是**王哲红**，她是名校长，也是明星老师——38岁的特级教师。

火炬学校，是一所年轻的学校。学校之所以能在短期内打开局面，被社会广泛认同，形成品牌，是因为他们抓住了学校的灵魂——学校精神和学校文化。

我曾对火炬学校的老师们说："因为你们年轻，所以你们拥有。"这里，我想对年轻的火炬学校说："因为年轻的火炬学校抓住了学校的灵魂，所以火炬之路是一条充满朝气的可持续发展之路。"

"火炬文化"的精髓是"更新、更快、更高、更强"。

感受"火炬之新"。新在校园环境，每面墙壁都说话，树木花草皆育人；新在课程拓展，课程走向个性、走向多元、走向生活；新在丰富多彩的活动，让富有教育意义的活动占领学生的空间。

感受"火炬之快"。学生发展快，家长说，"从火炬出来的学生就是不一样"；教师发展快，从火炬出来的教师素质全面，功底扎实，充满自信与活力，许多年轻教师慕名而来，就是为了能在这里得到更快成长；学校发展快，办学20年，已经是名牌。

感受"火炬之高"。高在办学定位：以创设儿童化、生态化的校园环境为基础，以鲜活生动的课程资源为渠道，以丰富多彩的校园活动为载体，初步形成了以"创新、合作与竞争、学习与研究、吸纳与开放"为核心特征的学校文化，促进学生、教师、学校的可持续发展。高在教师定位：倡导德为先，竞风格；才为次，竞能力；果为后，竞绩效的优良师风。高在学生定位："让学生自主管理""培养出具有独特文化气质的高素质学生""一颗颗新星将在这里诞生"。

感受"火炬之强"。校长是强的：王校长是女强人，办学就要办一流的学校，让优质教育资源最大化地发挥作用。教师是强的：学校中考成绩均名列厦门市百余所公民办初中校前五，多年中考总均分位列全市第一。学生是强的："校园处处是课堂""学习是随时随地都发生的"，日积月累，学生能不胜人一筹吗？

在厦门一中（左1王哲红，右1欧阳玲）

厦门一中与火炬学校联手，就是要让一中百年的历史积淀与火炬鲜活的运行机制形成合力，让两校文化相互借鉴、融合，既吸纳古今，又不断创新。

"一支火炬很古老，唯有真情在燃烧。""火炬文化"是要用心去感受的。我们有理由相信，"火炬文化"是一种精神，是一种使命，是一种气质，是一种信念。"火炬文化"必然会像它的名字一样，熊熊燃烧，照耀万里征程。

吴启建老师是我的老朋友，我和他有 40 年的交情。当年我们在龙岩山区共同开展"学习学"研究，一有机会我们就争取见面探讨研究心得。1991 年，全国学习科学研究会在哈尔滨召开，福建省有我和吴启建、蔡建生、陈泽龙四位老师，分别从各自所在的山区出发，坐了 70 多个小时的火车到达哈尔滨。我们像小学生一样，聆听着各位大师的报告——特别是魏书生老师的精彩报告，那次会议为我们福建省的"学习科学"打下了一个很好的基础。其中有一个小插曲，当时大家争着和魏书生老师照相，我们四位也和魏老师合影，帮我们拍照的人没拍好，吴老师的头被"切去了一角"。

1991 年在哈尔滨和魏书生老师在一起（左起：蔡建生、任勇、魏书生、陈泽龙、吴启建）

2016 年在厦门和魏书生老师在一起（排位与上图同）

我们回山区后，各自开展研究，持续自我发展，几年后都陆续来到厦门发展，你说巧不巧？

吴老师先是到厦门外国语学校当老师，教学成绩优异，评上特级教师，升任副校长，让学校教学步入新境，后来吴副校长到了厦门二中当校长，狠抓足球特色和艺术特色，全面提升二中品牌，二中足球队曾踢进全国第二名，多次代表中国青少年参加国际足球赛事。吴校长在二中评上了正高，出版了《托起明天的教育：青年教师成长之道》一书。

2016 年，我邀请魏书生老师来厦门一中作报告，我特地告诉当年那三位追随着魏书生去哈尔滨的老师，请他们早早来到魏老师所住的宾馆。当魏老师来到大厅，我拿出当年那张照片，按照原来的位置再和魏老师拍照，我一再交代帮我们拍照的老师：一定要认真拍，多拍几张，一定不要再"切掉"吴老师的头了。

4. 中职校长朋友

　　厦门市小白鹭民间舞团是全国第一个专业民间舞艺术表演团体，是厦门闪亮的名片。作为"小白鹭"创建者，**曾若虹**从工人到农民，从演员、编导到团长、校长，择善而固执之，以1.5万元经费白手起家，从无到有，从小到大，做大做强，呕心沥血，砥砺前行；创新体制，校、团结合；白鹭展翅，台岛远行；助威奥运，火舞梦圆；迈出国门，走向世界。30多年风雨，筚路蓝缕，在中国艺术职业教育与表演舞台上，留下了难以磨灭的凌波翱翔之姿。

　　《择善而固执之：曾若虹与"小白鹭"》这本书，由曾若虹口述，肖来付整理，厦门大学出版社出版，展现了曾若虹的热血人生和艺术追求，以及"小白鹭"的发展历程。

　　作为艺术教育家的曾校长，退休后还做了一件大事——推广"素质教育舞蹈课"——让舞蹈方面几乎零基础的学生"跳起来"。在吕艺生院长（北京舞蹈学院原院长）的指导下，作为厦门演艺职业学院常务副院长的曾若虹，在厦门开展了素质教育舞蹈课题的教学试点工作。

　　他们决定把试点校放在新圩中学—— 一所农村初级中学，地处厦门边远的大帽山脚下。在这样一所偏僻的农村中学试点教学，不仅可以检验这门课程在艺术基础薄弱、几近空白的农村学校的教学功效，也开启了中国农村学校素质教育舞蹈课的先河。

　　新圩中学两个班的素质教育舞蹈课试点教学三个月，每周一节课，上了《我的大舞台》《快乐课间》等六个课例。最后上的《神奇的线》和《跳绳》两个课例，是面向全市的汇报课，在事先没有准备、没有上过课的情况下首次现场开课。与会专家观课后激动地说，这才是真正的面向全体学生的素质教育舞蹈课！

《中国教育报》记者前往新圩中学看课采访后，详实描述了素质教育舞蹈课让一所农村中学产生的种种变化，并肯定了素质教育舞蹈课的发展前景——"新圩中学试点中出现的亮点，让教育部门意识到了将该项目推而广之的可能性"。于是，素质教育舞蹈课在厦门星火燎原。

和曾若虹校长（左2）在北京舞蹈学院

庄敏琦是厦门职教界的专家型校长，我在集美轻工业学校见到他时，就感觉他是一位非常憨厚的教师，专业能力很强，管理也有一套。当时厦门纯职教的特级教师就只有一位，我鼓励他为职教实现"特级"再突破，实现"正高"再突破。由于他的业绩突出，几年后这些都突破了。

后来他多岗位锻炼：到厦门市教育事务受理中心当了主任，把教育"大后勤"管得井井有条，全面提升厦门教育信息化水平，合规合理且高效地服务厦门教育；到厦门工商旅游学校当校长，创新地传承"嘉庚精神"——"诚以待人，毅以处事"，工商旅游学校成为我省公认的中职航空母舰和排头兵。

到2024年，他从教40年，当了校长也坚持一线教学。任教过中职16门课程，涵盖了化学、德育、信息技术和教育管理等多个类别；担任了十年班主任、八年学校中层、十年副校级、十年正校级领导。他带领师生参加职业技能各项大赛，屡获佳绩；他应邀开设教学、管理、德育、信息化应用等的讲座，他主持的名师工作室，深受好评。

他告诉我，"嘉庚精神"不仅是学校文化传承的载体，更是影响自己一辈子做人、做事的精神印记；"诚毅"校训，成就了"最好的学校"，也成就了"最好的自己"。

庄铭星校长是一位性情中人，做事总是风风火火、充满激情，每到一所学校就会既传承又创新地发展学校文化，就会创造条件激励教师成长，就会努力促进学生成为全面发展的人。他认为职业教育的育人要给学生"尊严教育、生命教育和信心教育"。

他从教 39 年来，认为教书育人与教学相长如车之两翼，师生理应是生命共同体，他在教学生涯中领悟躬耕教坛的意义，也从学生们的成长中感受到教育的力量和魅力，努力使自己成为让学生喜欢的老师、让学生敬重的老师、让学校骄傲的老师、让国家信任的老师和让历史铭记的老师。他强调，教师要谨记"事业心是从教的前提，责任感是为师的本分，创新性是教师的生命"。

他担任了 20 多年的中职校长，在繁忙的学校事务工作中，立足潜心学校品牌发展，还坚持担任多门课程的教学任务，秉承"教学促进自我主动学习，教学推动洞察师生动态，教学提高教育管理实效"的追求，与学生共同成长。

他说："教育是一场彼此成长的修行，教师要成为大先生，成为学生为学、为事、为人的示范。"

每次见到**赵丽萍**，她总是笑眯眯的，一看就知道是一位和蔼可亲的老师。她 18 岁从天津考到厦门水产学院，后来又考入福建师大读教育硕士，厦门成了她的第二故乡。她说："我努力着向下扎根、努力着向上生长，鹭岛的人文温情、质朴民风，包容、接纳着我这个外乡人，也成就了我的教育事业。"她被评上了特级教师，是省名师，更是深受学生喜爱的老师！

她在厦门多所职业学校当老师当领导，到一校就爱一校，干一行爱一行，是一专多能的工科女。"一专"，就是专于教育教学，立足专业、扎根一线、不断创新；"多能"，就是能学习、能研究、能带"兵"、能辐射。

30 多年来，无论在哪一个岗位上，即便是承担工作繁杂的学校管理工作，她都一直坚守三尺讲台，扎根课堂一线，用心、用情陪伴着身边的每个学生，关注着每个学生的成长。她用爱心、责任心、进取心诠释了她对职业教育的深情。

她当了校长，脸上依然挂着笑容，多么有亲和力的校长！办好职业学校不容易，在她的努力下，无论是厦门工商旅游学校还是集美工业学校，都成了职教的品牌学校，都有学校的主色、亮色和特色，都是职教技能大赛的金牌大户，都努力"让每个学生享有人生出彩的机会"。

赵丽萍名师工作室赠书活动

我认识**廖怀东**老师时，就觉得他是一位非常谦逊且做事干练的小伙子。那时我在局里分管安全和职业教育，他是中职学校的保卫干部，所以我们经常有工作上的联系。我经常和朋友说："你把当下的事做得最好，就是最好的成长。"现在看来，廖老师做到了。他当过保卫干部、总务科长、办公室主任、副校长，后来又当上了厦门信息学校的校长。

到廖怀东校长学校传播教育家精神

他很努力，常以"兀兀穷年"来勉励自己，总感到自己有知识匮乏的危机感和紧迫感，于是他不断地学习、探索教育教学的方法，每天坚持读一篇论文……他的奋斗让他通过了省教育厅的遴选（至少英语要过关），作为福建省优秀校长被派到澳大利亚做了访问学者，回国后又到市教育局职成处挂职副处长，他把这些经历看成一生宝贵的财富。

他说他很喜欢李镇西老师说的话："有人说：'每一个人都是一棵树。'……你也许不是最美丽的，但你可以最可爱；你也许不是最聪明的，但你可以最勤奋；你也许不会最富有，但你可以最充实；你也许不会最顺利，但你可以最乐观。"是啊，人生就是要不断地超越自己，挑战自己，不断地去争取每一个更好，当每一个更好来临了，这棵树也变成了一棵不一样的树，他也渐渐实现了人生的价值。

5. 中学教师朋友

陈平老师，是厦门市海沧区职业中专学校的普通教师，从教38年。他从乡村中学一名代课教师到厦门市政治学科骨干教师、厦门中职学校专家型教师、市级学科带头培养对象、海沧区职业中专学校教研室主任，一路走来，研究探索不止。

职业教育是我分管的一个领域，我不论分管哪一块，都会让团队成员在工作中研究，在研究中工作，把研究成果写成文章或写成书，以研究的力量推动事业的发展。我主编过《现代中职生成才导向》一书，是想给中职生一本成才的"通识读本"，也是想通过写书让一批中职教师学会写作。书中写了50多个"谈"，比如《阳光灿烂每一天——谈健康情绪》。我写了序言、后记和样稿，其余由其他老师写，陈平老师写了《坚持不懈铸成就——谈意志磨练》。我没有想到，陈老师这一"写"，激起了千层浪。

没过多久，陈老师就组织他们学校的老师编写了《现代中职生职业心理导向》，请我写序，我欣然答应，很快就写了《良好职业心理能给你带来什么》的序言。

又没过多久，陈老师从"心理"着手，编写了《现代中职生心理故事》，我写的序言是《一封书信改变人生》。陈老师说，希望这本书能带给中职学生前行的力量、生涯的设计、自信心的建立、交往的方法、情绪的调控和成功的路径。一封书信、一个故事、一个感悟、一个反思、一个思索、一个启迪……串成一篇篇心理故事。句句话语，段段文字，是静悄悄的、推心置腹的、和风细雨的、叩开心扉的、直抵心灵的。话语中有真心的鼓励，文字里有真诚的期待。故事蕴含着教育者的循循善诱、育人者的睿智心语。

陈老师一发不可收，后来又陆续编写了三本献给中职生的书——《现代中职生礼仪导向》《现代中职生创业导向》《传承与守望——闽南节日文化导读》，我也一如既往地为这三本书写序，分别是《有"礼"走遍天下》《中职生要有创业抱负》《文而化之的好样"本"》。

编一本书，不易！编五本书，辛苦！但陈老师却乐在其中，这就是师者的乐于探索、乐于进取、乐于奉献！

我担任龙岩一中教研室主任时，**邱国华**老师是学校的教育科研骨干，学校的课题常常请他加盟。他的写作教学，当时在学校里就小有名气了。凡有家长说到孩子写作困难时，我就会请他帮助，指导点拨，家长都说挺见效的。我写作中遇到一些诸如语法、用语、开篇、结语等问题，把握不准时都会向他请教。我女儿读小学时的写作问题，多交给他帮扶，女儿后来高考作文成绩是年级第一名，他多少是有功劳的！

后来，我从龙岩调到双十中学教书，我们仍然保持联系，谈论的也多是如何专业发展、如何做学问、如何健康地工作和生活等话题。我到厦门一中担任校长后不久，邱老师调入厦门市禾山中学教书，那年他送了我一本他的处女作《语文学习杂谈》，我觉得他在写作思维教学方面，颇有心得，自有一套妙法。我多次从厦门语文教研员和教师口中听到对他语文教学尤其是写作教学的好评，说他教法新颖灵活，课堂气氛活跃。2009届高考他所教的一名学生高考作文满分，语文总分133分，就是一个生动的案例！就禾山中学的生源情况而言，这实属不易！

厦门的报刊，不时会向我约写一些教育方面的小文，所以我对厦门报刊的教育栏目是比较关注的。我渐渐发现，邱老师关于写作思维指导的文章越来越多，越写越有意蕴了，还成了专栏作者，写连载稿了。

邱老师来厦门后，在每年的寒假和暑假，都会来到我的书房和我长谈。坐拥书屋，我们或谈研究方向，或谈课改路径，或谈专业成长，或谈教育怪象，或谈孩子教育，等等。每次长谈，大家都很有收获，都很受启发，各自厘清思路，有方向感地步入新境。

邱老师的"步入新境"让我感到欣慰和惊喜，他已经突破"师者"，在走向

"学者"了。他是区名师工作室成员，是市中学语文学科专家型教师，是省中学语文学科带头人，他到新疆吉木萨尔支教，还评上了正高。

有一天，邱老师告诉我他写的《写作思维与训练》完稿了，要请我作序。我高兴于老友新著即将出版，又犯难于我这数学教师怎么好为语文老师的书写序。邱老师执意要我写，作为一同成长的一代人，我见证了他的一路走来，也就顾不了那么多了，壮着胆子跨界而为。

如果说写出一本书算是磨一把剑的话，邱老师这本书就整整磨了十年。十年磨一剑，算是厚积薄发吧，算是功到自然成吧？

过了五年，邱老师又"磨出一剑"，他的又一新著《语文教育观念的实践探索》出版了，虽说是实践探索，我觉得是理论升华！

十多年前，我应温州市教育局之邀，为温州市中小学教师作《师者：做更好的自己》讲座，主会场有 400 多人，通过视频听讲的据说有 11 万人次，这是迄今为止最多人同时听我讲座的一次。讲座受到好评，一时间我的邮箱里有很多来自温州教师的邮件。其中，**陈华云**老师的邮件引起了我的特别关注，因为他的一项研究——数学小论文的写作指导，是我曾想研究而未深入进行的。

我们的邮件往来如下：

任老师，我是温州市一名高中数学教师，上次在温州听了您的讲座，收获很大。因为我手头有您的专著《任勇与数学学习指导》《走向卓越，为什么不？》《任勇的中学数学教学主张》《精彩数学就在身边》等。最近我完成暂名为《数学小论文的写作指导与实践案例》的书稿，作为校本课程，能否冒昧地请您在有空之时，提出一些意见与建议。

陈华云

陈老师好！看了书稿，觉得你做了一件很有意义的事，写得很完整，很有条理。若作为一项研究课题，这本书写得非常好；若作为校本课程，最好能参照数学课本的类似语言来写，而不是按课题研究的格式来写。当然，你已成书稿了，要改起来工作量不小，因此可以考虑先这样用一段时间，听听大家的意见之后再修改。

任　勇

　　任老师，感谢您在百忙之中审阅了我的书稿并给予评价。我还有个不情之请，您能否为我这本书写个序？万分期待！

陈华云

　　当我再次收到陈老师的书稿时，我惊叹了！一是眼界高，把数学小论文的写作看成数学课程改革的一项重要内容，意义深远；二是可操作，数学小论文的写作就是研究性学习的一种形式，不神秘化；三是有理论，将数学小论文的写作进行理性升华，实不多见；四是搞实验，建立在实验基础上的研究性学习的探索，其行必远；五是重反思，把反思引入研究性学习领域，思之益多；六是案例精，附上的 31 个案例，例例精当！

　　我觉得，陈老师是把学生数学小论文的写作当作课题研究来做。当一项研究进入课题领域时，就要学习理论、构建体系、制订实验方案，就要查阅资料、进行文献综述，就要实验操作、统计数据、分析问题，就要整理资料、撰写报告。搞课题研究，是要坐冷板凳的，是要耐得住寂寞的，是要苦思冥想的，是要潜心钻研的。课题研究是很能磨炼人的意志的，陈老师做到了。

　　我还觉得，陈老师更是把学生数学小论文的写作当作事业来做。教育之事，过于理想走不动，没有理想走不远，当教育理想遭遇教育现实挑战时，考量着我们的教育勇气、智慧和境界。陈老师从指导学生数学小论文写作入手，一步步逼近理想的教育，一步步实现自己的教育理想。

　　因为，在陈老师心中，学生今天的小论文就是明天大论文的序言！

6. 球友教师朋友

王淼生老师是我从江西引进的一位数学老师，刚来时他确实有点水土不服，有点融不进这里的团队。我就邀他来篮球队打球，这一"打"，就渐渐地"打"出了一片新天地：大家有了沟通交流，有了彼此理解，有了相互包容。

所以，王老师算是我的球友，我们从 2005 年一直打到现在。

我曾经给王老师的《数学百题 精彩千解》一书写了《数学名师与精彩之解》的序言，序言结尾处这样写：读了王老师的书，你就能体验到什么叫精深的专业知识，什么叫数学教师的智慧！

我还给王老师的《概念：数学教学永恒主题》一书写了《让"冰冷的美丽"火热起来》的序言，序言的结尾处这样写：能让数学"冰冷的美丽"火热起来的教师，一定是优秀的数学教师。能让数学概念教学"冰冷的美丽"火热起来的教师，一定是更有学术涵养的优秀的数学教师，王老师就是这样的老师。

我更乐意为王老师的第三本书《理性数学：我的永恒追求》写序，这是王老师对我的极大信任，更是我想实现第一个走进书里去欣赏"以草根之力，铸理性之魂"的数学教育璀璨星空的愿望。

初为人师的王老师是乡村教师，自言"草根"不为过；即便是现在，作为扎根于一线的数学教师的他，也是广义之"草根"。草根之力是可以持久积蓄的，草根精神是值得永远赞美的，草根教师也应有名师梦，快步追风赶月不停留。

从乡村教学的艰辛到特区教学的突围，是他理性思探的"时空"；从一题多解到多题一解再到一题多变，是他理性思探的"乐园"；从赏析高考试题到研究奥数赛题，是他理性探思的"天地"；从教学有方到教有主张，是他理性思探的新的"里程碑"。这就是王老师的永恒追求，这就是向着数学教育的诗和远方的行走姿态。

从 20 年前第一次见到王老师，到今天看到他的新著，我见证了一个草根教师可以达到的学术高度，见证了一条从草根教师走向教学名师的成长之路，见证了理性精神之于数学探索的美丽图景。

和王淼生老师在厦门一中

我在龙岩一中教书时，就是学校教工篮球队队员。那时龙岩一中的教工篮球队可厉害了，打到龙岩市"教师杯"男子甲组第一名。那个"小黑"——**宛建兴**老师，学生都知道。篮球比赛中，"小黑"老师往往在后场抢到篮板球后，会背朝着我，双手抱球，甩给冲到前场篮下的我……就这样，我们从龙岩一中打到厦门一中，再打到现在。

宛老师在龙岩一中是非常敬业的体育教师，更是精业的篮球教练。他的体育课是学生最喜爱的课之一，当新生得知他们的体育老师是"小黑"时，个个心花怒放、神采飞扬！他带的篮球校队，无论男队还是女队，都是"打遍一方无敌手"。当年省级体育比赛获奖者，有不同分值的高考加分，宛老师带的学生获得高考加分总和超过 1000 分，全地区第一。他的许多学生考进了各类体育院校，还有不少学生"打"进了 985 高校，"打"进了 211 高校。

龙岩一中有一次组织学生郊游，意外翻车掉到几十米的山下，车卡在树丛中，有的学生被夹在车缝里，有的学生甩出车外后被车压住……同车的宛老师，轻伤不下火线，发挥体育教师特有的作用，吹着哨子有序组织营救，还用自己的双手扒土扒石块扒树根，奋力营救每一个受伤的学生……车祸不幸但无人死亡，郊游团队返校时，宛老师的双手裹满了纱布，在校师生以迎接英雄式的方式拥着他们走进校门。

宛老师到厦门一中后，除延续了他的体育业绩外，又有了新的领域——篮球运动的全员"脱盲"，做到组组篮球赛，班班篮球赛，人人尽参与，一时间厦门一中篮球文化成为学校特色项目。

龙岩一中篮球队照（后排左3为宛建兴老师，后排左4为作者）

曾巍是厦门实小的体育老师，他常来厦门一中和我们打球，如果我们是"对手"的话，他往往是防守我的。因为我年纪偏大，只能让相对"老"一点的人防守我，曾老师正好符合条件。

其实，曾老师还有一项绝招——武术。他从福建师大体育系毕业后，就立志要带出优秀的武术队员。在中学带武术队难度很大，学生没有基础，同时错过了培养良好的柔韧性和协调性的最佳时期，但这些并没有难倒他，每天早上6点多他就组织学生开始练习，还给学生准备早餐。在教学中，他针对学生的特点，因材施教，真心付出，激发学生学习的斗志。在这些学生中，有的获得福建省武术比赛第一名、第二名的优异成绩；有的获奖后高考加分，进入高等学院。

他认为，教学的关键是要激发学生的内驱力，还要运用体育运动培养学生顽强的意志品质，并不断研究，才能提高教学能力。对于一名体育老师来说，如何教会学生体育技能，如何更快地教给学生体育技能，如何更好地教会学生体育技能，是值得研究一辈子的。

他经常这样说，教有所获，研有所得，教师的教学，能够改变学生的人生，是教师莫大的荣幸。

7. 牌友教师朋友

应永恒老师是从顺昌来龙岩一中的，当时我们都在龙岩一中，应老师和我同龄，我们又都爱做些研究，都爱写点东西，所以常常找机会聊一些研究心得。后来，"君向潇湘我向秦"，他被省教育学院引进，我调到厦门工作。

其实，我们还有一个共同的爱好——打80分。80分，堪称"中国桥牌"，规模宏大、层次复杂、牌理科学、底蕴丰富、争战持久，颇具趣味性、竞争性、协作性和益智性。

我们在龙岩一中时，有机会就打上一晚；我来龙岩或福州讲学时，我们约上几个好友简单餐食后立即"开战"；一起到外地教育考察，动车上、汽车上、宾馆里，都是可以打牌的。应老师虽是文科生，但打80分是非常有水平的，绝不亚于理科生。

当然，应老师更厉害的是他的语文教育和语文教研。他在龙岩一中时，就因语文教得好，评上了特级教师。他到省教育学院后，是福建教育学院应永恒语文名师工作室领衔人。

"本然语文"是他提出的教学主张，即主张在语文教学中，和学生一起享受语文，和学生一起成长，求真、求序、求和、求新、求实、求美。"本然语文"基于他自己40多年语文教学实践，体现出他对语文规律的探索，对语文本源的追寻，对语文本质的坚守，对语文本然的回归。

《本然语文》出版时，闽派语文大先生陈日亮老师写的序言是《本然语文：一个切中痼疾的主张》；另一位大先生，福建省语文协会会长王立根先生写的序言是《本然语文：有天有地的语文》。是啊，本然语文，切中痼疾，有天有地！本然师心，育人无痕，追求永恒！

牌友中，还有一位**蔡春龙**老师。说到蔡老师，要从一本书说起。

厦门外国语学校附小要我为《做有智慧的教师》一书写序，那时网络刚兴起，博客很时兴，学校七位骨干教师林晓、黄有华、吕淑彩、蔡春龙、陈斌、叶隽、林友深组成的"叶晓龙博客"，成了厦门网的知名教育博客，形成了一定的影响，这本书就是他们的"博客文集"。"叶晓龙"是这七位教师姓名中挑出的字，算是"博客群"，其中那个"龙"就是蔡春龙的"龙"。

我为这本书写了《记住这些路》的序言，序言的小标题是："借助博客平台，养成反思习惯""基于教育叙事，讲述鲜活故事""打开交流窗口，多向互动交流""提升生命质量，成就教师发展"。我在序言结尾这样说："相信七位优秀教师凭借不断求知、善于实践、积极反思并坚持不懈写博，在教师专业发展道路上，一定能够走得更远，走得坚定，走得自信！"

蔡老师中师毕业后在农村小学教了六年书，在田野风光中和孩子们上课的自然纯真，成了他追求的教育教学风格。后来他到"外附小"，正逢新世纪网络兴起，他在网上开设了名为"菜园子"的班级学习网站，十年时间和所带的几届学生在网络上学习，特别是教学写作格外出彩。随着"菜园子"网站点击量的增长，大家记住了他的网名"老蔡"，孩子们也亲切地叫他"老蔡"。

2012年，他通过招聘考试成为区小学语文教研员之后，他的"菜园子"班级网站关闭了，取而代之的是工作室的公众号——"思明行之小语工作室"。博学之，审问之，慎思之，明辨之，笃行之，成为工作室的座右铭。从田野风光中的自然纯真到如今城市中的学思并行，他一直在和学生、老师们一起成长。

认识**余宪林**老师，是在贵州凯里。

在教育部支持西部教育组的协调下，厦门一中帮扶凯里赏郎中学。既然厦门一中要到赏郎中学帮扶，凯里方面希望厦门一中也与凯里一中结对。我应邀顺道到凯里一中讲学，感动了当时在凯里一中的副校长、特级教师余宪林，一年后"余特"来到厦门一中，成为我的新牌友。

他是国家级骨干教师，教育硕士，在30多年的教学生涯中担任了18年班主任，连续承担了17届高中毕业班的英语教学工作，教出三个省状元。厦门一中官网上的"名师风采"，以"多才多艺的他是学生的偶像"为题，介绍了"余特"。

实话实说，"余特"牌技总体一般，但牌友还都喜欢和他玩牌。"余特"一来，欢声笑语就停不下来。他牌运特好，时而把对手打晕，时而把一手好牌打烂，你说好笑不好笑？他的好牌，完全可以把对手打成"大光"，但他往往只打成了"小光"，有时差点被打下台。

他打牌还有一个"毛病"，就是经常出错牌，他的上家经常会"不厚道"地让他出错。某次夏日打牌，我和他是防家，庄家是他的上家，有一局打6，红桃主，庄家引出黑桃 A 后，下一轮很快就引出黑桃 6，他就迅速用黑桃 A 管上，我急啊，又不能说，因为他的下家也可能出错，穿着短裤的我急得直拍大腿。这轮结束后，我方被罚了 10 分。

打到 8 时，他竟然敢甩出黑桃 AKQQJ，我急得又拍大腿，还有个黑桃 K 没看到，他都敢甩，幸好这张 K 被庄家扣到底牌去了。大家都没说，估计他至今都不知道那个 J 是怎么混过去的，算他运气好！这就是"余特"，这就是"余特"的可爱之处。

8. 谜友教师朋友

我从小就爱猜灯谜，也结识了不少灯谜界的朋友，其中有部分是教师谜友。**许友金**老师是我40年前就认识的谜家，那时我在龙岩一中，他在厦门同安。我们有过多年的书信往来，所有的书信都与"谜"有关，或探讨灯谜艺术，或分享研谜成果，或互赠新版谜书。直到我到厦门工作后，才第一次见到了许老师真人。

一见许老师，就可以看出他是一位非常厚道的人，也是痴迷灯谜的人。他是同安教师进修学校的教研员，更是灯谜文化传播的宣传员。他"从谜"40年，让灯谜进社区、进校园，全面致力于灯谜的猜、制、评、论、编、著。你看他的谜例，"瓜儿连着藤，藤儿连着瓜"（网络名词），谜底：QQ；"怒目横眉发厉声"（字），谜底：丽；"一燕穿篱多快意"（字），谜底：爽。多么有趣！你看他的文章：《教师懂谜，是校园灯谜文化建设常态化的根本》《如何把灯谜引进语文课堂教学》，这就是寓教于谜！

凤南中学是灯谜实验校，灯谜活动处处有许老师的身影。学校"灯谜游园"常态化，每年有灯谜夏令营，每周有猜谜活动，还有"灯谜与语文课堂教学"课题。许老师到中小学开灯谜讲座不下300场，还把自己编的谜书送到学校图书馆，送给老师和学生，又多次举办校园灯谜大赛活动，厦门卫视等多家传媒作了现场报道。

许老师大我一轮，他常说：活到老，学到老，终身爱谜，力争做一名为传承发展灯谜文化多做实事的真正的灯谜爱好者。

我们猜一条**卢志文**老师制作的灯谜："威哉少女，重整戎装，一心成边，还续传说"（字一）。谜面描写"花木兰"，猜中"戎"字要四扣。一是形扣：威－

女＝戍，"少"为减法提示词（变读为 shǎo）；二是形扣：戎→戍，"重整……装"为分解提示词；三是形扣："一心戍边"别解为"以'一'为心，加上'戍'之边"，成为"戍"，"边"为方位提示词，"心"为辅助词；四是音扣：提示"戍"〔xū〕音近"续"〔xù〕。

从一条字谜，我们就看出了卢老师灯谜之功力。

我和卢老师的灯谜交往也有 30 来年，20 世纪 90 年代他在江苏淮安中学，我在福建龙岩一中，但我们都是"中华红烛谜社"——教师谜友社团的成员，我们都是社刊《烛影摇红》的活跃分子，我们都在做青少年灯谜普及工作，我们还编了一本《中华灯谜教程》供学校师生选用。

后来他到温州翔宇教育集团当总校长，在翔宇中学建了个"中华灯谜馆"，开馆时举办了首届华人中学生灯谜大会。有中华灯谜馆的学校，其灯谜文化是润入师生心灵的，其学校文化是充盈着灯谜文化的。

卢校长说：作为一所面向未来，却希望从传统文化起步的学校，作为一所快速发展，且愿意因为预见美好而停一停脚步的学校，翔宇乐意在诸位谜人与各界朋友的关心下，以承办谜会为机遇，一步一个脚印走得更稳，走得更远。

我以为，作为谜家的校长，学校流淌着"谜之境"，一定会有更好的"寓教于谜，润物无声"的学校文化。

和卢志文先生在厦门

"中华灯谜馆"的馆长是谁？是卢校长引进的一位相对年轻的谜家**郭少敏**老师。

不论你是进行灯谜的深入系统研究，还是研究一些灯谜的基础知识，我建议你一定要关注谜坛中的这位与众不同的谜家。

在"灯谜人郭少敏"公众号上，在我写书时，能看到如下文字：

郭少敏，号"文虎居主人"，1972 年生。职业灯谜人。中华灯谜馆馆长、中国民协谜委会常委、中国职工文体协会灯谜分会顾问、新加坡谜协海外顾问。1990 —2017 年期间，夺得各类猜谜比赛冠军 43 次，其灯谜作品、论文多次获奖。2014、2015 年，参与策划云南卫视《中国灯谜大会》，出任赛题监制、主创，和梁宏达、于丹、郦波、卢志文等同台点评。2016 年，为中央人民广播电台直播天宫二号发射节目创作灯谜。2018 年，出版个人专著《灯谜逻辑》，出谜助兴央视平昌冬奥会直播节目。2019 年，出席央视元宵晚会，六道原创灯谜播出，带领观众和明星们猜灯谜闹元宵。2021 年，在中国知网讲授灯谜文化，任央视元宵晚会灯谜撰稿人。2022 年，任央视除夕节目《古韵新春》灯谜专家主持，为人民网创作冬奥灯谜，任 B 站（哔哩哔哩）元宵晚会灯谜顾问。

这里列他的几个代表作：

（1）念你、悲你、惜你，你影踪儿全无，心俱碎，残花相依。（打一成语）

谜底：今非昔比。（《中国谜报》1994 年度最佳谜作第一名、20 世纪百佳谜作、2019 年央视元宵晚会入选谜语。）

（2）一半爹爹有，一半哥哥有。看似各有缺，其实人都有。（打一字）

谜底：名。（2017 年杭州谜会佳谜、2019 年央视元宵晚会入选谜语。）

（3）说是错已过了半生，说是苦只在心里藏。这细细的身儿，亦自刚强。谁料到情牵一线，望眼欲穿，到头来，为他人作嫁衣裳。（打一字）

谜底：针。（2019 年"志文虎头奖"年度佳谜。）

其实，你关注一下"灯谜人郭少敏"公众号，就会发现他的"字得其乐"栏目中的每一条字谜真的"得其乐"，更能感受到其创新功力。

何止是字谜，"物入谜途"栏目的谜例，都是物谜的创新，前文所引代表作（3）算是一例。"文虎居谜擂"栏目的谜就是他的"广义灯谜"的集中呈现，时时出新，令人拍案叫绝。

还有"点金石"栏目——我眼中的师友精品，"捕捉灯谜之美，为你沙里淘金"。此栏目转发当代谜家的谜作、谜评等。

公众号中还有不少他的谜文，也多有他的新思维：或系统思考，或辩证思考，或换位思考，或超前思考，或创新思考，或另类思考。

"文虎居谜擂"栏目写道：灯谜，谜文，文创；有态度，有温度，有辨识度。

我说多了，读者还是走进"文虎居"感受一番，一定会有更多的感受。

第四章　附近同仁亦良师

福建作为我国东南沿海省份，拥有悠久的教育历史和文化底蕴。闽山闽水孕育了闽派教育，孕育了闽派教育的特质，也涌现出闽派教育家型的教师和校长。

行走在福建教育的大地上，纵观千年福建教育文化思想史，我们既能感受到朱熹、李贽、严复、林则徐等先贤的教育家精神，又能看到当下一批批闽派教师的潜心研学和创新实践。

我在龙岩和厦门两地工作和生活，由于地缘关系，还由于参加教研活动和各类会议，我和福建教育同仁多有交往。他们的骨子里多少有闽派教育的"魂"，比如坚守、实干、低调、求真等，又有各自不同的个性，比如山区教师的奉献精神，闽南教师的爱拼才会赢，省城教师的视野开阔，这些都是我成长中的精神养分。

我省的教育同仁，有比我年长的老先生，他们矢志不移，甘为人梯；有我的同龄人，他们积极进取，敢为人先；也有比我年少的老师，他们朝气蓬勃，虚心好学。

"三人行，必有我师。"向福建教育同仁学习，取人之长，补己之短，完善自我，砥砺前行。

1. 龙岩的老师

龙岩，别称"闽西"，是汉族客家民系形成的重要起点和聚集地，是著名的革命老区，是长征出发地之一。

人民网上有这样一段文字：地处闽西，龙岩多山。大山曾挡了龙岩人的路，却抑不住他们的劲。"闹革命走前头，搞生产争上游。"闽西红土地上，始终有一股发展不甘人后的劲。

我在闽西学习、生活和工作了36年，闽西是我的第二故乡，闽西的"红土地精神"和闽西教育人的艰苦奋斗精神，都深深地烙印在我的血脉中。

几年前，我接到一个电话，号码陌生但话音亲切熟悉，电话那头的**廖正义**老师说，他已将这些年对脑科学的研究成果结集准备出版，请我作序。廖老师退休多年还能再出新成果，令我惊愕不已。

30多年前，我和廖老师都在龙岩教数学，都喜欢研究些数学教育问题。他先在农村中学教学，在艰苦的条件下进行了多年教改实验，我研究了他的实验，听了他的课，留下了深刻的印象。后来他调进城郊中学，我又多次在学术会议上聆听过他对教育教学的独到见解，还在许多刊物上拜读了他的教研文章，他的见解和文章都很有深度，理论联系实际，给人许多新的启迪。对他勤于思考、勇于实践、不断求新的精神，我十分敬佩，我曾多次对年轻老师尤其是农村年轻老师这样说："为师当如廖正义。"

我对廖老师更加敬佩的是，他对脑科学的研究。可以说他对脑科学的研究达到了如痴如迷的境地，那段时间他致力于研究和传播开发人脑潜能的方法和手段，并将研究成果在数学教学中加以运用，他把这些成果结集成《科学用脑与数学教学》一书，当年嘱我作序。尽管那时我从未作过序，对脑科学也基本没什么研究，但我被廖老师的精神所感动、被廖老师的成果所震撼，也就顾不了那么多了，壮着胆子为"老前辈"廖老师之书写了序。

1996 年我到厦门工作，在教育界"打拼"，廖老师那时临近退休，我和廖老师的联系也少了。那天的电话，之所以令我惊愕，是因为我没有想到廖老师退而未休，还在脑科学的研究和传播之路上继续探寻。

当廖老师将《科学用脑　启迪人生》的电子版发到我邮箱时，我眼前呈现出一幅"脑探"的全景图："全脑教育"包括初步认识脑、保护脑、使用脑、开发脑，特别是右脑的感知功能和潜能的开发等；"基础教育"包括开启全脑学习时代、全脑思维是人的天性、双脑并用教学等；"人生教育"包括素质教育、人格教育、健康教育等。

读完书稿，我发现廖老师的研究已经跳出"数学"甚至跳出"教育"了，你看"宇宙心智与潜意识""养成以右脑为中心的生活方式""双脑并用，势在必行""速读用全脑，学习快又好""科学用脑是成才的关键""有好心态，就有好人生"，看了这些标题，是不是有"跳出"之感？看了这些标题，是不是就想打开书来读？

一位"老"师，不为论文、不为职称、不为名利，只为提升人的素质，只为教育更好发展，只为师者职业追求，坚持 30 多年"脑探"不止，这其中蕴含的精神力量和创造价值是巨大的。廖老师的"无为"而研，实乃"有为"之意。因为他胸中有理想，自然"脑探"无止境。

和廖正义老师一起在龙岩

我崇拜，我敬佩，永远值得我学习的廖老师！

蒋宗尧老师大我 5 岁，我们有 40 年的交情。我在龙岩教书时，他在连城教书，我们都在为闽西教育奉献青春；我到厦门一中履新时，他被厦门集美中学引进，我们又都在为特区教育努力打拼。他给人的印象是温文尔雅、彬彬有礼，颇有学者的风度，但性格的另一面是耿直率真、敢于直言，富有学者的风范。

他从小立志要当一名优秀的老师，他多次放弃从政机会，坚持终身从教，无怨无悔；他充分地信任与关爱自己的每一位学生，特别重视学生学法指导与良好习惯的养成，他所教班级的学生成绩都是该校历史上最好的；他坚持不断反思与总结，撰写数十篇论文在各级学术会议上或刊物上交流、获奖或发表；他为中小学校长、教师、学生和家长开专题讲座数百场；他出版专著《中小学教师教学实用基本功》《优秀教师的修炼之道》等 20 多本，深受读者好评。

他坚持向教改要质量，总结设计了"三环节·三反馈"教学方式和"先学后教，反馈矫正"教改实验，取得显著效果，深受师生欢迎，得到专家学者的充分肯定，成为我省教改领域的一位带头人。"三环节·三反馈"教学方式，获国家级基础教育教学成果奖二等奖，这是非常高级别的奖项，也是当时厦门教育界在此奖项上的"最高奖"。

他不仅是一名优秀的专家型教师，还是一位精通业务、善于管理的优秀教师进修学校校长，他为提高当地中小学教师队伍素质，提高教育教学质量作出突出贡献，得到当地政府领导和广大中小学校长、老师的高度评价与赞扬。

他的教育理念是："教师只教学生不会的。"践行着这样的教育理念，他成为全国优秀教师，评上特级教师，获评苏步青数学教育奖，享受国务院政府特殊津贴，《闽西日报》《厦门日报》《中国教育报》《教育研究》等报刊都曾介绍过他的事迹与成果。面对这么多荣誉，他对记者说："这些只能说明我的过去，今后，我还将一如既往地努力，即使退休，也要为教育事业尽微薄之力，发挥自己的光和热。"

童其林老师小我几岁，他是龙岩市永定县城关中学的数学教师，我在龙岩时和他仅见过一两次，但我们却都在数学刊物上经常"谋面"。我们都订阅了很多数学教学方面的杂志，都在上面发表文章，我不时会看到他的新作，他也会看到我新发表的文章。我们没有通信联络，没有电话联系，但都会从对方发表的文章中，感受到数学教育的探无止境，感受到写作不止，动力永存，都会暗下决心——再出新成果。

他从 25 岁写诗，26 岁发表诗歌作品，32 岁发表第一篇数学文章，到现在知网数据库可以找到其 310 多篇文章——有些报刊知网不收录，所以真正发表在含有 CN 刊号报刊的文章不止这 310 多篇。

为什么写？他说，一是有写的欲望，很多教学实践的感悟需要表达；二是写能够打发寂寞和无聊；三是稿费可以贴补家用——写数学文章虽然发不了财，但还有点稿费。

多朴实的话语！稿费能有多少？

他在哈工大出版社出版了《高考数学核心素养解读》等七本书，他本以为这些作品能带来收益，却是一分钱收益也没有，还倒贴了一些。

他一直在感受老师的清贫，他告诉我："即使清贫，做老师也是幸福的，每天和充满希望的学生在一起，就和希望在一起。我把知识传递给学生，把对数学的热爱传递给学生，把对数学的理解和感悟传递给学生，并让不同的学生理解和感悟，形成知识体系，形成数学思想方法——在未来的学习和生活及工作中，派上用场，想想就觉得幸福。实际上，得益于数学教师的传承，数学的真善美已经深深地刻在一些学生的骨子里，惠及一生。"

童其林老师清贫而精神富有

他一直在这所中学教着纯净的数学，努力把每一个学生教好。一个大学毕业后的学生和他聊天："……童老师，您搞的是素质教育，不是应试教育，您教的不仅是数学，也是人生……"

他坚持写作，用心教育，成果丰硕。他先后评上了特级教师和正高级教师，这是教师荣誉和职称的最高级别；他获评苏步青数学教育奖，这是我国中学数学教育界最高奖。

2. 福州的老师

福州，有着"派江吻海、百河润邑、群翠绕城"的城市格局，是国家历史文化名城，是福建省的省会，"有福之州"形成了海纳百川、有容乃大的城市精神。

科举资料记载，福州府"举进士者二千二百四十七人"，全国闻名。南宋学者吕祖谦的一首诗生动地描绘了当时福州文化教育的昌盛："路逢十客九衿青，半是同袍旧弟兄。最忆市桥灯火静，巷南巷北读书声。"

福州有非常多的品牌教师，他们大气、谦逊、执着、睿智，他们乐于助人，不少教育前辈是我成长中的重要贵人。

恢复高考那几年，福建考生大多是知道**池伯鼎**老师的，因为当时复习资料很少，池老的《中学数学手册》成了多数考生复习的必备资料，我是读着池老的"手册"参加恢复高考后的第一届高考的。

池老既做授业的经师，又做处世的人师。他诚心待人、热情助人、乐观豁达，他全身心投入教书育人，工作追求卓越，拥有永争第一的豪情、魄力和能力，是福建教育珍贵的精神财富，是福建教育的骄傲，也是福建教育一座不朽的师魂丰碑！

池老是福建省第一批特级教师，是福建数学教育界的泰斗，在数学教育的研讨会上，我多次聆听他的"爱、严、深、导、创"的教育座右铭。他培养了数以万计的优秀学生，特别是先后培养了14位拔尖学生跳级上大学，有的成为中外知名大学的博士，有的成为尖端科技领域的栋梁和领军人才。

池老在担任省数学奥校校长期间，团结奥数教练，共同拼搏，呕心沥血，让我省奥数实现突破性飞跃。我在龙岩一中带奥数，培养了刘鸿、王兴等省奥数一等奖选手，得到池老的指导和激励；我在双十中学带奥数，培养了柯伟伟、张嘉龄等省奥数一等奖选手，池老给我颁奖，并在颁奖会上让我介绍经验。

当时福建奥数"有高原没有高峰"——整体水平不差但没有"国际金牌"，池老经常这样激励大家："福建没出国际金牌，我死不瞑目。"在池老这种精神的感召下，在池老的统一布局下，全省上下共同努力，福安一中异军突起，李迅老师和他的团队带出的学生，参加国际数学奥赛，获 1996 年、1997 年两届金牌。

有一天，厦门市教委主任邓渊源把我叫去，说我省著名教育专家、特级教师池伯鼎给厦门市市长洪永世写信，说厦门有很好的数学竞赛方面的教练，可以成立厦门市数学奥林匹克学校，并推荐由我来领衔。

我当时感到压力很大，但最后还是答应了下来。于是，1997 年，厦门市数学奥林匹克学校成立了，我担任校长。奥校为厦门培养了一大批数学尖子，参加全国数学奥赛成绩在全省连年位列第一，受到各界好评。

到池伯鼎老师家拜访

第一次见到**黄家骅**教授，是在福建教育学院。那时他是学院的副院长，我们在讨论省名校长培养方案。名校长培养正式启动时，我听了黄教授的讲座，其教育研究之深、教育理念之新、教育智慧之妙，令听者叹服！尤其是他的"学术探索的诗意表达"，娓娓道来，给人留下深刻印象。

后来我才知道，黄教授大我两岁，和我有类似的成长经历。他在宁德农村读中小学，我在龙岩农村读小学、城乡读中学；他插队劳动三年，我下乡当知青三年；他以全县语文第一名考上福建师大政教系，我以知青点第一名考上龙岩师范大专班数学系；他攻下博士后又出国做博士后和高级访问学者，我则到福建师大读函授本科、读教育硕士，到北师大读博士课程班。

"读万卷书，行万里路"是他的人生座右铭，他走过全国各省区，游过70多个国家和地区，这为他的教育体验和教育追求提供了厚实的认知基础。

黄教授生于山清水秀的宁德霍童茶山村，他对童年生活有这样一段描述：从小在溪坂的鹅卵石上奔跑，在树林中牧羊放歌，在山脊悬崖上伐木砍樵，因此养成了坚毅又旷达、率性又诚笃的性格。看懂了霍童山水的空灵与豁朗，也就明白性情阔达和耿直的养成——不需要憋憋屈屈、弯弯曲曲，也能恣心自在，游目骋怀！

就这样，不需要"憋憋屈屈"，黄教授用心、用情、用智带出了"名校长培养"的全国样板，《中国教育报》专版推广了他的经验。

在名校长培养方面，黄教授给了我很大的平台：先是让我给省里的名校长讲《校长成长和学校发展的新走向》，这是我当时的一个新的研究，他就把我推了上去；他作为圆桌沙龙的主持人，还特地邀请江苏锡山高中的唐江澎校长、福州教科院方颖院长和我，在学院的名校长"教育论道"上现场对话，这对我来说，既是一次挑战，也是一次锻炼的好机会；他还把我推向全国，让我出省给全国各地校长讲《好学校之境》《校长力及其修炼》等。

黄教授的书法也是一流的，在一次校长培训结束时，他非常正式地赠我一条他写的"澄怀味道"的字幅，其蕴意我自然心明，我把这墨宝当作家珍收藏。

黄家骅教授赠我字幅

网络检索一下"澄怀味道":"澄怀味道"是一种清新淡雅的感觉，这种味道让人感受到淡淡的宁静与安宁。它可以描述一种愉悦体验，一种享受、自由和安宁，有时候也用来指爽朗、宁静、自在或者温暖的气氛。

邹开煌教授，一直是我敬仰的教育前辈，也是一直鼓励我指导我做学问的恩师。他是福建教育学院的教授，是教育部"国培计划"专家，是省陶行知研究会执行会长兼秘书长，是闽派特色教育研究所所长和《福建基础教育研究》主编等。

别看他头衔多，但特别平易近人，特别关注年轻教师成长。他和我联系时，总是笑眯眯、乐呵呵地问我，有没有新的研究，把稿子给他。你说我能不持续研究吗？他请我到教育学院讲课时，又是充满激情地介绍我，推崇我成为"闽派学者"，你说我能不再出新的成果吗？

邹教授是性情中人，每次听他讲课，他总是抑扬顿挫、声情并茂，讲课内容涉及教师成长、陶行知教育思想、综合实践活动、劳动教育、特色办学、学校品牌建设、教学成果转化与提升、学校文化等；邹教授还有绝活——树叶吹奏，能吹奏已经很牛了。他一吹奏就吹进央视节目，《走进树叶吹奏艺术》课走进全国各地 300 多所大中小学课堂。

"树叶吹奏"走进央视（前排中为邹开煌老师）

邹教授有许多"陶研金句"，我挑一些与大家分享：教师培养主张——做行知式三手教师：课堂教学高手、班级管理强手、教研写作能手；学生培养主张——做行知式五好学生：健康的体魄、农夫的身手、科学的头脑、艺术的兴味、改造社会的精神；践陶理念：像陶行知那样会做人，像陶行知那样会做事。

3. 漳州的老师

漳州，坐山面海，山清水秀，平原广袤；历史悠久，文化灿烂，贤达辈出；四季如春，物产丰富；经济发展，民风淳朴，社会进步，充满希望。

漳州与龙岩毗邻，我在龙岩一中时，经常和漳州的老师们一起开展"山海协作"活动；漳州又与厦门毗邻，我在厦门工作时，经常和漳州的老师们参加"厦漳泉"活动。

漳州老师给我的印象是：既有"山"的精神又有"海"的气质，既有闽南人的拼劲又有广东人的冲劲。

我在龙岩一中带奥数班期间，曾经于 20 世纪 80 年代专程到龙海一中拜访**康德海**老师。我们一行为什么要到龙海一中，为什么要拜访康老师？因为那时的龙海一中的各科兴趣小组活动非常活跃，非常有成效、有特色，而康老师又带出学生苏朝晖获得国际化学奥赛金牌。

1987 年 7 月盛夏的一天，在多瑙河畔的匈牙利布达佩斯技术大学，第 19 届国际化学奥林匹克竞赛即将降下帷幕，颁奖仪式正在举行。17 岁的苏朝晖登上了领奖台，他为中国赢得了宝贵的第一枚国际化学奥林匹克金牌。这是中国第一次组队参加国际化学奥林匹克竞赛，在这个赛场上，苏朝晖和他的队友们为国家争得了荣誉。

我们到龙海一中了解到，读高二的苏朝晖在康老师的指导下，经过省市的层层选拔，最终成为全国青年化学竞赛的优胜者。在参加选拔赛之前，每位参赛者需要提交一篇化学小论文，为了找到合适的选题，康老师带着他到县城周围的工厂企业调研、分析、实验，后来写成的论文获得了评委们的一致好评。

其实，从高一年级开始康老师就指导他参加化学竞赛，在课外研究中带他去厦门大学做实验、向专家请教，从学习和思想各方面关心他，帮助他成长。苏朝晖入选国家集训队，康老师也是一路陪伴，帮助他克服各种挑战和困难，直到获得国际金牌。

我们一行回到龙岩一中后，我向校长汇报提出抓好学科竞赛的"六个一"：一要选好苗子，超前培养；二要选好一科，全力强攻；三要全面规划，分段实施；四要一步到位（定位在国际水平），多管齐下；五要内建队伍，外请专家；六要筹措经费，舍得投入。

几年后，我又提出学科竞赛的"十二个结合"：课内深化与课外指导相结合；立足平时与赛前指导相结合；打好基础与能力训练相结合；小组活动与个别辅导相结合；教师辅导与学生自学相结合；教师精讲与学生勤练相结合；通法指导与特法渗透相结合；激发兴趣与严谨论证相结合；规范训练与创造训练相结合；理论学习与实际应用相结合；学校辅导与社会参与相结合；智力因素与非智力因素相结合。

这些都是对康老师经验的提炼，都是龙海之行的所思所悟。

姚跃林，是厦门大学附属实验中学校长，我早就听说他是一位很有思想的校长，直到他通过"大夏书系"的策划编辑朱永通老师约我到他的学校讲课时，我才第一次见到姚校长。

姚跃林校长主持我的报告会

厦门大学附属实验中学地点在漳州，是漳州市的一所学校。我到他的学校后，他带着我去看艺术馆、体育馆、游泳池，漫步校园林荫道时，一路讲着他的办学理念，还送我一本他刚出版的新书——《让教育带着温度落地》。

书分三篇写：理想的温度、生命的温度、理性的温度，他立足教育现场，从一个个鲜活的个案入手，深入浅出，娓娓道来，充分展示了他对人性美、批判思维、个性化教育的呼吁与追求，立足服务的理念，致力用合适的教育办学生喜欢的学校。不乏诗意的理性反思，也有他眷注生命的深情叙写，处处彰显教育之美，人性之美。

一些学校在追求"卓越"的路上，忽视了对教育本原的坚守，把有温度的教育做得冰冷了。而姚校长不是把"让教育带着温度"作为一个口号，而是要落地。这样的校长，被师生称为"暖叔"。

半年后，他这本书的姊妹篇《安静做真实的教育》出版。

何止有姊妹篇，"暖叔"在教育畅销书《教育的细节》作者朱永通编辑策划和激励下，近几年"又下三城"：《让教育更加尊重生命》《教育无非服务》《让教育稍稍有点诗意》。

姚校，让我学到了很多很多，至少有一点是非常深刻的，就是他是以教育理想去追求理想的教育，并把繁杂的教育实践用生动的诗意表达出来的值得我敬佩的校长。

漳州一中的**林新建**老师，是一位研究能力很强的老师，我认识他比较迟，严格讲，我是先在数学杂志上"认识"他的。2002 年，我在《数学教学研究》上读到他的《对新大纲指导下的高中数学课堂教学的认识》，其认识很有新意和价值，对我当时的教学很有启发。之后我又陆陆续续读到他的多篇论文，2009年他的《费尔马问题在圆锥曲线中的拓广》在《数学通报》上发表，我就开始关注这位年轻人，没想到他的研究成果遍地开花，而且是在"高原"盛开——他在《数学通报》上发表了十余篇论文！

《数学通报》是由中国数学会和北京师范大学主办的刊物，是核心刊物，数学教师终其一生都不一定能在这份刊物上发表一篇文章。

他不仅数学研究水平高，教学更有一套。他在漳州第一中学教了 26 年书，课堂上，他如一位智慧的引路人，循循善诱地培养学生的数学素养。课后的他，亦是一位博古通今的才子。他挥毫泼墨，诗词歌赋信手拈来，他用文字抒发着对教育事业的热爱、对师生情谊的珍视以及对同仁义气的敬重。他通过独特的诗意，表达对数学和教育的深深热爱，周围的人无不为他的幸福和自豪所感染。

我一直想见到这位"数学帅""文学帅""艺术帅"的后起之秀，终于在一次学术会议上见到他了，他谦虚而坚定地说："感谢前辈的肯定，对我来说，这只是开始。"

4.三明的老师

三明市也是龙岩的"邻居",都是山区。三明是闽人之源、闽江之源、闽学之源、闽师之源,也是红土地。办教育,做教师,我们都有着许多相同的情况。

三明老师能做到的,我们龙岩老师也应该能做到。我到过三明一中、二中去听课交流,到过永安一中去开观摩课和评课,到清流、宁化、尤溪去教育考察,三明的许多教育创新做法,至今令我印象深刻。

第一次见到**翁乾明**老师,是在三明一中。20世纪80年代三明的教育有特色、有创新、有名气,我是随龙岩一中参访团到三明学习的。

记得当年听三明一中漆竞余老校长谈教育,理念有灵魂,办学有品质,管理有方法,令我们耳目一新。尤其是对待教师,漆校长总结为:"取其信,暖其心,尽其才,护其时。"

取其信,就是在政治上充分信任和尊重教师;暖其心,就是关心他们的疾苦,增强教师的光荣感和责任感,减轻教师的生活和经济负担,让教师有更多的时间考虑教育、教学;尽其才,就是要大胆提拔,放手使用,让每个教师都充分发挥自己的聪明才智;护其时,就是保证教师有尽量多的业余时间,保证有时间进行业务进修学习。

多好的学校文化啊!

参访的第一天晚上,我就约翁乾明老师聊天,那时我们都是不到30岁的青年教师,都是省优秀青年教师,都在杂志上发表了处女作,他带化学奥赛班,我带数学奥赛班,我们有太多的共同语言,比如对教育的理解,对教学的思考,对写作的分享,对奥赛的建议,对未来的憧憬……就这样,两个青年教师各自怀揣着教育梦开启了新的探索之旅。

翁老师真是厉害，他所带的学生林诚（高二年级）参加在波兰举行的第23届国际化学奥林匹克竞赛，以优异成绩荣获金牌。我虽然也很努力带奥数班，最好的成绩是国家奥数集训队选拔赛第29名，而进入国家奥数集训队必须是前25名选手。

1994年福建省破格拿出几个特级教师名额，专门让40岁以下的优秀青年教师申报，据说每个地级市可以推荐一名，最终评上的只有四位，他们是：福安一中李迅，福州四中郑勇，三明一中翁乾明，龙岩一中任勇。有段时间四位的情况是：李迅为福州一中校长，郑勇是福州三中校长，翁乾明是福建师范大学附中校长，任勇是厦门一中校长。这是福建省"前四强"的校长啊，这件事在福建省教育界传为佳话。

李迅、郑勇、翁乾明，都是我的好朋友，都是良师，也都是一本本书。我抓住各种时机与他们零距离请教，尽可能从他们身上挖出真经，学习他们的教育教学智慧，吸纳他们的文化气息，品味他们的学识魅力和人格魅力。

我在厦门双十中学实施的"全课程素质教育"，在厦门一中实施的"为发展而教育"，在厦门市教科院实施的"全学科校本作业"等，都是向他们学习、借鉴的成果。

和翁乾明老师（右2）在一起

刘若嘉老师，是我20多年前就认识的在三明教书的物理教师。他教书育人、他带物理竞赛、他做管理，都是心有梦想、行有智慧、研有境界的教育者，他默默奋斗，成了特级、正高，是省劳模、全国优秀教师，担任过三明一中、二中校长，现在是三明市教育工委书记。

刘老师给人最深的印象是"书·灯光·脚步声"。

他书多，学校司机聊起刘校长藏书的事，惊讶地说："一小卡车，整整一小卡车呀，你是没看到，刘校长到二中走马上任那天，我帮忙搬了一个上午的书，真多，真多！"刘校长还爱研究，他写了好多教育论文，出版教育著作。记得我在研究"校长影响力"时，发现刘校长写的《校长非权力影响力刍议》一文发表在《基础教育参考》上，我一时读不到全文，就直接请刘校长发我电子版，很快刘校长就发给我了。

刘校长指出，非权力影响力是校长以个人的学识、能力、品德、感情等因素为基础的在教师心目中逐渐形成的一种无形无声的精神感召力、吸引力和凝聚力。校长的权力影响力固然重要，但在民主开放的今天，非权力影响力起着越来越重要的作用。因此，校长必须在提高非权力影响力上下功夫。

多好的观点啊！这些为我的研究提供了宝贵的资料。

从刘校长到二中走马上任那天起，校长办公室的那盏灯跟主人一样，一到晚上就开始工作，在学校特有环境的衬托下，灯光特别明亮、特别显眼。

那盏灯不可思议的几乎天天都那么明亮，门卫和司机最有发言权了："你们呀，绝对想不到吧，天天工作到晚上十点多，天天呀！"

那盏灯，那盏二楼几乎每晚都亮的灯，跟着主人随着岁月车轮的转动不断赋予学校神秘和传奇的色彩，它让全体师生都深受震撼，带给全体老师无声的鞭策，这力量是何其强大。

刘校长喜欢走路，也擅长走路，走起路来风风火火，脚步也很快，像追逐猎物的豹子，又像是一阵风，还像夏天的雨点打在芭蕉叶上的气势，闻其声就可预见其人。

若问二中师生早上到校最熟悉的身影，那非刘校长莫属了，每天早上他总是比大多数师生更早站在校门口，微笑着迎接大家，风雨无阻。

若问早读时除了学生阅读声，还有什么声音让大家印象深刻的话，那一定是校长在教学楼巡视的脚步声了，学校教学楼每一层都有一条长长的走廊，每当老师走过，都会有脚步声传来，但校长的脚步声无疑是其中最独特，也是最能催人奋进的声音。全校师生已经习惯了这种声音，不管是早读，还是每天下午的自习课，甚至是晚自习时，那熟悉的脚步声伴随着学生朗朗读书声和教师抑扬顿挫的教书声，一起构成了二中最和谐的音符：你中有我，我中有你，琴瑟交融，一同铸就学校这几年不断勇攀高峰的最强声。

周荣铨老师，比我大几岁，他是三明市永安一中的特级教师和数学组长，后到永安三中当校长。我们都研究数学高考，都研究教育问题，所以我每次到永安都会去拜会周老师。

周老师是数学高考研究专家，经常提醒即将高考的考生要稳定心态，在答题时要注意审题，数学审题要注意数学语言的恰当转译，注意细节，充分应用数学思想方法引领思维，突破所谓的高考难题。

退休后的周老师，还经常指导考生迎考。我们看永安一中的一则报道："特级教师周荣铨应邀到我校开设题为'细节决定成败，审题决定成败'的专题讲座，分别以平面向量综合问题、函数图像性质应用、立几解几与平面几何综合问题为载体展开，深入浅出地阐述了高考数学命题规律和应对技巧。现场氛围热烈，内容针对性强，得到与会师生的好评。"

在一次关于教师教学风格的研讨会上，周老师这样说：教师教学风格的形成，大致要经历"入格"——模仿学习、"立格"——独立探索、"破格"——创造超越、"别具一格"——发展成型四个阶段。

上述每个教学发展阶段，都有自己的特点。每个发展阶段的顺序不能颠倒，并且从一个阶段发展到下一个阶段，都须有必要的主客观条件。在这种顺序的发展过程中，教师教学的模仿性因素越来越少，而独创性因素越来越多。独创性因素达到了一定量的积累，才可能引起质变，从一个阶段发展到下一个阶段，最后形成自己的教学风格。

正当我听得津津有味时，周老师激动地说：无格之格——教学的最高境界。

他认为，无格之格是教学风格的最高境界，也标志着教师已成长为一名成熟的教学艺术家。教师此时的教学已经不拘一格、不拘一式、不限一法，达到炉火纯青的境界。教学有法而无定法，"无法之法"乃为至法，"无格之格"才是至格，这是教师的毕生追求。这一阶段，教学从内容的处理、方案的设计到方法的选择、过程的组织，都表现出多样性与稳定性、灵活性与独创性的有机结合与统一。

周老师啊，此时无格胜有格！

5. 泉州的老师

我出生在泉州，两岁时去了龙岩，每到泉州或说起泉州，我都有别样的心情，泉州的老师，也算是我的老乡了。

泉州教育人多有"正直刚毅、坚韧不拔、淡定包容、爱拼敢赢"的人文精神，他们既内敛含蓄又踔厉笃行，既做人以诚又做事以毅。

陈进兴老师是我在泉州最好的朋友，陈老师比我小四岁。当年，作为同时代的年轻教师，我们除了很努力地教着数学，还专注于数学教育写作。1988 年我 30 岁，写了第一本书——《初中生学习法与能力培养》，是给学生读的书；1990 年陈老师 28 岁，写了他的第一本书——《用构造法解数学题》，是给老师读的书。陈老师的书，是纯数学专业的，是写给老师读的，而且是在泉州南安乡镇中学里写的，真不容易！

我要向陈老师学习，再出成果啊！

有段时间，我和陈老师暗中"斗文"——在数学杂志上，我看见陈老师发表一篇文章，"不服输"，也争取写一篇发表；陈老师看见我发表一篇文章，也"不服输"，很快也来一篇。我们就这样暗中"斗着斗着"，大家都"斗"出了新成果。

到了 1992 年，我还没写出数学专业的书时，陈老师就寄来他的新著——《高考数学常用解题方法：分类讨论法》，我佩服得五体投地。直到 1995 年，我的《中学数学学习法》出版，我也在第一时间寄书给陈老师。

陈老师到南安市教育局担任局长时，恰好赶上新一轮基础教育课程改革，他不断学习、研究，并在南安市积极行动起来。我在《人民教育》《上海教育》《福建教育》上读了他的许多文章，对我在厦门一中开展课改活动帮助很大。

之后他主编的"南安市新课程实验丛书"（共12册）出版了，他的两本专著——《一位教育局长的课改日记》《一位教育局长的课改博客》也出版了，这在全国引起了极大的反响。顾明远先生说："陈进兴，作为'重要的课程改革推进者'是名副其实的。"

泉州还有一位数学老师对我的影响很大，他是石狮市石光中学的**柯连平**老师。我和柯老师没有正式的交往，我刚开始进行数学教育写作时，就在许多数学教育的杂志上读到过柯老师的文章，在一些数学教育的学术会议上看到过他的新论文，看到他的"写作不止，动力永存"的研究精神，我是非常佩服的。

他的数学教育研究是全面而深刻的，涉及教学研究与素质教育、初数研究与学术研讨、高考研究与复习探索、错解分析与能力培养、解题策略与思维方法、教学实践与创新教育等。每读柯老师的文章，对我来说都能带来许多新的感悟。

初为人师的我，不知从哪里弄到一本柯老师写的《中学数学解题典型错误分析》，当时教学资料很稀缺，这本书就成了我备课的必备参考书。每讲到一个知识点，我就在书中找有没有典型错误的例子，若有，我就选出来在课堂上"不露声色"地故意讲错，最后引出矛盾或说明解答是错误的，然后师生共同纠正错误。这样充分暴露错误过程，让学生在"情理之中"惊呼上当的"融错教学"，成了我教学的一个"小特色"。

2004年年底，我听说柯老师出版了一本名为《素质教育的思考与实践：柯连平教学论文集》，赶紧请泉州的朋友设法向柯老师讨一本送我。这本书，时任省科协主席吴新涛院士题写书名，省教研室主任林明苏和省数学奥校校长池伯鼎先生写序，编入了柯老师38篇数学教育方面的论文。书一到，我就拿着红笔，边读边画边批注，一周后就把书"读红"了。

认识泉州丰泽区崇德实小**苏伟毅**校长，是在一个校长办学思想的论坛上，会议主办方福建教育学院遴选了六位校长逐个上台精彩论道。我作为点评专家对每位校长的办学思想一一点评，我在对前三位专家的点评中提到：前些年，我见证了福建校长办学思想的1.0版，实现了"零的突破"；现在，我见证了福建校长办学思想的2.0版。在互动环节，有校长问我："3.0版的办学思想下的学校是什么样态呢？"我当时头脑中没有福建具体的样本，就宏观地回应了一下："你去参加长三角的教育论坛，你去参加上海的教育论坛，你就会看到具有 3.0 版的办学思想下的学校样态。"

第二天苏校长以"兰质教育：追求有价值与品质的教育"为题最后一个汇报，我似乎感觉到了什么——这不就是我们福建具有 3.0 版办学思想下的学校样态的雏形吗？

让我们走进"兰质教育"，略探苏校长和他的团队是如何去追求有价值与品质的教育的。

顶层设计——学校品质提升的"123"模式：一核心（学校核心价值观），二体系（学校理念体系，学校实践体系），三提升（价值品质，理念品质，实践品质）。框架科学合理，路径清晰可视；星空理当仰望，实地更须脚踏。

苏伟毅校长在诠释"兰质教育"

"兰质"，从访古（崇德思想是古代教育的精髓）到问世（德育为首是国际教育的潮流），再从看今（立德树人是我国教育的根本任务）到价值确立（一德立而百善从之），继而引出古语"至德如兰"，自然呼出"兰质教育"。

兰花之质在于洁雅、高尚、鲜活，其"纯"之质指向品质，其"优"之质指向优质，其"鲜"指向生命，进而孕育出"兰质教育"是品质的、优质的、生命的教育，教育品质是学校的自我追求，优质教育是社会的共同要求，生命教育是学生发展的需求。

兰质教育内涵丰实，其教育观：做"德""善"教育；其办学观：办"善若水"的学校；其育人观：育"德如兰"的学生。

当"兰质"润入学校时，兰质学校有"四向"：润生命，顺自然，融社会，展才情；兰质教师要"四有"：一股书卷气，一副好身体，一颗仁爱心，一番新作为；兰质学生有"四气"：有雅气，富才气，怀志气，现朝气；兰质课程有"四项"：雅气课程，才气课程，志气课程，朝气课程；兰质环境有"四香"：花香，叶香，书香，墨香；兰质成效有"四项"：学校有品质，师生有素质，基地有特质，辐射有实质。

一兰润校园，百花竞盛开。

6. 宁德的老师

宁德，俗称闽东。闽东之地，虽有山有海，但经济相对贫困，其教育也面临多重挑战。为了让闽东教育"洼地崛起"，闽东教师弘扬草根精神，坚守教育的本真、本原，怀揣教育理想不懈追求理想教育。

闽东教师还有一个奇特现象，就是闽东数学教师名师群起。从某种角度说，他们拔高了福建数学教育的高度，他们突破了福建数学教育的困境。他们为山区教师的成长树立了榜样。

李迅老师是我们这一代人学习的榜样，因为他一直为福建教育创出新的品牌，也为全国基础教育树立了良好教育生态的样本。

李老师比我小几岁，我们的第一学历都是专科，他先是在宁德市福安甘棠乡镇中学教书，后来回到他的母校福安一中任教。他在这所学校送走了两届高中毕业班，他为学生倾注了无尽的心血和汗水，学生也用优异的高考成绩回报老师。

那段时间，我们在省里的数学教研活动中经常交流。他有许多新的想法，是一位教育智者，更是一位行者，把最好的数学教育落实到课堂中。他31岁时就被评为全国优秀教师，接受国家领导的接见，32岁破格评上特级教师。我是和李老师同一批破格评上特级教师的，那年我36岁，龙岩教育人都说我是省里最年轻的特级教师，我急忙纠正说："李迅老师才是全省'最年轻'，我是'次年轻'。"

那时我们都在池伯鼎老师的指导下带奥数班，李迅就是李迅，太厉害了，他带出的学生，参加国际数学奥赛获1996年、1997年两届金牌，实现了福建数学奥数国际金牌零的突破！

1998 年他任福安一中校长，2002 年他任福州一中校长，从乡镇中学的普通教师，到县中名师、名校长，再到全国著名的历史名校校长，这是他"向着心中的太阳，一路追逐着梦想"（李迅《一路向阳》）的里程。

那时，我在厦门一中任校长，他是省数学教育专委会的理事长，我是副理事长，我们又有了新的探索和新的梦想。在福州一中，他以自己的理想信念、教育智慧、学术功力和人格魅力，成就了学生、成就了教师、成就了学校，也成就了自己——成为走向教育家型的校长。

李校长还积极谋略福建数学教育的新发展，坚持承上启下，善于外传内联。在李校长的邀请下，数学大师经常来福建讲学：人教社的数学编辑章建跃多次来福建，传播他新的教育理念和研究成果；张景中院士来了，讲他的"好玩的数学"和"数学实验"；奥数专家熊斌教授来了，讲"数学特优生的发现与培养"；史宁中先生来了，讲"数学核心素养"和"数学课程标准"等。

一次次高端的数学讲座，让我们这一代数学教育人领悟了数学教育的真谛，福建的数学教育也就这样引入高境、步入新境、渐入佳境了。

后来李迅到省教育厅当副厅长，一个更大的平台，他又开启新的教育之梦远行了。

和李迅老师（左1）一起参加研讨会

说起宁德教师进修学院的**陈成龙**老师，大家都觉得他身上有一种草根精神。他从教 40 年，像草根将身子植入土里一样，执着、顽强、扎实地工作着。

20 世纪 90 年代，我是到宁德开展学习科学活动时认识陈老师的。宁德的老师们告诉我，陈老师书教得好，上公开课更精彩，许多老师戏称他是执教公开课的专业户，他调到进修学院后，还保持着乐于上公开课的习惯，为了推广某个教学经验，阐释某个教学理念，他就自己披挂上阵，以课释理，以课示范。

作为教研员，他的教育理念、教学能力往往可以影响和带动这个地区的教师群体。一方面，陈老师梳理自己在中学教学时的收获，写了几十篇教学随笔式的文章，其中有多篇在《福建教育》上发表；另一方面，在理论上进行恶补，那一时期出版的一些著名的语文教学理论书他几乎都涉猎过。这些极大地扩大了他的视野，为做好教研工作和培训工作奠定了基础。他还撰写了《培养学生科学的学习方法应注意的几个问题》《控制论与语文教学》《从根本上致力于提高学生的整体素质》等文章，在《课程·教材·教法》《中学语文教学》《中学语文教学参考》等刊物上发表文章。

写一本语文教学专著，是他的夙愿。于是，他开始断断续续地撰写《创造性语文教育》这本教育论著。那段时间，虽然工作繁重、杂事干扰，但他心中所想、手中所写的就是这本书。七年磨一剑，当他捧出散发着浓重油墨香气的新书时，心里异常高兴，更令他感到高兴的是，《创造性语文教育》出版后得到了全国语文界的赞扬。

《中国教育报》发表了一篇题为"在创造的世界里自由飞翔"的文章，作者这样评论：此书的最重要贡献当是对创造性语文教育理论上的系统阐述，在阐述中整合了近几十年来语文界的各种思潮在创造性思想方面的归属，使人对纷繁的语文流派有了一个居高的认识，从而把握了他们异质同构的一方，觅到了他们共同的活源，而不再陷于一家一言的困惑之中。

著名语文教育家孙绍振教授评价说："由于创造的艰难，人们习惯于重复尤其是对于权威的重复，对于流行话的重复，人生最大的悲剧莫过于此。因此陈成龙着眼突破和创造，创造是从重话和套话里解放出来，只有在创造中才能体现出人生的珍贵价值。"

在第五届"中国教育学会奖"优秀教育科研成果评选奖励活动中，《创造性语文教育》还获得了一等奖，在教育部会议厅，全国人大常委会副委员长许嘉璐、中国教育学会会长顾明远还为他颁了奖。

陈老师告诉年轻教师：要想成为优秀的教师，就要像子弹一样飞。一颗子弹要保持飞行的状态，要有很强的推动力，要有足够的飞行速度。一个教师要想发展，首先要有强烈的发展意识，强烈的发展意识是教师发展的原动力；一个教师要持续地发展，就要保持足够的发展速度，如果缺乏一定的发展速度，飞行就会停止。

他说，要感谢这个伟大的时代，这是一个为普通人提供实现梦想机会的时代。只要你有梦想，即使是草根，春风也会使你绽放出嫩绿。

我刚到厦门一中履新时，就知道**肖骁**老师是福安一中的优秀数学教师，很想把他引进到一中来。真遗憾，我慢了一步，他被厦门外国语学校抢先引进了。

我们都是数学教师，都在厦门教育园地里耕耘，所以我们经常在各种数学教研活动中碰面，或一起聆听大师讲座，或一同上台论道教育，或一道进行课题评审……20多年的交往，让我们有更多的相互了解，有更多的理想数学教育的共同追求。

和肖骁校长在石狮外国语学校

肖老师经历了教学思想的朦胧期和萌芽期、教学个性形成期、教学思想和教学主张形成期，提炼出"数学情感性教学"的主张，其基本要点是：微笑、真诚、激情、思考。

"微笑"是人类最美的表情，蓄积着无声的力量，它能传递温暖、善意、关爱、喜悦、鼓励、感恩、自信、赞美、雅量、大度、幸福。不仅如此，它还能削减敌意，解除误解与矛盾，同时也能体现一个人的素养、胸怀、境界，是美的化身。微笑也是一种宽容、一种接纳，使人与人之间心心相通。课堂教学中，教师脸上天然的笑，如春风、雨露滋润孩子们的心田，让那些胆子比较小、性格内向的孩子，燃起自信的火苗。

"真诚"是人格力量的体现。真诚能感动心灵，化解对立与冲突、怨恨与不满，获得信任，赢得成功。教育的最高境界是真诚，要让学生感觉到你的眼睛是清澈的，态度是和缓的，行为是从容的。还要让学生感觉到教师对职业的真诚，真诚的态度、真诚的关怀、真诚的交流、真诚的赞扬、真诚的祝福、真诚的合作。用真诚筑起心与心之间的桥梁，用真诚传情达意，使师生的交流更顺畅、更精彩。

"激情"是工作的灵魂，是战胜所有困难的强大力量，是所有事业的助推器。没有激情，任何行为都不可能持续长久，激情能把人身上的全部潜能都调动出来。教师的工作激情，不仅能让他的工作充满魅力，激发他的想象力、创造力，引燃思想的火花，而且可以感染学生、传递给学生，使学生在学习中振奋精神、充满自信，发挥无穷无尽的智慧和力量。

"思考"，"学而不思则罔，思而不学则殆"，思考是一种可贵的学习品质，它传承精华，去除糟粕，孕育智慧！善于思考必定受益无穷，他们善于发现问题、解决问题。作为一名数学教师，培养学生思维品质，首先自己要做个喜欢思考、善于思考的人。对于学生生活中遇到的问题，经过思考我们能够给出合理的解释，可以有效培养学生思考问题的习惯。

"常笑常笑常常笑，笑里愁去；多思多思多多思，思中智来。"肖老师说，这是他生活的座右铭，其实也是他当教师的座右铭。

7. 南平的老师

南平市是福建文化的发源地之一，是中原文化入闽的主要通道。

朱熹是南宋时期思想家、哲学家、教育家，被后人尊称为"朱子"。南平，是朱子理学萌芽、发展和集大成之地，南平教育受"朱子文化"影响最多。

我和南平老师也多有交往，因为早年从龙岩坐火车出省，一般要到南平西芹站转车，沿途又经过南平多个县市，我就会利用各种机会走访南平的教师朋友。

曾建兴老师，是我早年到南平时见到的一位非常有思想、有智慧、有拼劲的青年教师。那时我们都是年轻人，都是省学习科学研究会成员，都在做学习科学方面的研究与实践。曾老师是研究心理教育方向的，学习科学和心理教育密不可分。

他说："人生要有目标，工作更要有目标。如果把一个人的在职人生比作一次旅行，那么出发之前最好先设定旅游线路，将有可能到达梦寐以求的景点。"他在建瓯市教师进修学校任心理教研员33年，为"心"而作，实施"个、十、百、千、万"教育工程：至少著一本书，主持十个以上设区市立项的课题，且经专家论证结题，在省级以上刊物发表百篇以上论文，培养千名以上专兼职心理健康教育的教师，承担万名以上本科、专科和中专学员教育理论的相关课程，且学员成绩合格。如今，"个、十、百、千、万"教育工程已完成。

当年那位帅小伙，成了首位心理健康教育正高级教师，成了南平市教学名师，他的教学主张是"每堂都是心育课"，他把专著《每堂都是心育课》在第一时间赠给我，让我不仅提升了对"心育"的认识，也见证了一位走向研究型教师的成长路径。

他深有感触地说："生活，梦一般甜蜜，梦一般缥缈，梦一般温柔，然而，生活不是梦。你应当一丝不苟地对待生活，你和生活开玩笑，生活却不会跟你闹着玩。奋发向上，就是对昨日的留恋；有所作为，就会有今朝的幸福；努力不懈，明天的梦想将会实现。"

为"心"而作，奋发向上，有所作为，努力不懈，成就未来不是梦！

在曾建兴老师办公室

我曾和一位未曾谋面的老师"斗文"。所谓"斗文"，就是我发现他在某个杂志上发表文章或论文，我过段时间也在那个杂志或相关杂志上发一篇，而我在某一杂志上发表文章或论文，他过段时间也在那个杂志或相关杂志上发一篇。

这位老师是南平市松溪一中的**刘桦**老师。

我们一直"斗"了好几年，比如，1988 年他在《数学教学通讯》上发表了《圆锥曲线的性质在解一类不等式中的应用》，我就在《福建中学教学》上发表了《用参数法求轨迹方程的选参类说》；又如，1992 年我在《中学数学》上发表了《"重合"在解析几何证题中的应用》，他就在《中学数学教学参考》上发表了《用特殊化思想解选择题的几种常见形式》。他在松溪，我在龙岩，福建的两位年轻教师就这样"斗"了起来。

这种"斗文"，算是你追我赶，算是共同进步，算是不负韶华。"斗"着"斗"着，"斗"出了教学的新业绩，"斗"出了研究的新天地。他一路进步，先是到南平教师进修学院，后来被厦门三中引进；我也一路前行，先是被双十中学引进，后来到厦门一中履职。我们终于在厦门见面了。

刘老师到厦门不久，又在《数学通报》上发表了《谈数学课"激趣"的艺术》（1999 年），之所以说是"又在"，是因为他早在 1990 年就在核心刊物《数学通报》上发表文章了，而我在《数学通报》上发表的第一篇文章是 1991 年，我才不及卿，乃觉一年后。

如今，刘老师也退休了，他在《人生有"幸"，感恩有"福"》的退休感言中这样说："……曾经的文友任勇老校长，早年我在闽北，他在闽西，两人经常在数学刊物上发表论文，甚至还在同一种刊物的同一期上发表，我与他是以这样的方式彼此认识，并且长期保持联系和学术交流，在他担任厦门一中校长的时候，我主动跟他表露想到厦门一中的意愿，任勇老校长欣然答应叫我们夫妇两人一起来面试，最后顺利通过并入职厦门一中……"

李海北老师，原是南平市邵武一中的数学教师。他数学教得好，文章也时有发表，自然是我关注的教师。李老师 16 岁站上讲台，到 2024 年，耕耘数学教学一线长达 44 年，从当初的"娃娃教师"逐步成长为省优秀教师、特级教师、享受国务院政府特殊津贴专家。

让我惊叹的是，李老师 44 年来，从未因私请过一天假、旷过一节课。他总是认真备好每一节课、认真批改每一份作业、课前与学生沟通、课后到班辅导学生，看似刻板的"规定动作"，却是他的教学法宝。

在学生们眼中，他是亲爱的"北北"老师。学生在给他的信中写道："不管我问多简单的问题，您都会耐心地一一帮我答疑，不管我考得多烂，您从没有说我骂我，而总是帮我分析原因并给予鼓励。毫不夸张地说，您是我数学学习的'救世主'。每一次和您对话，都会让我有精神洗礼的感觉，这是我的精神财富。"

他用坚守的执着淋漓尽致地诠释着何为师德、何为师表、何为敬业。他的教学通俗易懂，总是努力把抽象的问题形象化、复杂的问题简单化，重视培养学生用数学的思想和方法提出问题、分析问题、解决问题，执着于让学生爱上数学，形成了"严谨规范、生动活泼、重视启发、发展创新"的教学风格。

李老师的教学总是以"平等中的首席"姿态和学生一起解决数学问题。师与生共同讨论，相互启发，让学生更多地悟出问题背后的数学思想和方法，再通过"问题串"，"串"出一个个可持续探索的具有挑战性的数学问题，引导学生深度学习和研究，为培养创新人才打下良好的基础。

他评上省杰出人民教师时，省教育厅以"李海北——追求卓越的教育行者"为题，介绍了他的事迹。

8. 莆田的老师

莆田市位于中国福建省东南沿海，是福建省下辖的地级市之一。莆田市历史悠久，文化底蕴深厚，是海上丝绸之路的发源地之一。

我工作的单位中，莆田籍的老师总体敬业、智慧、勤奋。莆田教育是福建省的一面红旗，莆田教师我认识的不是很多，凡认识的都是值得我学习的优秀教师。

黄金聪老师与我算是"忘年交"，他的敬业精神和精业之道一直感染着我。

他毕业于北师大物理系，从事物理教学40多年。先在福清师专仙游分校从事大专物理教学三年，再到他的中学母校——仙游一中当物理老师，1987年任仙游二中校长。在任校长近九年期间，一直坚持高中物理教学。1990年10月，在《物理通报》上发表了《圆锥摆问题的一题多变》的论文。

在仙游二中任上，他根据学生特点和教师特长，在抓好全面教学质量的同时，注意培养体育、音乐、美术三方面特长的学生。1995届黄鸿宾以莆田市文科第一名的成绩，考入北京大学。每一届都有体育、音乐、美术专长学生近30名考入北师大、厦门大学等全国名校。那时的仙游二中是全省知名的学校。

他根据自己物理教学的特长，为了培养尖子生，放弃了仙游二中校长职务，于1997年调回仙游一中，专心从事各级物理竞赛教学。特别值得一提的是，在1999年秋季学生入学始，他兼任一个班的物理教学，经三年全体教师和同学的努力，全班45位学生升入全国重点大学，多名学生考上北京大学、清华大学、上海交大和复旦大学等名校。这届毕业生，省级和全国各科数理化生奥赛，都取得优异成绩。

黄老师带物理竞赛很有心得，他认为想取得竞赛好成绩，尤其是物理科、数学科要过硬，还得学习微分和积分等内容。他曾带出三位学生参加物理竞赛，获得省赛第一、第二、第六名，实属不易！

黄老师退休后，我特地邀请他到厦门一中帮助抓物理竞赛，由于这里生源相对好些，黄老师一抓就灵，有一年拿了物理竞赛省一等奖的"半壁江山"。

20世纪90年代，我就认识了时任莆田一中校长的**施天水**。那段时间，龙岩一中非常重视学习科学研究，赖安章副校长和我都编写了学生学习方法指导用书，在全省影响很大。因为全国有学习学研究会，希望福建省也成立省级学习学研究会，于是我们就积极筹备。

1993年，研究会终于成立了，赖安章副校长为会长，施天水校长为副会长，我是秘书长。研究会的秘书处就设在龙岩一中，这在当时是省级研究会中唯一秘书处设在省会福州之外的。研究会每年都有一次学术活动，各地轮流主办，其中在莆田一中也办过一届。

施校长是我省首批特级教师，他的化学教学很有特色，"不上低质量的课"是他的教学名言；他在每年的论坛上，都有高质量的论文宣读；他抓化学竞赛，参赛学生多次获得国际奖项。

每次见面，他都鼓励我"潜心研究，必有收获"，那段时间，我凡有新书出版，都会给施校长寄书。"施校长对于教育事业的热爱，忠诚和钟情两个词是最好的形容"，谈起施校长，老师们深有感触。忠诚——坚持教育事业38年，无怨无悔，热忱不改；钟情——退休之后，仍然心系教育，关心关注学生成长。

方炳良，是莆田六中的语文老师，是全国著名谜家，是福建省的优秀教师，是我非常敬佩的学者。因为我们都是教师，都爱灯谜，所以在谜会活动中多有交流，多有研讨。他经常鼓励我：数学老师和学生玩灯谜，一定会有另类精彩。

方老师有许多关于灯谜的"金句"，比如说到灯谜之美，他这样说：灯谜以其丰美的形式"娱人"，以其完美的内容"感人"，以其无穷无尽的巧趣"化人"，它是一门具有个性的美的艺术。从这个意义上讲，谜人是美的艺术的创造者，美的生活的开拓者，美的情操的传播者。灯谜之美，是语言朦胧的模糊美，是构谜艺术的境界美，是幽默滑稽的谐趣美，是合乎逻辑的义理美。

方炳良老师的灯谜世界

　　中国文史出版社出版过《中华灯谜教程》一书，封面题字是著名谜家费之雄，编委会都是对灯谜有研究的教师，方炳良老师是主编之一，我是编委之一。这本书出版后，我买了几百本，送给很多教师朋友和学生家长。

　　这本书是2005年出版的，在当时确实是一本很好的学校灯谜课程教材。五个章节是：问渠哪得清如许——灯谜源流；会挽雕弓如满月——射虎法门；文心妙运雕骊龙——创作技巧；辨伪求真咀英华——灯谜鉴赏；万紫千红闹春灯——灯谜活动。

　　这本书绪论的最后一段话是这样说的：总而言之，开设"中华灯谜"课程，开展丰富多彩的校园灯谜文化活动，学生们得到了集德、智、体、美、劳于一身的潜移默化的教育，从这个意义上讲，"中华灯谜"教学活动，功莫大焉！

　　我在厦门一中担任校长时，也编著了一本《中学生灯谜猜制与训练》的书，序言中有这样一段话：……是我的一本"另类"著作，是我业余爱好的一次梳理，也是我"误入'谜'途"的意外收获。因为灯谜寓教育于娱乐之中，增知识于谈笑之间，长智慧于课堂之外，对青少年成长大有益处，所以我一直想写一本"校园灯谜"的书，作为"厦门一中课程资源书系"中的一本，作为对厦门一中课程建设的一点贡献，这本书也印证了方老师所说的"另类精彩"。

第五章　同窗学友成良师

同窗，就是同班同学。人的一生中，有许多同窗学友。

　　读中小学时，大家"前程未定"，后来有几位同学当了老师，我和他们有了更多的往来，毕竟大家都是教育人。我们这一代教育人，初为人师时，学校教育设施不完善、教育资源匮乏、师资力量薄弱、整体教育观念落后，问题多多，困难重重，我们相互激励，相互学习，相互借力，共同发展。

　　读龙岩师范大专班时的同学，因为毕业后都要去当老师，都要成为闽西大地一方园丁，大家都非常珍惜在校期间的学习，更在乎毕业后的信息交流、资源共享和教学研讨。

　　后来的"班"，都是与教育有关的"班"。不论哪个班，"入围"都是有条件的，都会有一些"班级领袖"——就是班级中已有小名气的学员或学习过程中涌现出的优秀学员。这么好的同窗学友，都是我可以学习的榜样。

　　学友间相互资益的作用是多方面的，人有诚挚好友，不但对做学问有切磋促进之功，而且对道德品质修养与行为表现也有相互砥砺、彼此模仿的良好作用。

　　《学记》总结的为学交友经验是"独学而无友，则孤陋而寡闻"。《论语》开宗明义提出"学而时习之，不亦说乎？有朋自远方来，不亦乐乎？"，古代学者既深知独学无友的危害，也体会到学友间相互切磋的甘甜。

　　古人云："君子隆师而亲友。"今人何不为？

1. "中小学" 同窗学友

　　我的中小学同学中，后来当老师的很少。我在小学、初中和高中的同学名单里找，有谁当过老师呢？终于找到了三位同行，他们各有各的特色，各有各的绝活。

　　陈佩是我的小学同学，我们都在龙岩县西陂乡陈陂小学读小学。我到龙岩一中当老师时，得知她在一所乡镇中学——龙岩县龙门中学教书。她教英语，我教数学，加上那时跨学科教研活动很少，我们交往不多。

　　后来听说她考上华东师范大学，读硕士研究生了，我真是很佩服她，就当时的情况，山区的在职教师能考上研究生，没有毅力、没有功力，是很难成功的，何况她的导师是陈玉琨教授。陈玉琨教授厉害了，是教育部中学校长培训中心主任。研究生毕业后，她到厦门教育学院干训处当老师了，她教"教育管理"很有一套，尤其是很有自己的见解和独特的教学风格。

　　我刚到厦门时，她作为我的老同学，为我们一家接风，让我们感受到来自特区的乡情和特殊的温暖。我在厦门教书或当校长时，一有教育方面的理论问题或科研问题，就会向她请教。我还作为校长"任职班"学员听她的"教育管理"课，目睹了她的教学风采，见证了学员们对她讲课的赞赏。

　　她发表了不少论文，其中的亮色就是善于调研。"没有调查，就没有发言权。"难怪她的课如此丰实和丰满。我们看看她的几篇调研的论文：《厦门市教师对职务聘任制看法的调查分析》，1999 年发表于《厦门教育学院学报》；《关于课堂教学若干问题的调查与思考》，2001 年发表于《山东教育科研》；《厦门市中学领导干部队伍素质结构状况的调查分析与对策》和《厦门开元区社会力量办学调查报告》，分别于 2001 年和 2002 年发表于《厦门教育学院学报》。

那段时间，厦门教育界一说起调研，就会说陈佩老师的调研才是真正的调研！老同学的研究精神和求实风格，很值得我学习！

章立早是我的中学同学，记得有一次我们去野营，同住了几个晚上。晚上睡觉前，他就给大家讲《红楼梦》里的故事，我当时还没认真看这本书，被他一说，不久我就开启了《红楼梦》的阅读。40年后，我又在他作为群主的"福建学校品牌"群里，读了他关于《红楼梦》某些情节的精彩评述，再次勾起我对往事的回忆。

我中学毕业后就上山下乡了，后来听说他于1980年考入福建师范大学教育系，就读"学校教育研究"专业。1984年毕业后，他分配到厦门师范学校任教，主要从事心理学和教育学等课程的教学工作。那时我在龙岩一中当老师，很羡慕我的中学同学中有一位是教"未来教师"的教师。

他一路走来，都在培训教师、培训校长，他的"学历补偿教育"工作做得风风火火，他独自讲授的"学校管理"课程令人耳目一新！奇巧的是，我1999年参加校长"任职班"培训时，已经调到厦门教育学院干训处的他，就是我们"任职班"的班主任，也为我们讲授了"学校管理"课程，还作为领队带我们外出考察。

他讲课的最大特点就是"趣"。受训者对他讲课的评价是：充满正能量、表达清晰、逻辑性强、观点独特、激情四射、风趣幽默，具有营造课堂活跃氛围的能力。

他幽默地说："常说校长是教师的教师，那么，专职从事培训校长教学工作的我岂不成了'教师的教师的教师'？想到这里，内心颇有点恐慌，恐慌自己难以胜任。"

为了能够更好地胜任培训校长的教学工作，他注重博览群书，提升理论水平；经常下校调研，在与校长的座谈中了解他们的需求与困惑，并关注学校管理改革的最新动态；虚心向同行学习，珍惜外出培训的机会；精心准备讲座专题，不仅研究专题内容的完整性、逻辑性和时代性，而且研究专题内容表达的形象性和趣味性，力争能够跳出教育讲教育，在更广阔的时代背景下将学校管理等问题讲深讲透……

他还有一个鲜明的特点，就是每次讲课都会留给听课者几句"金句"。这些"金句"耐人寻味，发人深省，"一句"铭记在心，终身受用无穷。你看，他用"相互补台，好戏连台；相互拆台，共同垮台"来形容正副校长处理好关系的意义。前不久，他在微信群里给经常讲座的专家一则金句：不知不觉跟不上时代，后知后觉紧跟着时代，先知先觉引领着时代。

王渝明是我小学和中学的同学，我们都是龙岩风动工具厂职工的子弟，都是先在龙岩县西陂乡陈陂小学读书，后来到龙岩华侨中学就读。1975年，我们风动工具厂子弟高中毕业的男生，穿着军装一起到照相馆拍了一张照片，照片上写有"友谊花开春常在"七个字。风动工具厂是兵工厂，我们父母都可以领一些军装给我们穿。

友谊花开春常在（后排左1为王渝明，中排左3为作者）

高中毕业后，我们都到了龙岩红坊林场当知青。这个知青点有30多种农活，谁想调回城里，所有农活都要干过至少一个月。我和王渝明一起放过鸭子，我至今还能喊出给鸭子喂食时的口哨声——"里哟里哟里，里哟里哟里……"

1977年恢复高考，我们知青点108人，我考上了大专，王渝明考上了中专，那年高考按本科、专科、中专批次录取。毕业后我和王渝明都走上教师岗位，我去了龙岩一中教书，他到技术学校教书。

技校教书很不容易，他先后教了铣工工艺学、铣工技能操作、机械制图电气制图、机械制造工艺基础、政治、AutoCAD等，还当了十年班主任，先后培养出中小企业、建筑维修业、餐饮业、医药业等行业的经营者、经理级管理者、乡镇管理者、各工种技师、高级技师等人才。

他经常说，作为一位老师，应做好三方面工作。其一，上好课；其二，教如何做人；其三，教怎样做事。关于上课，应从学会、学应用、学科学探索的方式方法、学创新发展变化的意识等层次着手；关于做人，应从爱国守法、文明礼貌、个人修养、宽以待人、不断学习、不断适应变化、慎防各种诱惑、走好自己的人生路等轨迹着手；关于做事，不仅要把事做对，更要把事做得最好，按科学、可持续思维进行，团队协作，从社会发展等结点着手。

知青照［和王渝明同学（左2）在一起］

渝明是个老实人，下乡时落下一身病，弱小的身体，还能坚持上那么多课，培育出那么多技能型人才。每次见到他，看他的表情，听他说话，我都能产生一种精神上的力量。

2. "大专班" 同窗学友

1977 年，我参加恢复高考后的第一次高考，考进龙岩师范大专班数学系。因为大专班位于龙岩县的北面，别人问我们在哪里读书? 我们就说 "龙岩北师大"。我们数学（1）班共有 37 位同学，毕业后大多留在闽西当老师。

钟怀杰同学，比我大十岁左右，我们都是恢复高考后第一届考上的，1977 年的高考集中了 12 届的考生，同班同学之间的年龄相差比较大。那时高考划线不完全是按分数划的，印象中是划了八条线，比如我是知青，而且下乡三年，分数比较低就可以被录取。

我们是 1978 年 4 月入学的，一入学便知 1979 年 7 月必须离校，学校没有校舍，要让 79 届新生入学，我们 "先分配后实习"。一年多的时间，要学近三年的知识，课程排得非常满，老师教学很勤快。上课高频率高效率，辅导重层次重效率。

我当时的学习方法是，一个科目至少要用三本教材进行对比学习。经常有这种情况，读一本书时，很难理解，读同类书的第二本、第三本后便豁然开朗。

同学之间的互助是很有效的学习方式。钟同学是班上的学习高手，特别会帮助大家。当老师讲完一节课后，我们有听不懂的，经常不是去问讲课老师，而是去问钟同学。因为老师还要到另一个比较远的班去上课，急忙离去，不好问，更重要的是钟同学会用我们熟悉的话语来分析，深入浅出地娓娓道来。

班级后面墙上，有个 "学习园地"，张贴一些同学的学习心得，钟同学应该是张贴最多的，或总结归纳某个专题，或给出一类问题的通解和特解，或分享某道题的多解多变，或谈数学之趣、数学之美、数学之史、数学之用……我们经常站在 "学习园地" 前，流连忘返、驻足赞叹!

可以毫不夸张地说，在我们学习最困难的阶段，钟同学对我们的帮助是非常大的。

记得当时全省师大师专有个"数学分析"的全省联考，我们数学系的成绩还不错，钟同学考了全省第一。毕业后，他因成绩优异留校当老师了。

我和钟同学在同一小组，我们毕业时拍了一张全组照，照片上写有钟同学给出的题词："他年遇故知，何当话桃李？"

龙岩师范大专班同学（前排左2为钟怀杰老师）

罗养贤同学，算是班级里年龄比较小的，个头也小，坐在第一桌，我们都叫他养贤。当年毕业分配非常公道，按专业成绩排序分配。养贤成绩比我好，分配到龙岩地区教师进修学院（后改为龙岩市教科院），我分配到龙岩一中，养贤算是我的"顶头上司"，我们又延续了数学专业上的持续交流。

在龙岩山区当教研员非常辛苦，上有省教研室，有会议或教研活动，大多在省会福州进行，那时从龙岩到福州坐火车要12个小时，有时还要到漳平转车；下有闽西各县区，略远的要坐一天的车才能到。养贤从毕业到退休，一路走来，从年轻的教研员到数学科主任，再到教科院院长，为闽西教育尤其是数学教育立了大功。

养贤主持开展了"初中数学'三环节·三反馈'教学方式实验""农村中学校本教研有效性的探索与实践"等多个省级课题研究和教改实验，都取得了较好的效果。质检命题、学科培训、名师带教、教学指导、教育科研等都是他的强项。

养贤为人谦逊，做事踏踏实实，重视学习，业务精良，教研经验丰富，虽说是我的"顶头上司"，却从来没有官架子，把我推向"前台"，给我创设"平台"，让我在闽西大地"诗意行走"，论道数学教育，传播教育理念。

我到厦门后，我们积极配合，做好"山海协作"大文章——立足"山"的实际，发挥"海"的优势，山海不为远，携手向未来。于是，深化拓展了"老区＋特区"合作的广度和深度，加强校际结对，加强师生交流，加强资源融通，加强数字赋能，实现两地教育的相互促进、取长补短、共同提高。

和罗养贤同学在一起

戴平生同学，应该是班级里年龄最小的。1980 年毕业时，他被分配到漳平乡镇中学当老师，我们的联系就少了。但我经常听到漳平的老师说，戴老师一边教学一边想提升学历。那时我们都还年轻，都不满足"专科生"这个学历。因为在职，受限很多，我们参加了福建师大数学系本科函授班。我因担心英语过不了关，有了本科学历就没有去争取学位了，而戴老师很用心也很努力，终获福建师大数学系理学学士，我当时很敬佩他也很羡慕他。

戴老师看上去很文静，很爱静静地读书。他告诉我，从《海妖的传说》《万山红遍》到《钢铁是怎样炼成的》《牛虻》等小说，是少年时代对他影响深刻的书籍。保尔·柯察金、牛虻等革命者为理想信念不惜牺牲爱情和生命，小说中英雄人物的坚韧、无所畏惧的精神深深地植入他的内心，让他在随后的成长过程中克服困难、不断前行。

戴老师仍不满足本科学历，几年后考上华东师范大学数理统计系，攻读硕士。茆诗松和周纪芗两位教授对他的专业发展给予极大鼓励，他攻下硕士后，报考厦门大学博士研究生之时，两位教授欣然接受为他写推荐信的请求。他说，人遇良师可以少走弯路，就如同千里马遇伯乐才能奔腾千里。

戴老师博士毕业后，留校任教经济学院计划统计系，从讲师、副教授到教授，做博士生导师。在教学过程中他努力成为学生的良师益友，他深知自己的责任和使命。厦大退休后，他作为领军人才引入集美大学财经学院数字经济系，同时作为集美大学理学院的博士生导师，又开始了一段新的征程。

这就是我的大专班学友，戴老师怀揣梦想，岁月如歌，一路向上！

3. "函授班" 同窗学友

为了提升学历，我从 1980 年到 1986 年，参加了福建师大数学系本科函授学习，之所以读了六年，是因为这个班是以高中为起点的。函授，说到底是平时自己学习，学校寄来作业，做完寄回，寒暑假老师来到龙岩地区面授。龙岩地区的函授班同学有 70 多位，都是在职坚持学习的。

谢贤忠老师是我在函授班上才认识的同学，他当时在龙岩相对偏远的乡镇中学——适中中学任教，每次来函授时都要坐半天的车，都要住简陋的学员宿舍，都要自己解决吃的问题，几年就这样坚持下来了，很不容易。

他给大家的印象是很不注意仪容仪表，不修边幅，头发也乱，有吃的有住的就行，是对生活要求很低的人。但一说到数学或要解数学题，他那清瘦黝黑脸庞上的小眼睛，一定是充满亮光的，一定是透视数学问题背后那个"抽象世界"的。

记得我们学到"复变函数""实变函数""微分几何"时，很多同学听不太懂，我也是听得"一头雾水"，大家学得很吃力。教授们从福州赶来龙岩上课，直接"漫灌"给我们吃"压塑饼干"——几天下来就把在校生一学期的课给我们讲完了。有的同学不想读了，谢老师站了出来，愿意辅导大家。

就这样，他利用中午和傍晚等课余时间，把教授没讲透的内容不厌其烦细细讲透，把教授没讲清楚的用通俗的语言和巧妙的比喻讲明了。每次被辅导的同学（包括我在内）表示感谢时，他总是谦逊地乐呵呵地说，是你们让我把这些数学问题又梳理和巩固了一遍。说实话，谢老师长得不太好看，但笑起来真好看！

他工资不高且省吃俭用，遇住校生生病，他经常将钱借给他们治病。例如，

1985 年有个叫赖龙标的住校生，病在适中卫生院，急需到县医院救治，当时急需汽车送出去。由于该生家庭贫困（父亲已故），联系了好几部车，没人愿意送，谢老师当即拿出 100 元（当时他月工资才 48 元）给司机，并说如果钱不够，他的工资可作担保。

听到这个故事时，我的眼圈湿润了。我的好同学，爱生如子的谢老师！

谢老师的数学研究没有停，我不时会在数学杂志上看到他发表的文章，我经常用他的例子激励城里的老师。他的数学教学更有特色、更有成效，硬是把山里的孩子教出了好成绩。数学竞赛和高考成绩，在同类校中遥遥领先，有时还逼近城里名校，学生们激动地喊出："一中二中，不如贤忠。"

龙岩函授班到福建师大（后排左 1 为谢贤忠同学）

函授班有一个"怪才"同学，他叫**陈四川**，他先后在漳平两所乡镇中学——桂林中学和溪南中学教书。他个头不高脑袋不小，他有一个不受人喜欢的性格，就是大家一起交流时他总是滔滔不绝地说。当然，他读了不少书，见识也广，肚里有货，也想"吐出来"，这一"吐"也就"霸场"了。

函授学习期间，他和我倒是交流得很顺畅，一是我们都带奥数班，自然有许多优质生培养方面的话题，他比我困难多了，因为他带的是乡镇中学的学生，这是我非常敬佩他的一个方面；二是他很尊重我，与我单独交流时，条理清晰，虚心请教，也不显啰唆；三是他不时会寄给我一些对某个挑战性数学问题的奇思妙解，我就"顺手牵羊"地在我的奥数班上"炫耀"一下，当时我的境界不高，也没说是陈老师给的解答。

他作为厦门知青按政策调到厦门一所中学任教，学校的每一任校长似乎都不喜欢他，他也不时向我诉苦。这里跑题说一嘴，"怪才"往往个性较强，有时也比较偏激，爱给学校提意见，我还是希望校长们能更包容和宽容一点，多给"怪才"一些发展的平台和机会。

其实，我到陈老师班上去听课，他讲课非常生动有趣，也不啰唆，就是有时会超纲、超出知识点，而学校数学组"资深"老师看不惯，就对他有微词了。传统课堂教学，单调的"标准化"导致故步自封，统一的"程式化"导致创新匮乏，纯粹的"应试化"导致枯燥乏味，极端的"功利化"导致压抑人性，流行的"填鸭式"导致疲于应付……陈老师的课，从某种角度说，是在探索，是在突破。

陈老师是"平几大王"，他对平面几何问题的研究达到痴迷状态，他提供给《数学通报》"数学问题解答"好几题，真了不得！要知道，数学老师能"供"一题，都会终身引以为豪！1992年他就在《中学教研》上发表《三角形中的一个"12点圆"》，实话实说，当年我读此文，读了好几遍才弄明白。

我任厦门数学奥林匹克学校的校长时，特地请陈老师来给高中生讲"奥数平几问题"，他一上课就把学生给镇住了，学生听了畅快淋漓，希望陈老师多讲几次。"怪才"陈老师，是那个可以把数学特优生带到那个深奥而神秘世界的人。

4. "任职班"同窗学友

1999 年，我从双十中学教研室主任升校长助理。按厦门教育局的规定，凡是有可能升任校领导的人，都要参加厦门教育学院承办的校长"任职班"，培训一个月，其中本地培训半个月，外出考察学习半个月。

苏宜尹是我们"任职班"的班长，那时他是厦门一中副校长，我是厦门双十中学的校长助理。其实，作为民主党派的他，还有一个级别更高的身份——思明区政协副主席。

他为人谦逊厚道，思路很多，做事非常细致。班长管"班"有方，我们这个"任职班"学员的学习很自觉、很认真，也很活跃，研讨中"和而不同"，有争锋、有碰撞、有思辨，"真理越辩越明"，这对我们这批从师者走向管理者的年轻干部来说，是一种很有效的学习方式。

2002 年，我到厦门一中当校长，他成了班子成员的"二把手"，欣然接受了我这个"新搭档"。他分管德育，把一中的德育工作做出了品牌，做出了特色，比如学生电视台、隐性德育、国旗升旗班等；他教生物，做课题、发论文，还在高三教学，开公开课；他在书法和绘画方面，有很深的造诣，是书协画协的主席级专家，他还送我写有"惠风和畅"的一幅字……

厦门一中建设新校区时，他建议把"六阶幻方"嵌入，这个蕴含着数字原理的六阶幻方，在古代被视为奇妙的神秘之物。人们把它郑重地装进石函，埋入房基中，用作镇宅和防灾辟邪的吉祥物。于是，基于让一中师生吉祥，让一中师生平安，让一中师生避邪，基于数学，基于文化等想法，一中新校区在克勤楼、弘毅楼之间的空地上，镶嵌一个有半个羽毛球场大的六阶幻方。

因为我是校长，又是数学教师，大家都以为这是我的"点子"，其实，第一个提出这个建议的是苏副校长。但他从来不提此事，也不去纠正。

后来他到厦门市教科院当院长，我也到厦门市教育局履新，分管教科院，我们又有了新的合作。他又以智慧之道和精细之"管"，让厦门市教科院成了"省级品牌"。福建教育人这么说："厦门的课改，厦门的中考高考，教科院功不可没！"

杨思窍老师和我一起参加"任职班"学习，那时他是厦门外国语学校的副校长。

作为老师，他躬耕三尺讲台，长期担任高三教学，不仅传授知识，更能激发学生的潜能，帮助学生找到努力方向。到2024年，他从教25年，有12年是在高三毕业班担任地理教师，培养出的学生不乏省、市状元。他见证了无数学生的蜕变，也见证了自己的成长，成为省优秀教师，成为厦门市拔尖人才。

和杨思窍同学（左2）在一起

作为地理老师，他有他的教学主张。他根据地理学科实践性的特点，决定与学生在"学"中"玩"，在"玩"中"学"。"玩"，激发学生学习地理的兴趣。认识地球，学生"玩"出了"地球自转偏向力演示盘""可拆式经纬仪""日出日落时刻及太阳高度简易速查盘"等，获国家发明专利、全国发明展览会金奖等。

作为班主任，他不仅教好书，更育好人，不仅是知识的传授，更是情感的交流和心灵的触动。他牺牲大量课余时间，走访每个学生家庭，了解学生的家庭背景、兴趣爱好……和学生架起心灵沟通的桥梁，走进学生的心灵，唤起情感的共鸣，激发他们的潜能，帮助他们健康成长。

作为副校长，他注重教育科研工作，秉持"以教促研，以研兴教"理念，通过课题研究，凝聚教师共识，与教师共同成长，成就一大批教师，也成就学校。在新课程改革和新课程实验中，学校始终走在全市的前列，并荣获"福建省课程改革先进校"。

陈长兴也是我"任职班"的同学，他在厦门同安区的好几个学校任过校长，他每到一所学校都会请我过去，要我去指导他办学，去评估他的办学主张，顺便给他们的老师开个讲座。实话实说，我虽然也在龙岩山区工作过，但龙岩一中毕竟在中心城区，又是龙岩中小学的"最高学府"，而同安的情况就完全不一样了，与其说是我去指导和评估，倒不如说我是去了解情况和学习的。

他不像有些校长，到一所新的学校，就"烧三把火"，让老师们难于适应。他是先从调查研究做起，了解学校的历史传统，了解学校的校情、教情和学情，了解学校的特色和亮色，在此基础上研究如何"在传承中创新，在创新中传承"，让师生既不"折腾"，又有新的追求。

你看，他到一所乡镇中学——启悟中学，多好的校名啊，不知何故他去之前校名被改为同安实验中学了，在"实验"满天飞的今天，这所学校也不幸被"实验"了。他到之后，并不急于"实验"，而是沉下心来发掘"启悟"。

回顾、凝思、展望，好似昨天、今天、明天，也似过去、现在、未来。学校发展，不能没有昨天的积累，不能没有今天的思考，更不能没有明天的新探索。

"启悟教育"是启悟中学的办学思想，也是这所老校的传统。面临教育新的发展机遇和挑战，他意识到承前启后是他的重任。

他带领团队，以课题形式凝练、总结"启悟教育"，写出书稿《启悟教育》，五个章节分别是"启悟之源""启悟之义""启悟之体""启悟之用""启悟之思"，我读完书稿的感受是：这是一幅清晰的启悟教育的回顾、凝思、展望的画卷，这是一个深度的办学思想的回顾、凝思、展望的探究。

他告诉我，一定要先把"启悟"悟透，这是学校的"根"，这是学校的"魂"，先把"根""魂"筑牢，再研究如何走向"实验"。

5. "硕博班" 同窗学友

为了提升厦门市教育管理水平和师资水平，1997 年厦门市教育局与福建师范大学联合举办教育硕士研究生班。通知下来了，我也积极报名了，这期教育硕士研究生班共 60 人，分管理、语文、数学三个小班。我当时是学校的中层干部，按理说可以读管理班，后因管理班人已满，我就到了数学班。

陈珍老师是管理班的学员，其实她更是我从入职到退休的多年好同事。为什么这么说呢？且听我一一道来。

1979 年我到龙岩一中教数学，1984 年我在龙岩地区"进校"陈清森老师的引荐下，在漳平见到了师专毕业准备来龙岩一中当数学老师的陈珍。陈珍老师来龙岩一中后，无论是班主任工作还是教学工作都做得很出色，几年后获省优秀青年教师称号，同时获省中学数学赛课第一名。

1993 年，陈珍老师作为军嫂调到厦门三中教书，一年后就被厦门一中引进。就像当年在龙岩一中那样，她风风火火、有声有色地当好班主任，教好数学，让"红土地精神"在特区绽放。1996 年，我被厦门引进，从龙岩搬家到厦门，车到厦门时陈珍老师就找来朋友帮我搬家，让我能迅速对接厦门双十中学的教学工作。

我来双十就想在这所学校干到退休，没想到 2002 年组织上调任我到厦门一中当校长，同时任命陈珍为副书记，我和陈珍又成了"新同事"。那时，我没有兼书记，学校党务的事由陈珍全挑了起来，她还是学校工会主席，我们在一中校训"勤毅诚敏"的感召下，共为一中发展竭尽全力。陈珍有繁重的行政工作，但她说她是老师，一定要坚持数学教学，一定要从高一带到高三，并获得数学高考佳绩。

"计划"不如变化快。2006 年，组织上调任我到厦门市教育局任副局长，我在离任会上这样说："不论在哪里，我心在一中。我爱一中，我爱大家！"厦门一中来了新校长，陈珍被任命为厦门一中书记。

"计划"再次不如变化快，2017 年组织上调任陈珍到厦门市教育局任副局长，我们第三次成为"新同事"。我们都在一个更为广阔的教育平台上，用我们的教育经历和教育情怀，去推动厦门教育的新一轮发展。

我退休后不久，陈珍升任局长和工委书记，担子更重了，她又在为厦门教育的当下使命发力，又在为厦门教育的未来发展谋划新的篇章。

和陈珍局长（中）在厦门一中

经丽红老师是我们数学班的同学，个子瘦小但学习起来认认真真，做起事来井井有条。那时她是厦门大同中学的教师，她做班主任时，创造了两个奇迹。

一个是作为数学老师的她在接班一年后，语文老师发现班上近三分之一学生的字体与她的相近。

我当时的感受是，班主任真伟大！学生"亲其师，字如师"！

另一个奇迹是，她组织的四人互帮小组中，从一些中上生和班上的小干部身上，常见到她这位班主任的身影。

真了不得啊！言传身教，潜移默化，涵育出一批"小先生"。套用"长大后我就成了你"这句歌词，我想说："学生还未长大就快要成了她。"

我们同学交流时，她说："师者一定要有信念。教育无小事，它是功在当代，利在千秋的事业。教师是成人也是成己的职业，教师的工作就是一份良心活，它没有明显的工作、生活八小时边界，教学相长、与学生共成长的成就感和幸福感是其他职业所无法感受的。"

她踏上教育之路，不论在何种岗位上，都能始终全情投入，抱着让她的学生、她的学校朝着更好的方向发展的信念认真履职。

比如，她关注课堂，课堂设计时注重教学内容中数学思想方法的挖掘，重视学生的心理活动和对知识的可接受性分析，重视学生主体作用的发挥等，与同行探讨数学教学中如何贯彻素质教育的思想。

又如，她关注学生个性发展，既关注学生创新意识和能力的培养，也重视学困生的转化，努力"把学习的主动权还给学生"，让学困生脱颖而出。

经老师以真挚的教育情怀践行着她的教育信念！

厦门教育硕士研究生班(学科教学·数学)毕业留影

厦门教育硕士研究生班（数学）集体照（中排：左4陈珍同学，右3经丽红同学）

2004年年底，我从《人民教育》杂志上得知北师大要招博士课程班，我知道这个班不承认学历的，但看了课程内容后，我决定参加这个课程班——北师大教育学院2005级博士课程班。我在福师大教育硕士研究生班和在北师大"国培班"学的都是数学方面的，这次学的是"教育经济与管理"。

我们在北师大听过顾明远、石中英、谢维和等30多位教授的"民主教育与教育民主化""当前教育的几个热点问题""社会转型期的教育转型"等60余门课程，此外还有许多网络课程。我的博士论文是《新课程背景下校长面临的挑战及多元思考》，2006 年 7 月，我领取了北师大的博士课程班毕业证书。

博士班同学来自全国各地，来自渤海大学附属高级中学的**齐秀江**老师，在班里比较活跃，一是她听课很认真，搜集专家讲课的资料很齐全，并及时分享给同学们；二是在听课的互动环节里，她是最爱提出问题的，每每问到关键处，教授都说问得好，同学们自然是一阵掌声。

在读博士班的后半段，她告诉我，她同时在攻读东北师大教育学博士，她曾鼓励我也去攻读真正的博士学位，我因担心英语过不了关，就说学校工作太忙没时间攻读。她说，其实攻读博士学位并不是一定要那个结果，更重要的是在攻读过程中学到了很多东西，懂得如何做"有深度"的教育科研。

过了没几年，她攻下了博士学位。在职读博，实属不易！作为地理老师的她，不仅书教得好，还教而研之，我在知网上搜到了她的许多成果，如发表在《继续教育研究》上的《我国青少年学生地图素养调查研究》。在全国调查那是一个大工程，她就是利用她的"人脉"尤其是博士班的同学，在多样本问卷基础上研究出有价值的成果。

博士的调研成果，就是不一样！

6. "国培班"同窗学友

我于 2000 年到北师大参加骨干教师国家级培训,我们数学班共有 40 位同学,大家经过 90 天培训,"超载"而归。记得毕业时,我发言的最后一段话是这样的:"常相忆,北师大的一草一木;忘不了,老师们的一言一行。再见了,北师大! 在您每个生日之时,丰硕的教研成果将是我们最真诚的贺礼!"

吴建山老师,他当年在漳州龙海程溪中学的惊人创举,我在龙岩一中教书时就有所闻知,而我们的第一次见面,是在"国培班"上。

程溪中学是一所普通的乡镇中学,1988 年他任教的高三文科班,有三人获高考数学满分,你说这是不是"惊人创举"?

他多年担任毕业班和高一或高二跨年段教学,所任教的班级高考平均成绩均位于龙海前三,尤为突出是 1994 年带了三年的高考学子叶水明获取福建省理科第一名。一所乡镇中学的学生,成为高考理科省状元,你说这是不是"高考奇迹"?

其实,"创举"和"奇迹",源于他的教精其术和教明其道,源于他的育人情怀和教育智慧,源于他的因材施教和循循善诱。

龙岩一中数学组组长,经常以吴老师的佳绩激励我们,要求我们积极学习吴老师的数学教学经验。记得曹伯龄组长这样说:"人家乡镇中学都能做到,我们龙岩一中也要争取做到!"

1997 年他在程溪中学当了八年校长后,调任龙海二中当校长,直到 2018 年,他坚持任教一个班或两个班的高中数学教学,教学成绩常年位于龙海前茅。这真不容易! 当校长,还要教数学主科,还要拼高考。

他抓学校管理,善于利用学校资源——孔庙位于校园中,他运用孔子的教育理念"仁、礼、信、善"发展学校，拓宽办学思路，引领全校师生奋力拼搏。龙海二中成为省一级达标学校，常年排名第二、三的龙海二中的高考成绩跃上第一位。

在北师大同窗的 90 天，我和吴校长有更多接触，有更多经验分享。他在与老师、同学交往中的感性做人，在处理班级事务中的理性做事，又让我对他有了新的认识。

熊昌进老师也是我的北师大"国培班"同学，他是四川省来培训的老师，他先在越西中学教书，之后在凉山州民族中学任教。学习期间，我们多有交往，因为他说的是"四川普通话"，我是听得懂的。我在他身上，见证了四川人那种勤奋刻苦、不怕困难、友善达观的精神品质。

一说到"凉山"，我就知道他是在艰苦的环境中工作，教学任务肯定很重。"国培"后回厦门，我就一直想找机会去看望他，但最终未能如愿。我到成都讲学，来去匆匆，没去成；我去彭州看厦门援建的学校，因为是市里组团去，我也不好离队去看他……一晃，我们都退休了，我还是没去成。

他告诉我，40 年教书育人，共教了 2 届初三和 15 届高三，所教一批又一批学生进入高校和社会，不少成长为各行各业的优秀管理者和业务骨干。所教学生马国武（彝族）、李森、曾祥顺、贾晶敏（彝族）、余允飞、贾觉睿智（彝族）、李江南、许梦莹、刘燕、边文佳考上了清华、北大，大批学生考上了上海交大、浙大等高校。

这是他在凉山州创下的优异成绩，非常不容易！

其实，我更多的是在数学杂志上看到他的论文，每次看见他的论文，我就会拿着杂志给身边的数学老师们说，我的老同学又发表论文啦！他在新浪网上建立了熊昌进数学教育个人博客，有"数学教学""高考数学""教学随笔""初数研究""数学竞赛"等栏目。利用业余时间，他共写出并发布 3000 余篇长短博文，共计百万余次点击量，粉丝 1000 余人。大量博文被转载和收藏，在同行中产生了很大影响。如果你是数学老师的话，我建议你走进他的博客，那里一定是个博大精深的数学世界。

我在写熊老师这段故事时，动情了，就给熊老师发微信："熊老师，听说你退休后去了泸州市天立学校担任数学教练，寻求新的突破。等我写完这本书，我就去泸州看你，我们喝着泸州老窖，共叙同窗之情，共话美好未来。然后，你再带我去凉山看看你当年的学校，我再带着你们一家来厦门逛逛。"

陈增武老师，既是我在龙岩一中任教时的同事，又是我"国培班"的同学。

在龙岩一中时，我们都是在地区教研员陈清森老师的指导下，获评省优秀青年教师的，我们的关系要比一般同事密切多了。他家就在我家楼上，算是我的"顶头上司"，我若没饭吃时，就会到他家蹭饭，我们经常一边吃饭一边议论教学问题，他一有新的想法就会在教学中尝试，他常说"坐而言不如起而行"，行之，行之，他屡获成功！

"国培班"开班时，因我只认识陈老师，我们俩就住在同一房间。当他得知，我在培训期间准备写几本书时，就把床移动靠边，给我腾出一块空间，把唯一的书桌也给我用，把生活中的琐事也"承包"了，给我创造好的写作环境。

福建共有五人参加"国培班"培训，在"最是书香能致远"境界的影响下，我们五人经常骑着自行车在京城各大书店寻书购书。陈老师相对年轻一些，他就骑在最前面，我年纪最大，就殿后。我们都买了很多书，书让我们看到了远方。

你看，陈老师培训归来，就把"国培"获得的新知化为生动的教育实践。面对充满挑战的教育难题，他充满激情和智慧地突围，获评省级先进德育工作者、省级学科带头人，升任副校长，2010年被评为福建省特级教师。

和陈增武同学在北师大"国培"宿舍里

我们"国培班"里，还有一位来自山东淄博的同学——**于会祥**，他是山东省的教学能手，是淄博市的教育专家。我们培训后不久，就得知他被北京十一学校引进，担任副校长，引领学校开展新一轮课改实验，续写新的教育篇章。

后来他升任北京育英学校校长，我这里只讲一个他在《中国教育报》刊登的《倒下与成长》的文章片段，文中说了他在育英学校化普通为神奇的故事。

北京育英学校一棵老柳树死去倒下，既碍眼也不安全，学校的工人很快来到现场，准备尽快搬走扔掉。这时于校长如何处理的呢？

（于校长）站在孩子的角度看，这棵大树曾陪伴他们走过春夏秋冬，为他们遮风避雨，他们每天在大树下嬉戏、追逐，在孩子们眼中，这棵树就好像一个忠实而亲密的伙伴，不能让它就这样悄无声息地不见了。……一棵倒下的大树，能告诉孩子们什么呢？

……（于校长）请工友韩明星师傅将大树稍加修整，做成了大树标本，"躺"在它原来生长的地方。

……自此，这里成了学校的一道文化风景。每天路过这里的师生们就会停下来，看一看，读一读；每一次客人来访，也会在树旁驻足……当来到这棵大柳树旁时，学生感悟良多："伫立十余年，饱经风与雪，根断志犹存。"学生读出了折断的是"根"，能继续生长的不朽的是"志"、"化为枯朽的树干，留下的是它在育英专属的印记"。暑假期间，两位即将步入婚姻殿堂的育英毕业生，重返母校，选择在母校拍摄婚纱照时，这棵柳树又一次闯入他们的镜头，同时被唤醒的，还有育英学校那段难以忘怀的成长生活……

7. "校长班"同窗学友

　　我在教育部中学校长班学习期间，结识了 48 位来自全国各地的优秀校长。他们都在努力追求教育的真谛，都在努力践行和探索理想的教育，都希望所在学校有更好的发展，也都是值得我学习的榜样。

"校长班"同学来厦门一中论道（前排右 2 为李颖，后排右 2 为程红兵，后排左 4 为周远生）

　　读《上海教育》，会不时读到**程红兵**老师的文章，其观点之鲜明、视角之独特、文笔之优美，给我留下很深的印象。但真正见到程老师，却是在厦门一个酒店里。程老师的童年在厦门鼓浪屿度过，后来随父母到了江西，又从江西到了上海，劳累之余的他想到故地一游，才有我们见面的机会。

程老师一直以一介书生为自豪，在交谈中他的书生本色渐渐溢了出来，话里话外都离不开"书"，一切尽在言"书"中。整整一个下午，我们都浸润在文化的涵养之中。理科出身的我，更是时时吸吮着这人文之甘泉。

说来真巧，我担任厦门一中校长不久，程老师也担任上海市建平中学校长。更巧的是，我俩同时参加教育部这个"校长班"培训，他是班长，我是文体委员。程校长尽地主之谊，让培训班同学走进建平，我们在建平中学听了一节讲授余光中《乡愁》的研究课，课后有一批专家评议。原以为专家评议多歌功颂德，不想这批"另类"专家唇枪舌剑，相互"论理"，程校长也是专家之一，评议起来也是另有见解、与众不同。

在一次校长论坛上，我再次感受到了他的与众不同。他亮出了自己的观点——校长急需"补钙"。他说：带有鲜明个性特点的思想见识，就是校长的"钙"。极度缺钙的人是站不起来的，萎缩、萎靡、软弱、消极。同样我们这里说的"钙"也是影响一个校长能否站立起来进而有所发展的关键因素，是一个学校有无大作为的关键所在，是决定能否产生教育家的关键所在。

做有思想的校长！我思故我在。

厦门一中百年校庆系列活动中有个"校长论坛"，主题是"学校核心竞争力与学校发展"，我特意请程校长前来作主报告。没想到程校长首先对"学校核心竞争力"提出了批判，这着实让我吃了一惊，好在是论坛，大家畅所欲言，反倒激活了学术争鸣。

学校的目标指向是发展自我，沉淀自我的文化含量，提升自我的文化品位，成就自己的文化特色，培养造就优秀人才。程校长说，与其说"学校核心竞争力"，不如说"学校核心发展力"。

程校长让我感觉到他是另类书生——具有教育理性视角的书生！上海市决定把上海的校长放到人大附中"刘彭芝卓越校长培养基地"进行培训，我应邀参加启动仪式并代表南方校长发了言。程校长是被培训的校长，他代表受训校长发言，你听他怎么说："我们是带着学习之心而来的……我们也是带着批判视角而来的……"这个程校长，"钙"补多了，连眼神里都充满着"批判"之光。

在我的笔记本上，记录着程校长当年的一段教育感言：只有站在更高的思维层次、思想境界上看问题，才能高屋建瓴地审视各种现象，才能在工作中不断地用先进的、科学的哲学思想充实自己的头脑，开阔眼界，增添追求真理的勇气。

和程红兵同学在建平中学

周远生校长和我是"校长班"的同组同学，学习过程中经常有分组讨论，我们自然有了更多交流。几次交流下来，我对他有了更多了解和敬佩。

他多次放弃做公务员的机会，到偏远落后的学校任教，无怨无悔；他来学习时是上海教科院附中的校长，是很懂科研的校长，他的专著《周远生与差异化教育》，入选人民教育家研究院组编的"教育家成长丛书"；他在江苏邳州教高中连续多年获市高考第一，很早就被评为省优秀教育工作者，还被评为全国优秀班主任。

我更关注周校长的是他的"民办教育智慧与情怀"。2014 年秋，他到潍坊新纪元学校任校长，在远离城区 60 公里的盐碱滩上办学。用八年时间，学校从一所发展成八所，学生从 418 人发展到 7730 人，教职工从 45 人发展到 972 人，学生有 2630 人次获得各级各类奖项，学校获评省市级奖项很多，还成为教育部高中改革示范学校。

这些成绩源于他们做实了因材施教。2022 年潍坊新纪元学校差异化教学成果"因材施教：基于大数据的高中差异化教学体系建构与实践"，荣获基础教育国家级教学成果奖二等奖、山东省教学成果奖一等奖。

如果说我对民办教育有了新的认识的话，那么应该是从认识周校长和他所带领的学校开始的。鉴于周校长在教育领域 40 多年耕耘所取得的成就，以及他的深厚的学识涵养和对教育的深刻理解，央视邀请他进京录制教育对话节目，《中国教育报》对他进行了采访。随后记者以"两年跃居名校之列——潍坊新纪元学校优质发展解码"为题，写了一万多字的文章，在《中国教育报》上占据一个半版面，引发了大家对新纪元教育内涵的关注与思考。

"多元智能理论"培训（左5周远生校长）

"校长班"还有一位女同学，是来自东北师大附中的**李颖**副校长。她每次发言都充满激情、思维清晰、富有哲理、视角高远。她一发言，同学们都迅速地记录，生怕漏记，我同桌年轻的宋校长在电脑上记录，双手敲键盘声噼里啪啦地响，我就暗示他"小声点"。

培训结束时，大家推荐李颖代表学员发言，她说出了大家的收获和感受：

……我们来自祖国东南西北的48位同学，为了学校的发展，为了明天的教育，带着思考与困惑，带着探索与期待……国内的教授、国外的专家，在讲台上会聚；昨天的校长、今天的学生，在课堂上认真记笔记；先进的理论，深刻的哲理，思想的撞击，心灵的启迪，让学员与大师拉近距离；陈腐的观念从此荡涤，事业的激情重新燃起，现代的理念从培训的港湾中冉冉升起！

你若在现场听的话，就会发现这发言还带着韵脚呢！继续听：

"没有思路就没有出路，没有作为就没有地位，没有实力就没有魅力！"中心的名言我们会永远铭记！

......

今天在这里，我们暂作别离！不忘老师的教诲，不忘同学的情谊！

再见吧，我们尊敬的老师！带着思想的厚重，带着理论升华，我们将回到熟悉的岗位，去经受实践的洗礼，去践行学习的收获，去耕耘教育的园地！

再见吧，我们亲爱的同学！相聚是缘分，再聚更有期。把你我的情谊永远珍藏在记忆里，在未来教育发展的征程上，我们还会并肩在一起。

再见吧，我们的培训中心！请相信您的弟子，我们会在教育的沃土上辛勤耕耘，为您增光为您争气，在您光辉的旗帜上我们会写下重重的一笔！

再见吧，我们共同的 26 期！这个让我们永远铭记的集体！

培训回来后，我就关注李校长，她的办学思想，她的教育论道，一定是我可以学习借鉴的。我特地请李颖校长来厦门一中论道，她一"论"，就把整个会场激活了，参会的许多校长惊呼："从来没有听过这么好的讲座！"

李颖不仅是博士，还是东北师大教育学院的教授、博士生导师，先后任东北师大附中明珠学校校长、长春外国语学校校长、长春经开区洋浦学校校长。

媒体这样评价李校长：她对教育事业有着一种真诚、无私、执着、自觉的热爱，这种热爱体现在她孜孜以求的终身学习之中，体现在她充满激情的教育工作之中，体现在她对教师、学生人性化的管理之中，更体现在她对学校教育思想的不断创新和探索实践之中。

我相信，我们"校长班"的同学，也都会这样评价她。

8."督学班"同窗学友

我快退休时，被聘为福建省督学。"督学"对任职的素养有较高要求。省里每年都会组织督学培训活动，以提升督学的督导专业水平，让督学能够真督实导、常督细导、严督善导、敢督硬导。督学班的同学，要么是快退休的校长、局长，要么是某一领域的教育专家，大家对教育多有自己的见解，在聊天中我都能产生许多新的教育碎思。

督学班中有一位来自沙县的叫**官樟生**的同学，一见到我就说读过我的哪几本书，读过我最近在哪个刊物上发表的文章。和他交流几句，就知道他是一位非常爱读书、追着书读的督学，也是很有思想的督学。

他在教育岗位上走过近40年。他和我一样都是师专生，他师专毕业后被分配到一个偏远乡镇初级中学教语文，生活十分艰苦，学校设施设备极其简陋，仅停留在有教室、有粉笔这样的办学底线。

那时学校没有图书室、实验室，在他的发动下，几个趣味相投的青年教师约定每人每年自费征订一本文学刊物或购买几本文学书籍，大家交换阅读。《诗刊》《人民文学》《散文选刊》《小说选刊》等就成了他们必读的案头之物，北岛、舒婷、三毛、路遥、贾平凹等作家的作品成了夜晚热烈又温馨的话题。

那个时候的他常常会因为读了一篇好文、美文而辗转反侧，夜不能寐，次日一早就迫不及待地带进课堂，给学生朗读、与学生共享。他的这些近乎痴狂的无意举动，慢慢地勾起了学生阅读的兴趣和笔抒心声的冲动，他的语文课越来越好上了，课堂上学生不再死气沉沉、不再启而不发了。

为了鼓励学生的写作，在他的倡导下，油印的校刊《晨曦》出版了，刊名寓意希望、光明、新生，期盼农村孩子能朝气蓬勃、积极向上。当一期期飘溢着油墨馨香的校刊成为学生爱不释手的心爱读物时，学生也在不知不觉间完成了由怕写作文到爱写作文的蜕变，学校语文学科成绩也由原来的全县垫底跃升到全县农村中学前茅。

读书，点亮他的教育之路。

现在的他，读书热情依然不减。在我们的督导群里，经常会出现这种情况：忽然他推出一篇他人文档，与大家分享。有一次我打开一看，竟然是我当天在某个刊物上发表的文章。天啊，我只知给编辑稿件了，不知何时发表，你看人家官老师的读书视界何其宽！

督学班中还有一位很有本领的同学，他是南平剑津中学的**谢良毅**校长。我和他曾经一起到云霄县进行"教育强区"省级督导，我这个新督学向他请教一些"督学之道"，他告诉我，"督导督导，关键在'导'：导教育理念，导教育智慧，导教育破局，导教育创新，导教育情怀，导教育自觉，导教育标准，导教育未来……"那一刻，我"本领恐慌"了！每一个"导"，我能"导"到位吗？我能"导"得更好吗？

谢校长引起了我的关注，2018年我在网上查到一些信息：1981年谢良毅大学毕业后一直从事教育工作，已有37年，先后在南平夏道中学、南平一中工作25年，2012年调任南平剑津中学任校长，从班主任到教研组长，从校团委书记到校长，不论职务如何变化，他长期兼任数学教学任务，坚持一线教学，37年中有23年带毕业班。

教育人都知道，教数学不易，教毕业班数学更不容易，当了校长还教着毕业班的数学，谈何容易！

我到南平讲学时，南平的数学老师告诉我，谢校长不管多忙，都在桌上常备两个本子，一本是常规教案本，另一本则是"现场问题"记录本。他会雷打不动地坚持备好自己的课，坚持做到"常听课"和"会评课"，尽量上好"常态课"和"探索课"，积极承担"观摩课"和"示范课"。

课堂永远是教育改革的龙头，只有揪住要害，繁杂众多的教育问题才会迎刃而解。谢校长踏实课堂，练就了很强的教学指导力。我相信，谢校长在学校发展方面也一直在为自己练就成功真本领。

现在我终于明白了，他为什么那么会"导"？源于他持续地为自己赋能，赋新能。

我在教育局任职时，经常会下校调研。当时新成立的翔安区要新办最靠北边的乡镇的完全中学——诗坂中学，我在这所学校见到了年轻的**柯上风**副校长。翔安是新区，新区往往是"教育洼地"，生源是最后招的，教育设施不完善，教育资源匮乏，师资力量薄弱，家长素养偏低。

柯副校长谈到学校发展，充满激情，充满信心，他们要办一所花园式学校，生源不好是差异问题，差异是资源，鼓励老师努力为差异而教。他们的办学理念不差！乡村教育，只要师生精神在，那盏明灯就在，就能照亮师生成长之路。

知情的同事告诉我，柯老师先在内厝中学教书，那也是偏远的农村学校，操场上杂草丛生。他身先士卒，拿起镰刀，带领学生一丛一丛地割草；他组织联欢会，搭建简陋的表演舞台，学生在充满土味的活动中，闪动着青春灵动的气息；他作为一名新老师，主动申请开设市级公开课，全市高一历史老师包着大巴，来到边远的学校，这样的景象轰动一时……

2012年，市政府教育督导室招聘督学，他成了新督学。他的平台大了，要学习的东西也多了，他虚心学、用心学，几年下来就成了督学"小专家"。督导室设在教育局里，我们成了新同事，凡"督导督学"之事，我多请教他。

外地来厦门的督学培训班，经常请我讲课，我会讲"教育突围：挑战与抉择""学校品牌发展""学校文化与学校发展"之类相对宏观的话题。一旦要具体讲"督学"专业的话题，我怕讲不好，就会请柯老师来讲，他的讲题有"学校综合督导评估的创新实践与思考""责任督学挂牌督导工作的新探"等。他每次讲后，都受到大家的高度好评。

柯老师后来升任督导室主任，他积极探索学校督导评估的新境界，系统研发了各类学校综合督导评估模式和评估标准，形成MARS学校综合督导评估理论体系，出台了五份评估方案和十套评估标准，以教育评价改革引领各级各类教育高质量发展，实乃创新之举。

从柯老师到柯主任，我见证了一位青年教师的成长历程，我找到了"不负青春芳华，勇担教育使命"的一个生动案例。

第六章 远方专家是良师

在多年教学研究、参观考察、学术活动和学校管理的过程中，我结交了不少远方的专家，经常线上线下聆听他们的讲座，找机会与他们见面交流，同他们互赠教育新著。这成了我生活中的重要部分。

专家学者，都是良师，更多的是大师，是大先生。

我们常说，以名师为师，你就是下一个名师。套用这句话，我们可以这样说，向专家学者学习，你就步入了"学做学者"之新境了。你就会像学者那样思考教育教学，就会像学者那样关注未来教育，就会像学者那样研究教育问题……

追寻教育专家学者，是教师有效的学习方法。如我在北师大听了裴娣娜教授的《教育研究方法导论》讲座，学术味浓，收获很大。至少我认为她是当今中国教育科研中最具学术性的专家之一。追寻她，就等于追寻了中国最高水平的教育科研，掌握了教育科研的最新动态。

在北师大我还听了石中英教授的《教育学的文化性格》报告。他的演讲情感真挚，材料丰实，结构严谨，富有创见，展现出教育哲学思考的力量和价值担当；他的《穿越教育概念的丛林》演讲告诉我们，教育者不能痴迷于制造新的概念，要用更多时间和精力去寻找、去解决真正的教育问题。

购他们的书，搜集他们的文章，是一种追寻；听他们的讲座，找机会向他们请教，也是一种追寻；完成他们的约稿，更是一种高远的追寻。我想，以我对事业、对学生的忠诚与爱心，以我对教育、对科研的执着与追求，他们是会为一个基础教育的探索者铺就路石的。

本章的几个小节里，我会细说与几位专家交往的小故事，部分其他专家的小故事，我会在别的章节里叙说。

1. 北京的教育专家

首都北京是我国的政治、文化中心，也是科技、教育中心，涉及教育的会议和活动层次高、品位高，教育专家、学者也是视野宽、成果多。40多年来，由于参加学术会议、教育培训、课题研究、出版作品、参观学习等，我结识了不少北京的教育专家。

如北师大的顾明远、谢维和、褚宏启等教授，北京的中学校长刘彭芝、李希贵、张思明等，北京的小学校长窦桂梅、华应龙、赵凤贞等，北京教育机构的专家戴汝潜、章建跃、陈琴等，每次和他们在一起都是我向他们学习的一次机会。

2001年第3期的《人民教育》，有一个特殊的专栏——"骨干教师国家级培训扫描"，在"教授一言""学员走笔""记者追踪"分栏下，各刊登一篇文章。我作为唯一的学员代表在"学员走笔"栏目上刊登了《我的学习方式》一文，6500字，这是我在《人民教育》上发表的第一篇文章。

这篇文章发表之后，时任《人民教育》总编室的**张新洲**主任就向我约稿，让我给"新星舞台"栏目写稿，我写了《追求数学教育的真谛》一文，也是6500字，刊登在2001年第10期。时任中央教科所课程教材研究中心主任的张苀研究员以"奋力攀登数学教育的高峰"为题，在同一栏目中对我的成长作了专家评价。

我的两篇文章发表后，受到教育界好评，张新洲主任特地到我当时履职的双十中学看望我，进一步了解我的工作和研究情况，指导我的发展方向。临别时，他又向我约稿——为"名师人生"栏目写稿。我很快就写成《足与不足》一文，发表在《人民教育》2003年第23期上，又是6500字。

我连续在《人民教育》刊登三篇文章，每篇都是6500字，你说巧不巧！

《足与不足》有一段开篇语，我是这样说的：

人生之路，是一个不断自我完善的过程。

人生之路，也是伴随着足与不足的过程。

我常感到知足，又喜欢在足中寻找不足；我也常感到不足，又会静下心来，在不足中去感受足。足，是进步，是收获，是成功，是令人快乐的；不足，是缺憾，是失去，是差距，时常会有几声叹息。事情往往就是这样，从一个角度看是不足的，而从另一个角度看已经是很足了；但一味"知足常乐"，姑息缺点，宽恕懒惰，又往往会步入平庸。

足与不足，一切尽在认识自我、战胜自我中。

至今许多教师读者见到我，还会激动地告诉我，当年他们读到这段开篇语时所受到的震撼。

张主任策划的"名师人生"栏目，既是让名师"述说着各自成长的足迹，畅谈着对人生的感悟，诠释着对教育的理解……"，更是让读者"分享思想""受到启迪""紧跟时代"，从而建立起个人成长的"行走路径"。

2005年，张主任告诉我教育部师范教育司准备出版"教育家成长丛书"，请我抓紧写稿，按程序先报省教育厅，各省教育厅推选2本，编委会从60余本书中评出20本作为第一辑出版。我很有幸，我的《任勇与数学学习指导》入选了！第一辑入选作者有于漪、李吉林、魏书生、邱学华、张思明、刘可钦、李镇西、程红兵、吴正宪、窦桂梅、钱梦龙等，我能和这些"大师"同辑出书，就是莫大光荣，就是成长激励！

2008年，张新洲主任升任中国教育报刊社副社长，从此我就称他"张社长"或"社长"，一直沿用至今。

2011年，作为"寻找教育家成长书系"的"中国当代著名教学流派"丛书主编的张社长，约我为这套丛书写作。我按时交上《任勇：追求数学教育的真谛》书稿，张社长说："写得很好！但你的成果不止数学，再写一本研究方面的。"我按要求写了《任勇：研究让教育更精彩》书稿，张社长说："太好了！但你当校长的那些事儿没怎么写到，能否再写一本管理的。"我又按要求写了《任勇：走向管理的文治境界》书稿，三本书都顺利出版了。

成长中的教育家（前排：右3张新洲，右1刘可钦；后排：左1吴正宪，左3龚春燕，左4张思明，右4作者，右2窦桂梅）

张新洲先生（左）来厦门参加研讨会

我想不起当年是以什么力量写成90多万字的这三本书，但我清晰记得张社长对我说："你想怎么写，就怎么写，写出'原汁原味'。"这是我在所有约稿中要求最宽松的一次。

后来，张社长又主编了"寻找中国好课堂丛书"，我的《玩出来的数学思维：任勇品玩数学 108 例》入选其中。记得书出版时，"寻找好课堂"公众号发了篇该书责编"彦子"写的《任勇老师的书让一个文科编辑爱上数学》的文章，文中有这样一段话："任老师的书第一次让我对数学有了兴趣，而任老师的为人更让我看到了一位可敬的、认真负责的好老师。他对数学如此痴迷，几十年笔耕不辍，潜心研究，只为上好每一堂数学课，只为他的每一个学生。"

张社长就这样把我一次次"推了出去"，实则是把我高高地"托了起来"。

特级教师**孙维刚**创造了这样的育人奇迹：当时，非重点中学的北京 22 中 1997 届高三（1）班，孙老师是这个班整个中学六年的班主任和数学老师，全班 40 人全部升入大学，39 人上本科线，38 人上重点线，22 人考进北京大学、清华大学。学生每天都保证睡眠 9 小时左右，德智体全面发展。六年前，这 40 人中只有 14 人能达到区重点中学最低一条录取线。六年来，没有淘汰学困生，没有所谓"分流"或"技术处理"。

我听过孙老师两节数学课。一次是我邀请他到厦门双十中学讲课，讲高中数学不等式。孙老师就拿了个自带的粉笔盒，从课本中一个不等式讲起，一题多解，一题多变，行云流水，步步深入，让听课的师生见证了从一道题衍生出一个博大精深的数学世界的过程。

同获苏步青数学教育奖一等奖，与孙维刚老师（中）、张思明老师（右 2）的合影

另一次是在国家级骨干教师培训时，北师大安排我们听孙老师的课。他讲初中平面几何，讲着讲着就引进平面直角坐标系，就讲笛卡尔，还讲了一些高

中的数学知识，一下子把数学知识串了起来，把数学拔高了、拓宽了，让学生见树木更见森林。在"串""拔""拓"的过程中不时留下一些小问题，那天的作业就是解决这些小问题。我们骨干班听课的同学都惊叹："原来数学课可以这么上！"

孙老师就是教精其术的典范，两节课的教学设计都在他的脑子里，教学内容了然于胸、烂熟于心，板书也好语言也罢，都充满着数学味。当年孙老师的课，就已经体现了我们当下新课程所倡导的课程内容结构化、综合学习、大单元教学。

1987 年年初，我在一次学术会议上，认识了比我小 7 岁的年轻学者**钟祖荣**，我那年 29 岁，算是年轻人，比我小 7 岁的人肯定是更年轻的人。我为什么称他是学者，因为他送了我一本他写的《现代人才学》，当时真是吓了我一跳，22 岁的人写书了！当年，我算是小有研究的年轻教师，在这位大有研究的钟老师面前，我就是一个"小儿科"！

回家后，我就把钟老师这本《现代人才学》放在我的书桌前，让它时时提醒我：向钟老师学习，也争取写一本书。于是，我一边学习有关理论著作，一边整理自己给初中生做的关于学习方法指导方面的讲座稿，接着便没日没夜地埋头写起书来，我总算在 30 岁时写出《初中生学习法与能力培养》这第一本书。可以说，这是向钟老师学习的成果。

钟老师后来又或著或主编或副主编不少书，其中对"人才学"有系列研究，如《普通人才学》《走向人才社会》《新编人才学通论》等。他的教师成长"四阶段说"——准备期、适应期、发展期、创造期，在全国反响很大，我也经常用这"四阶段说"激励自己，并分享给学校教师。

钟老师说，这四个阶段不仅反映了教师专业发展的连续性，也体现了教师从新手到专家的发展路径。每个阶段都是教师成长过程中不可或缺的一部分，每个阶段的完成标志着教师专业发展的一个重要里程碑。

北师大毕业后，钟老师又读硕读博，在北京教育行政学院、北京教育学院任过职，现在是北京教科院副院长。前几年我们都作为《中国教师》的编委到北师大开会，相见甚欢。这是近 40 年的第三次见面，大家共同回顾这些年的

"隔空"交流情景，共话当下和未来研究方向，互赠新著，相互勉励。

和钟祖荣先生在北京

2000 年，**栾少波**老师是北师大教师培训学院的培训部主任，专门负责骨干教师国家级培训事宜。90 天的培训，我和栾老师结下了深厚的师生之情，他是我生命中重要的贵人。

培训期间，栾老师为我们设计了非常丰实的课程，我们所学颇多，所获颇多。在栾老师的推荐下，我在北师大的"学员讲坛"上，讲了《教师发展之道》《为师八观》《我的中学数学教学主张》等，还到北京名校去讲课。他还让我代表"国培班"学员在结业式上发言，栾老师就这样把我高高地托了起来。

我回到厦门后不久，栾老师特地把一个重要的数学学术会议放在厦门开，让我们"国培班"的同学们能再次相聚，再次聆听大师。栾老师和与会者还参观了我当时所在的厦门双十中学，共为学校数学教育发展谋篇布局，共话数学教育美好未来。

当北师大要出版"北京师范大学教师培训学院文丛"时，栾老师第一个就向我约稿，我也第一个写好，将《中学数学学习指导的研究与实践》交稿出版了。接着栾老师让我总结厦门一中办学思想，争取写成书，争取入选"中国当代教育家丛书"，这套丛书是由时任中国教科院院长的袁振国主编，刘彭芝、唐盛昌、杨瑞清、刘永胜等 20 名校长入选，高等教育出版社出版。我的《为发展而教育》最终入选出版，功劳当属栾老师！

和栾少波老师在琼州论道

　　栾老师后来到北师大教育集团任职，他要给我一个很大的平台，让我做北师大教育集团的教学总监或首席专家，但因为我的身份，我只能为集团培训校长、教师和讲学。于是，在栾老师的安排下，我在北师大主办的"鹭江论道""遵义论道""琼州论道"上讲学，我成为北师大的"滋兰"校长班的校长导师，我到云南、贵州、河南等山区培训教师……栾老师一直给我平台，让我展示，一直给我阶梯，让我攀登。

2. 上海的教育专家

上海，是国际大都市，是国家历史文化名城，上海的教育专家我也结识了不少。我很荣幸，我在北师大参加"国培班"学习，有了一批以北师大为主的专家群导师和朋友，在华东师范大学参加教育部"校长班"培训，又有了一批以华东师范大学为主的专家群导师和朋友。

如华东师范大学的陈玉琨、张奠宙、代蕊华等，上海的中学校长张志敏、何晓文、冯恩洪等，上海的数学老师唐盛昌、文卫星、胡炯涛等，上海教育机构的专家徐崇文、魏耀发、张肇丰等。上海人的精细、认真、文明、进取等精神特质，都是值得我学习借鉴的。

我参加了教育部"数学教育高级研修班"后，就和**张奠宙**教授有过多次接触。研修班每年都有一个研讨的主题，基本都由张教授主持。

1992 年至 2007 年这 15 年的主题，都是教取其势的论道，凝聚了国内数学教育同行的智慧，在共同思考和探索数学教育理论的征途中，留下了一个个时代的脚印。研讨的主题涉及：数学素质教育设计要点；建构主义；数学教师培训；数学素质教育的含义与评价；数学课堂教学；国际视野；数学素质教育的理论与实践；2010 年的中国数学教育；高中数学改革；数学学习心理研究；数学教育技术与数学"双基"研究；倡导学术规范，提高研究水平；数学"双基"教学研究；东亚地区数学教育的成功与不足；"数学课程标准"与数学教育改革。

每次研讨会，我都会见到很多数学教育大师，大学的多，如苏式冬、郭思乐、唐瑞芬、郑毓信、顾泠沅、严士健、王尚志、宋乃庆、戴再平、章建跃、罗增儒、史宁中、顾沛等。这些老师，应该都算是数学教育家。请他们指导，和他们交流，听他们聊天，都会有许多新的收获。在数学教育研究的道路上，他们就像一盏盏明灯，照亮我前行的路。

所有这些，我都要感谢引路人张奠宙教授，是他鼓励和支持我这个中学数学老师进入以高校数学教育专家群体为主的研修班，至少让我的数学教学有了"高观点"。

张教授不仅会讲"高观点"，还会讲"小趣事"。他在浙江一个小学四年级班上测试这样一道题："一条船上有75头牛，34只羊，问船长几岁？"45名学生中，只有5人说此题不能做，多数回答是41岁，其次为109岁，再次是（75+34）÷2=54.5岁。据报道，美国学生回答41岁的占10%。

张教授风趣地说："学生总认为教师出的题目都是可以做的，独立思考能力被压缩了。"

我在数学教师培训的讲座中，至今还经常引用这个"小趣事"。

國家數學教育高級研修班
『數學教師教育』（澳門會議）

和数学大师在一起（前排：左2宋乃庆，左6张奠宙，右7史宁中；后排：左5罗增儒，左6作者）

1981年，我在研究"趣味数学与智力发展"时，读了上海师大**燕国材**教授写的《智力与学习》一书，这本书由教育科学出版社出版，定价 0.53 元。1987 年，我在研究"非智力因素与数学教学"时，又读了燕国材、朱永新、袁振国合写的《非智力因素与学习》一书，这本书由湖北教育出版社出版，定价 1.05 元。这两本书，至今仍放置在我的书架上。

燕教授那时是全国非智力因素研究会会长，我在朋友的引荐下多次参加"非智力"学术活动，在活动中我结识了上海黄浦区教育学院**徐崇文**和**魏耀发**老师，他们也是上海市学习指导研究所的负责人，我们都算是"学习科学"的拓荒者。1992 年，魏老师送我一本他和徐老师参编的《教育科学研究方法 100 问》，这本书是我教育科研的启蒙读物。

燕老师、徐老师和魏老师，都是非常谦逊而又有学问的人，和他们在一起，你就会领略到什么是真正的教育科研，你就渐渐明晰有价值的和创新的教育科研是怎么做出来的。魏老师告诉我："研究学生的学习、指导学生的学习、让学生学会学习，这是一件意义永恒的事。以徐崇文为领军人物的学生学习研究团队，用了 30 多年的时间，持之以恒地做着这件事。"

我们可以通过魏老师总结的他们 30 多年的学生学习研究三个阶段，了解他们的研究之旅。

第一阶段（20 世纪 80 年代前期至 90 年代中期）借助"初中学生非智力心理因素的发展与教育综合实验研究""中学生学习方法指导的理论与实践探索"两个课题研究，使"学法指导"和"非智力因素培养"成为区域教育的特色与品牌。

第二阶段（20 世纪 90 年代中期至 2010 年前后）以"义务教育阶段学生学习潜能开发研究""基于脑科学的学生学习潜能开发的深化研究"等教育部重点课题研究为抓手，初步搭建了"学会学习"的理论框架，对如何应用脑科学研究的新成果开发学生学习潜能提出了基本思路，使学习科学研究进入实践领域。

第三阶段（2010 年前后至今）通过实施"区域推进'办学生喜欢的学校'的行动研究"等五个课题，继续遵循"基于脑，适于脑，促进脑"的指导思想，强调对学生生命的尊重，进一步凸显了学生的主体性。

徐老师和魏老师他们，是以课题的力量推进教育事业的发展，在完成课题的过程中，他们出版了许多"学习科学""非智力研究""脑科学"等方面的著作。我在他们总课题的框架下，做了一些"小研究"——子课题的研究，有了这些"小研究"作为基础，同时学习他们的科研精神和科研方法，我也开启了自己相对大一点的课题研究了。

参加非智力因素大会和燕国材（前右2）、徐崇文（前右1）在一起

顾泠沅老师从"乡间的小路上"走向教育教学的巅峰，成为我国著名教育家。从他在上海青浦做数学教改实验，到在上海教科院引领教育发展，我一路追寻顾老师，听他的讲座，读他的文章，和他一起论道，还请他为我的书点评。

和顾泠沅老师在福建漳浦

顾老师为《任勇与数学学习指导》写了《平实中的超越》点评，发表在《人民教育》上，我摘录几段：

初识任勇，是22年前的事。那时我们在黄山开完全国第二届数学教学研究会后，一同乘黄山到上海的汽车，我要回青浦，而他要去上海买书。那时他才26岁，一路上问了许多数学教育方面的问题，他淳朴沉稳的神情中流露出的刚毅和自信，机敏流畅的谈吐中展现出的才华和睿智，至今仍深深地保留在我的记忆里。这些年来，看到他在学术杂志上发表了不少文章，在学术会议上常有新的论文，尤其在学习科学领域异常活跃。功夫不负有心人，我手头上的这本他的新著，书名就是由他的姓名和数学学习指导构成的。

虽然我对任勇还算是有一定的了解，但在认真读完这本书后，我才算是对这位成长中的教育家有了更深的了解。

成长之路：在足与不足中逼近事业的最大值；教育之观：在和谐发展中走向教育的新境界；走进课堂：在渗透学法中激活课堂的数学场；社会凡响：在追求理想中成为未来的教育家；思想索引：在超越自我中心向往之的十百千。读"教育家成长丛书"，读成长中的教育家。读任勇，评任勇，一句话：平实中的超越！

顾老师的教育情怀和探索精神，是值得我终身学习的，他的点评是砥砺我努力走向良师的力量，那个"十百千"就是"十个课题，百本著作，千篇文论"，现在我可以自豪地说："超额完成了！"

3. 广东的教育专家

广东毗邻福建，两地交往颇多。厦门、深圳、珠海、汕头是我国第一批经济特区，我在厦门特区，特区与特区之间经常有教育交流与学术活动，我又在这些活动中结识了许多广东的专家，学习广东人敢为人先、勇于拼搏、务实进取等精神。

吴康老师是华南师范大学数学科学学院的教授，他在担任全国初等数学理事长期间，邀请我加入这个研究会，入会后激励我研究相关问题。我的"高档次"的研究不是很多，但吴教授仍特地请我给他的研究生上课，希望他的研究生能看到一位山区数学教师的成长路径。他亲自主持，动情且点评精准，他激励研究生的话语，至今都还留在我的记忆里。

吴老师是个多面手，高等数学就不多说了，否则在大学就立不住脚；初等数学研究点多面广，深入浅出，理事长不是谁都能当的；数学竞赛是他的强项，他是首批中国数学奥林匹克高级教练，高校竞赛数学课程首位主讲，首批数学国家集训队教练，《数学竞赛》期刊编委，参与制订首部全国数学竞赛大纲。

还有，还有，他的象棋水平一流，他曾是华南师大教工棋类协会会长，我多次在数学群里看到他的精彩对弈；他的诗词研究和创作，也是一流的……我觉得当老师就要像吴老师这样，数学老师不能只懂数学！

"数学与诗"群，有439人，以广州专家为主，内有精彩的"数学诗""数学史""数学文化"分享。我们看群主吴康老师的一首《数学颂》：

> 创于宇宙，痴迷人类！
>
> 源于自然，造福社会！

神思之海，心智之汇！

礁石奥秘深邃，

滩涂珍宝荟萃，

浪花灵感翻飞，

岛屿风云际会！

啊，数学！

百科之挚友，为百科添辉！

好玩，有味！

平和，娇贵！

精致，崔巍！

仙韵，天籁！

至真，至美！

至尊，至伟！

数学不朽，数学万岁！

和吴康先生在华南师大

30 多年前，各类数学杂志上出现"**吴伟朝**"这个名字的次数很多，我就开始关注、追踪这位老师的动态。他先在金华当中学教师，后在河南师大数学系任教，他有许多数学研究，在大学学报上发的多是某一类奥数问题的深度研究，在中学数学杂志上发的多是系列的数学竞赛问题。

吴老师是我国培养的第一位数学奥林匹克研究方向的研究生。我在厦门数学奥校当校长期间，很想请吴老师来讲课，后经奥数界朋友牵线，终于联系上已经到广州大学的吴老师。吴老师从命题的角度来给厦门奥数生上课，并带选手。作为奥数命题专家的吴老师不断"变式"让奥数尖子生"透视问题"，学生告诉我："吴老师是'很奥数'的奥数老师！"

吴老师每次来讲课，都会送我几张他的名片。咦？名片不是送一张就好了吗？怎么会每次都送？还送好几张。吴老师的名片是特殊的名片，正面就是我们大多数人的那种规范式的内容，反面则印上吴老师自编的被奥数大赛选用的题目，他的名片有好几类，送名片时往往会问我："这张给过吗？"

我当时在想，一个会不断命题的老师，其教学是寻根的教学、是治本的教学、是反向探索的教学，一定会持续吸引学生步步为营"直捣龙宫"。我一定要向吴老师学习，争取也命出精彩之题！

很学术的吴老师还是个性情中人，你看他前不久发给我的怀旧诗：

年事也有六十余，退休赋闲在广州；群里师兄话安工，遥想合肥说当年；娘娘池柳景依旧，只是不见师友众；入学是在七九秋，毕业正是八三夏；告别师友回浙江，双溪侧畔金华城；工作五年又考研，泪别工友到中原；离开金华到新乡，牧野之乡住十载；赢得佳人又得子，告别新乡到广州；在穗工作二十五，回首往事从前路；怀念故地庐州府，心恋旧校安工院；娘娘池畔留佳影，师姐师妹今何在？六安路上迈健步，师兄师弟归何处？愿得弟兄长安康，寻机见面总未迟。

（注："安工"即安徽工学院，"新乡"是河南师大所在地。）

我当即回复吴老师："多才多艺的诗人数学家！"

认识深圳育才中学的**陈晓华**老师，是在一次关于高考话题的圆桌论坛上，他和我都作为论道嘉宾。一见到桌牌上的"陈晓华"，我立即想到当时我正在读的一本《守望高三的日子》的书，书的作者正是陈晓华老师，没想到这么快就见到真人了！

这本书是"新教育文库"中的一本，丛书由朱永新老师主编。书名一下子就吸引了我。高考是学校重中之重的事，我那时是厦门一中校长，正在学校传播"绿色高考"理念，我就在陈老师的书中寻找"金句"讲给老师们听，你看"高三需要阳光情怀""让高三洋溢着理性的温馨""被动学习是学习的硬伤""走过高三，走过留恋与欣喜"……多好的话语啊！

什么是绿色高考？我经常这样说：绿色高考是相对人文的、健康的、和谐的、生态的高考；绿色高考是科学化的、有序化的、最优化的、人性化的高考。

实话实说，这样的话有点"高大上"，老师未必能被"打动"。在读了陈老师的书后，我说完上面一段话，一定会补充说：我们可以从陈老师的《守望高三的日子》一书后记中的一段话来感受绿色高考。

美丽的守望，给抑郁的心房带来鲜活和阳光，给卑琐的心灵带来率直和真诚，给蒙迷的双眼带来敞亮和清明，给无助的心理带来信心和希望。期许我们的教育能够让学生毕业以后带着对教育的感激和眷顾，带着教育赋予的阳光，伴着春日的鲜花，夏日的小溪，秋日的明丽，冬日的阳光，以各自美好的风姿走进他们日臻完美的生活。

这就是打动人心的话！

绿色高考才叫"酷"！陈老师做到了，我真希望我们有更多的老师也能努力做到！

4. 天津的教育专家

我弟弟在天津大学环境科学与工程学院读本科和研究生，我女儿在天津大学建筑学院读本科，天津是我经常去的城市，每次去我或多或少会和熟悉的教师朋友交流。天津数学界有好几位著名学者，都是我追寻的。

1983 年，我就读过**王连笑**写的《中学数学中的整数问题》一书，这本书对我的数学课堂教学和数学竞赛辅导，都起了很大的作用。因为多数涉及数论的书，写得很学术，给中学生讲挺费劲，而王老师的这本书，写得很"通俗"，给中学生讲很顺畅。王连笑这个名字很有趣，也很好记，从此我就关注到这位天津实验中学的数学教师。

不关注不知道，一关注吓一跳！王老师是个多产作家，他的教学论文，频频出新，如《数学教学要成为再创造、再发现的教学》《用数学文化推动数学教学》《重视数学思想的复习》等；他的解题论文，是很有深度的，如《高斯函数与存在性命题》《极值原理与恒成立问题》《一个构造性证明的解法是这样想出来的》等；他的数学竞赛问题研究成果，经常发表在数学竞赛专刊《中等数学》上。

王老师论文中的观点，我领悟之后就在自己的数学教学中进行尝试；王老师的奥数问题，我研究之后就在奥数班上让学生练习。成长中的我，因为有了王老师的"资源"，教学和奥数辅导与众不同。同事惊讶："你怎么有这么多的'料'！"

1999 年，我获评苏步青数学教育奖，到复旦大学参加颁奖仪式时，惊喜地见到了同获一等奖的王连笑老师。这是我们唯一的一次见面，却一见如故。我说我是王老师的忠实读者，他说任老师是后起之秀，我们互留地址，以便日后联系。

2011 年，我寄给王老师我的新著《你能成为最好的数学教师》，王老师寄给我他的新著《细节影响数学高考的成败：吃 n 堑，长 m 智（m>n）》。一看王老师的书名，我就乐了，王老师啊，那个"m>n"也就你能想到！这回轮到我"连笑"了。

天津还有一位数学学者，他叫**杨世明**。杨老师是天津宝坻教师进修学校的教研员，其学术高度令我钦佩！他在《数学通报》等数学刊物上发表了不少文章。我至少听过他的两次讲座，一次是在全国初等数学研究会上，杨老师讲《"数阵"问题十年研究综述》。那是 2001 年啊，我那时才初识"数阵"，而杨老师已经研究了十年，还关注他人的研究，不然怎么能"综述"。那一刻我觉得自己很渺小，我在一定程度上看到了数学世界的博大精深，看到了数学探索的漫漫远路。

另一次是在福建省初等数学研究会上，杨老师讲《"绝对值方程"研究综述》，又是"综述"！这是 2002 年，才过一年，杨老师太厉害了，又把一类问题"综述"了。我当时对杨老师的研究佩服得五体投地，也不管杨老师愿不愿意，我就主动走近杨老师，与他合影。

我听说杨老师写了本《数学发现的艺术：数学探索中的合情推理》的书，我设法买到，那是 1998 年出版的书，共有 704 页，书的简介如下：

本书是一部用波利亚风格写成的数学方法论专著，它寓数学的思想方法于数学研究、发现、探索和解题之中，既是严肃的数学书、方法书，又是妙趣横生的科普作品，它运用从数学史、数学课本、众多数学家的著作和手稿里采集的丰富素材，归纳、研究合情推理方法，对在数学学习的解题教学和研究中广泛应用的观察、实验、归纳、类比、联想、猜测、检验、推广、限定以及抽象、概括、演绎和证明等典型思维方法，进行了探讨。

可以毫不夸张地说，这本书奠定了我 20 年来数学教育的基础。

杨世明老师的笔名叫"杨之"，1970 年开初等数学研究先河。多年后，我在爱写诗的数学老师王方汉的《数学朋友写真》中的"杨之"篇中，再次认识"真实"的杨老师：

> 初数研究第一人，开创局面立三论。
> 笃厚勤勉椽大笔，溪河汇海浪波腾。

和杨世明老师在"初数论坛"上

吴振奎老师的书和论文，我是追着读的。他是天津商业大学的教授，编著或著有《数学中的美》《数学的创造》《数学大师的创造与失误》等数十部作品。我在 1990 年就读过他在《中等数学》上发表的《关于"素数无限性"的证明》，1994 年读过他在《自然杂志》上发表的《完美矩形与完美正方形》，2001 年读过他在《数学通讯》上发表的《数学娱乐圈》……我一路读来，也就一路搜集了吴老师的各类趣题。

我更喜欢读吴老师出版的书，当然，我更多的是在吴老师的书中持续挖趣题。

《美妙的数学》一书的简介如下：

以数学实例揭示数学潜在的规律，同时探索用美学原理指导数学创造和发现的途径。全书分成数、形、曲线、抽象、无穷等专题板块，图文并茂。值得一提的是，书中配以200余幅插图、数十条资料链接和名人语录，全面展现数学的丰富文化及其内在的美妙，引导学生去欣赏数学美，发现数学美，研究数学美，创造数学美。

美妙的数学，趣题处处有!
《名人　趣题　妙解》一书的简介如下：

如果说数学演习是锻炼人们头脑的体操，那么智力训练则是使你聪慧的钥匙。古往今来，多少名流、智者，多少天骄、圣贤，多少风云人物、历史巨子都酷爱智力趣题和游戏。其中，不仅有数学泰斗，也有作家文豪；不仅有物理巨匠，也有诗坛圣杰；不仅有化学大师，也有艺术明星；不仅有将军、元帅，也有总统、皇帝……

100个名人，几百个趣题妙解，是我"每课一趣"的一个"趣题库"!
吴老师的"智力与智慧丛书"《趣味故事智力题》《异曲同工》《智力解谜》《火柴游戏》，也是我的一个"趣题库"，我不时去浏览，去拾贝。
吴老师在《品数学》一书中这样说："当下文坛流行一个'品'字，思来想去本书干脆取名《品数学》以附庸风雅、赶回时髦。"吴老师之"说"，启发我把我的教学主张凝练为"品玩数学"——"好玩 × 玩好 × 玩转 × 玩味"。

5. 东北的教育专家

东北的教育专家，我第一个追的是魏书生老师，追着追着就认识了董国华老师，后来又在数学高级研修班上聆听了史宁中教授的生动讲座，在多本书中读到徐世贵和刘培杰老师，"校长班"里有九个来自东北的同学，还有在数学益智游戏的研发中遇见了唐雅玲校长和李佩妍校长等。东北人豪爽大气、胸怀坦荡、为人直率等性格特征给我留下深刻的印象。

辽宁锦州的**董国华**老师，是引领我持续研究"学习科学"的专家。

1991 年 7 月，我到哈尔滨参加全国中学学习科学学术年会。报到那天傍晚，我们福建参会的四人一邀，便去看俄罗斯建筑，去中央大街逛商店。当我们走到中央大街旁的啤酒广场时，被眼前的场景惊呆了——近千人在这里整箱整箱地喝啤酒。我们也找了一处，点上酒菜，要了啤酒，感受北国的啤酒文化。

此时此刻，会务组工作人员心急火燎——魏书生会长不能如期到来。原来魏老师在拉萨讲学，由于天气原因，机场封闭，他不能赶到哈尔滨，而原定第二天魏老师要为哈市新高三学生开讲座——《谈学习方法：以语文为例》。4000多名学生啊，又放暑假，改期讲学，谈何容易！董国华秘书长突然想起了我，他知道我在龙岩一中已开设了四年的学习方法课。董老师他们决定，明天给学生的报告改由我讲，话题改为"谈学习方法：以数学为例"。

会务组的人，哪知道我正在感受啤酒文化。1991 年，谁有传呼机？谁有手机？

当我们晚上大约 11 点回到宾馆时，董老师大声把我叫住："任勇，总算找到你啦！"一番布置任务，吓得我酒醒一半，直摇头，说："不行，不行。我是来开会的，什么材料都没有带，何况原来是魏老师讲啊，我怎能代替！"董老师说："这是大会决定的，相信你没问题。给你开个单间，里面有纸和笔，开始干活吧！"连续三个小时，我硬是靠着在龙岩一中"摸爬滚打"练就的本领，奇迹般地在一张纸上写好了讲座的提纲。

第二天早上 8:30，当我来到会场时，又吃惊不小：4000 多人啊，我从来没有面对过那么多人讲课。特别是来了那么多记者，录像的、摄影的、录音的。是啊，魏老师要来啊。记者们一看不是魏老师，也无退路啦。

我也没退路啊，我心一横，豁出去了，"目中无人"吧，按照自己的思路讲，就当是在龙岩一中面对学生那样讲吧。

三个小时，我用充满激情、充满美感、充满诗意、充满理性的语言讲完时，全场掌声雷动。主持人给了很高的评价，记者们纷纷采访，学生们走上台来要我签字，要我题词，要与我合影，我第一次有了"明星"的感觉。

救场救出了名。媒体报道了，大会充分表扬了，学生传开了，不少会议代表纷纷要我到他们那里讲学。哈尔滨市要我再为老师们讲一场，我放弃游览机会，在哈一中为 500 多位老师讲学习指导问题，再次引起小轰动。

"机遇总是垂青于有准备的人"，返程中，我对这句话有了更深刻的认识。同时，我对董老师也有了更深刻的认识，是他给我创设了一个平台啊！

全国中学学习科学研究会曾在厦门一中开过研讨会，董国华等一批学会专家重点考察厦门一中老校区，我们边走边聊，讲一中历史，谈一中文化，论一中未来。

董国华老师（左 2）来厦门一中考察

史宁中教授，是教育部数学课标修订组组长、东北师大校长。我多次在教育部"数学教育高级研讨班"上聆听他的讲座，我追着课标的修订也就追着史教授的数学教育理念。2005 年，数学课标组在全国进行数学教学调研，认为要处理好四个关系：过程与结果的关系，学生自主学习与教师讲授之间的关系，合情推理与演绎推理的关系，生活情境与知识系统的关系。我当时从"关系"入手，改进我的数学教学，指导学校数学教师也积极进行课堂重建。

2007年，史教授有一个精彩的《〈数学课程标准〉的若干思考》的报告，结语是这样说的：如果我们既保持"数学'双基'教学"这个合理内核，又添加"基本思想"和"基本活动经验"，出现既有"演绎能力"又有"归纳能力"的培养模式，就必将出现"外国没有的我们有、外国有的我们也有"的局面，到了那一天，我们就能自豪地说，我国的基础教育领先于世界。

那一刻，我真是热血沸腾啊！史教授是内心充盈着家国情怀的"大先生"！

经过无数教师的努力，"双基"教学已经提升到能力培养的层面了，也产生了一些有效的教学方法。余文森教授说，课程教学改革从"双基"走向三维目标，它的进步是不言而喻的。我想，这进步与史教授他们的努力密不可分！

2007年，我同时听了张景中的《为了教育而改造数学，为了教育而优化数学》和史宁中教授的《平面几何改造计划》演讲。这两个演讲的核心是如何改造、优化基础教育数学教学内容，使数学成为更适合学生学习的教育数学。其中的真知灼见给人以有益的启示，特别是他们勇于探索和大胆实践的精神备受尊敬。

印象很深的又是史教授的结语：无论怎样，平面几何知识的改造是必要的。有这么多新的知识不讲，却用很多时间讲2000年前的知识是不行的。我只是提出一个想法让大家来思考，希望十年之后平面几何有所改进。

18年过去了，平面几何似乎还没有达到史教授所希望的那个"改进"。数学教改路漫漫，吾辈将上下而求之。不过，这18年，我一直追随着史教授的"课标节奏"，让我的数学教育与新课标同频共振。

东北有一位令我敬佩的教研员——**徐世贵**，他是本溪满族自治县教师进修学校教研员，《卓越教师成长之路》一书中用"草根的力量与价值——徐世贵学术成果评介"来评介徐老师，开篇有这样一段话：

近20年来，在辽宁的盘锦和本溪有两颗璀璨的明珠在中国教育的土地上光艳夺目。一位是享誉全国的教育改革家魏书生先生，一位是在全国基础教育界久负盛名的徐世贵先生，他们出生于同一个时代，经历过相似的生活境遇，有过相同的人生诉求，实现着相似的人生价值……

这是沈阳师范大学关松林副校长写的一段话，写出了真实的徐世贵。徐老师这样叙说他的成长之路：生命传奇，潜质积淀，意志锤炼，偶入师门，专业徘徊，专业痴迷，有效阅读，有效研究，家庭力量，业余情调，怀念朴实，求证信念。读了他的成长史，我曾多次以他的成长激励自己，也激励厦门的教研员——为"员"当如徐世贵！

和徐世贵老师在厦门

徐老师写了很多书，是哪一本书第一次打动了我，我一时想不起来，但他的每一本书都能打动我。第一本打动我的书的扉页上有徐老师写的一句话："人生的最大遗憾，莫过于始终没能利用自身潜能和特长去创造本可以出现的奇迹。"为了不留遗憾，我一直用这句话来提醒和告诫自己，也在不同场合用这句话寄语青年教师。

在教育实践中，当我正思考某个教育话题是否可以研究时，比如"如何培养研究型教师"，我可能还没谋好篇，徐老师已经出书了——《做个研究型教师》。徐老师的书很接地气，也很实用，因为他深入一线，了解一线教师的情况和需求，以"草根"之力、用平实之语，像涓涓细流、似知春好雨，通过他的书给老师精神力量和实用技巧。

我一直想见徐老师，直到徐老师退休，我请他来厦门讲学时，我们才见了一次面。

6. 江浙的教育专家

　　江苏和浙江，是中国教育的强省。江浙与福建都属华东地区，在华东或长三角的教育活动中，我接触到许多很有思想很有智慧的江浙专家群体，如我到南京听李吉林老师讲"情境教育"，听马明老师讲数学教育；我到无锡听沈茂德校长讲学校管理，听唐江澎校长讲课程基地建设；我到杭州与叶翠微校长聊教育创新，与赵小云教授聊数学竞赛问题；还有在他地与江苏的孙双金、张乃达、张齐华等老师交流，与浙江的余继光、郑英、赵群筠等老师交流。

　　小学数学教育家、尝试教学法创始人、江苏省特级教师**邱学华**，扎根中国土壤，研究中国教育。50 多年来，他一直从事小学数学的教学与研究，成果很多，核心的就是尝试教学法的持续研究，从尝试教学法到尝试教学理论，再到尝试学习理论。他的《尝试教学法》一书，在 1989 年获全国首届优秀教育理论著作奖；"尝试教学理论研究与实践"课题，在 1999 年荣获教育部颁发的全国第二届教育科学优秀成果二等奖。

　　且看专家、学者如何评价邱学华老师和尝试教学法：

　　朱永新教授：邱学华是教育的"光明使者"。

　　陈梓北教授：尝试教学法是"古为今用，有胜于古；洋为中用，有胜于洋"。

　　苏春景教授：邱学华走出了由教师转型为教育家的典型之路，是一位中国特色的教育家。

　　戴汝潜研究员：尝试成功与尝试教学法以受教育者自主学习为主，从而找到了落实差异教育的好途径，为素质教育的课堂教学模式提供了范式。

　　方健华研究员：邱学华的一生是尝试的一生，也是成功的一生；我们更深刻地理解了"自古成功在尝试"的道理，同时也分享到一个名师"教育人生竞风流"的成功惬意。

顾明远教授：邱学华的"尝试教学"，开始从教学方法上的实验，到理论上的提升，其执着的精神令人佩服。

我曾经请邱学华老师来厦门讲学，我也评价一句：邱学华老师的"尝试教学"，是明教育之道的创举。

邱学华老师与福建渊源很深，1982年，他的第一篇尝试教学法的论文在《福建教育》发表；1988年，他的第一本《尝试教学法》专著由福建教育出版社出版，对福建数学教育影响很大。作为福建数学教育人的我，是读着邱老师的文论成长的，也在福建各地多次听邱老师讲"尝试教育人生"，他的尝试理念，尝试精神，给了我很多启发。

同为"教育家成长丛书"的作者，我们都会参加一些论坛活动，每次活动他都是充满激情地讲，他讲了一辈子的"尝试"。2024年年底，我在北京讲学，一到宾馆大厅，看到一群人围着一位长者追着要签名，我一看就是邱老师被"围"了，我不敢再打扰邱老师了……看着他离去的背影，我眼圈红了，毕竟是快90岁的老人啊，还在为教育奔走。

2013年7月21日下午，在青岛经济开发区有个"中国梦·教育梦：价值引领教育"论坛，江苏省教育厅副厅长**胡金波**教授和我先后演讲，胡教授的讲题是"期盼有更好的教育"，我原以为大领导应该是"讲大话的"，没想到胡教授是教育大道的诗意表达，瞬间吸引了听众，几乎所有的参会者都拿起手机不停地拍。

他说："更好的教育"就是构造"一方池塘"、服务学生"自然成长"的教育；"更好的教育"就是点燃"一束火焰"、启迪学生"自己成长"的教育；"更好的教育"就是敲打"一块燧石"、引领学生"自由成长"的教育；"更好的教育"就是推开"一扇大门"、促进学生"自觉成长"的教育。

你看，"一方池塘""一束火焰""一块燧石""一扇大门"，多形象的比喻，我们的教育就需要这"四个一"；你再看，"自然成长""自己成长""自由成长""自觉成长"，这才是真正的"成长"！

他这样讲"构建池塘"：构建荡漾着"自由"之波的"一方池塘"，构建涌动着"创新"之泉的"一方池塘"，构建游弋着"快乐"之鱼的"一方池塘"。

他这样讲"点燃火焰"：点燃培养学生"社会责任感"的火焰，点燃培养学生"创新精神"的火焰，点燃培养学生"实践能力"的火焰。

他这样讲"敲打燧石"：善于敲打"公平"的燧石，善于敲打"质量"的燧石，善于敲打"可持续"的燧石。

他这样讲"推开大门"：推开"更好的教育"的"一扇大门"仰于名师，推开"更好的教育"的"一扇大门"依于校长，推开"更好的教育"的"一扇大门"基于文化。

我当时真有听君一席话，胜教十年书之感！

还有他说："中国拿了世界上最多的'奥数金牌'，却没有'数学金牌'。"这句话，让我反思了很久，这句话应该刺痛我们许多数学教师，因为我们可能教的是"高考数学""竞赛数学"，而不是真正意义上的"数学"。

拿下"数学金牌"，我们数学教师任重道远！

郑英老师，我还没有见到"真人"，但我从她送我的四本著作的封面上，看到了这位"就像老师"的杭州市天杭实验中学的她。她穿着优雅、搭配得体，她眉清目秀、明眸皓齿，好一个"向美而生"的人！

看她的形象，读她的文字，我悟出了一些教师美学的内涵，我看懂了优雅生活者的样态，我明白了什么叫"有品、有趣、有情"的女教师！

郑老师每出版一本新书，都会签上名，寄我一本，我也会寄去我的新著。

在《教育，可以这么生动有趣》一书里，有这样一句话："每个教师都可以活出幸福的模样！"她还说："教育，可以怎么生动有趣；教育，本应这么生动有趣。生动，有趣，这是教育的真味，也是教育的胜境！"

在《课堂，可以这么有声有色》一书里，有这样一句话："每一堂课都可以成为自己的高光时刻！"她还说："教育，理想的课堂，有灵感在轻舞飞扬，有生命在拔节劲长，带着灵魂芬芳，自成气象。理想的课堂，是师生情感涌动交汇的地方，既丰盈了学生，也丰盈了教师自身。这样的课堂，有滋有味，有声有色。这样的课堂，不在远处，就在身旁。"

其实，我在翻阅报刊时，还经常会读到她的"新语"。

在《浙江教育报》上读到她的《教育：向美而生》——我们应当成就教育的美，同时成就于教育的美。

在《中国教育报》上读到她的《见教材　见学生　见自己——课堂教学的三重境界》——始境：见教材；又境：见自己；至境：见学生。

在《人民教育》上读到她的《经我们之手，教育变得不同凡响》——心怀浪漫，才会觉得教育处处可爱；初心不离，才会觉得未来可期。

在《中国教师报》上读到她的《不确定的课堂，可以有无限的创意》——课堂生成强调教的过程，突出教学个性化，是开放的、互动的、多元的，追求的是学生在自然状态下"自然而然地生成"。

仅这些文字，已让我浸润在有生命情怀的教育里。我觉得我不一定要见到郑英这个"真人"了，她的优雅形象，她的优美文字，她的优异成绩，已深深地刻入我的脑海里了，她是我心目中的"最美教师"！

7. 川渝的教育专家

我从小在龙岩山区的兵工厂长大，兵工厂里有三分之一的职工来自四川，他们是来筹建这个新的兵工厂的，我儿时的小伙伴有很多是四川人，我也会讲四川话。在教育活动中，我对四川的教育人，有一种特殊的感情，也很愿意和他们交流，交流中不时也讲几句"福建四川话"，一句相对标准的"要的"，马上就拉近了与他们的距离。我到过四川和重庆很多地方讲学，和原西南师大宋乃庆教授、成都七中原校长王志坚、重庆一中原校长鲁善坤、重庆教育评估院原院长龚春燕、四川阆中教育局汤勇局长等多有交往，向他们学习如何做学问，如何当好校长。

第一次见到**宋乃庆**教授，是 2002 年在苏州举办的"数学教育高级研讨班"上。那时，宋教授和一批专家学者聚焦数学"双基"教学，讨论了诸如数学"双基"的界定，"双基"的内涵和价值，与时俱进的"双基"教学等问题。宋教授的精彩发言，让我印象深刻。

2006 年我又在澳门举办的"数学教育高级研讨班"上，再次见到宋教授。和高校老师的每一次交流，对我来说都是一次"涨知识"，都是一次思维碰撞，都是一次观念提升。宋教授在发言中回顾了中国数学教育发展的历史，提出"本土化"——中国数学教育在实践上有许多长处，理论上应该要有自己的建树了！

长期以来，我一直关注宋教授和他的研究，他是博导，曾任西南师大校长，他的数学研究涉及高等数学、数学教育、数学文化、数学竞赛等，他还有许多"大教育"研究，比如宋教授等人在《从智商、情商到动商》一文中，对动商的内涵、价值及路径进行了研究，就是对教育的一大贡献。

他们认为，智商、情商、动商是人类认知、情感、行动的三角支架，是构成人类发展和前行的基本要素。何为动商？动商是人类运动能力、运动情感态度、运动行为习惯的测评分数。在满足公众对健康的需求、发展学生的核心素养、提高公民身体素质、提升国家综合国力等方面，动商具有重要价值。

动商的价值，绝大多数教师还没有意识到，更没有深入去发掘。广大教师对动商还不了解，更没有努力去培养学生的动商。因此，在这方面还有很大的研究和探索的空间。

体卫艺是我在教育局分管的一部分工作，我被宋教授的动商论唤醒，曾这样传播动商文化：

做一名爱运动的教师吧！运动，可以让你更加充满活力；运动，可以让你的心理得到很好的调适；运动，可以让你的身体更加健康。

做一名爱和学生一起运动的教师吧！和学生一起运动，是一种班级文化，是一种和谐融洽，是一种相互了解。亦师亦友，平易近人，师生共情，都可以在教师与学生一起运动中达成。

做一名能点燃学生运动热情的教师吧！学生运动的热情被点燃，他们的青春在运动场上飞扬，他们健康阳光地生长，动商促智商，动商促情商，"三商"托起了学生认知、情感、行动的三角支架，学生的全面发展就从一个方面悄然落地了。

认识**龚春燕**，至少有 30 年。30 年前，我们都是"学习科学"研究的积极分子，都在为"学习科学"发展尽力，我们都是中学学习科学研究会的副会长，都在魏书生会长的指导下干活。那时，他刚从涪陵一所中学调到重庆市教科院，我在龙岩一中，都是数学教师，两个年轻人在学术会议上一见面，自然有许多共同话语。

每次"学习科学"学术会议上，我都能读到龚老师非常有新意的论文，尤其是他的"创新学习"研究，而我则在"数学学习指导"的研究上发力。两位年轻人就这样你追我赶、相互学习、共同成长！

他的《龚春燕与创新学习》专著，我的《任勇与数学学习指导》，分别经所在省教育厅送教育部审核，都入选了教育部师范司组编的"教育家成长丛书"。

无独有偶，一年后我们又各有一部专著入选了教育部人事司组编的"中国特级教师文库"。

后来他的研究扩展到学校特色、教育监测评估、劳动教育等方面，在省级教科院和评估院的平台上，把重庆的特色学校建设研究推向全国，把教育监测评估经验分享到世界——应美国、芬兰、新加坡等国家或地区邀请，在境外作专题报告近百次。

他曾经邀请我到重庆去带中小学"未来教育家"，去评审特色学校，我也通过多个渠道请他来厦门讲创新教育，讲教育督导。现在我们又一起在顾明远教育思想引领下，为"明远未来学校"建设现场指导、带师论道，一起"向着明远那方"，共创"精神明亮，志趣高远"的未来教育。

我在教育媒体上看了**汤勇**的文章，很接地气；我在陶研会群里读到他的言论，很有见解；我在书店里购得汤勇的专著《修炼校长力》，很受教益！

在"大夏书系"十年庆的座谈会上，我第一次见到来自阆中教育局的汤勇局长。因为我们都有一个"勇"，都当过局长，都是"大夏书系"的作者，一见面我们就交流甚多。他邀请我有机会到他所履职的阆中讲学，我欢迎他来厦门传播新的教育理念。

和汤勇局长在华东师范大学

2014年，《福建教育》的"荐书"栏目让我推荐一本书，我推荐了汤局长的《做一个卓越而幸福的教育者》。推荐理由和我写《走向卓越：为什么不？》一书是一样的。

我们绝大多数教师，完全可以从一般教师走向骨干教师，从骨干教师走向优秀教师，从优秀教师走向卓越教师。但从现实情况看，成功地走向卓越的教师数量还不是很多。因此，我很想提这样一个问题：教师啊，可以走向卓越的你，为何不走向卓越呢？于是，我就写了《走向卓越：为什么不？》一书，希望有更多的教师走向卓越。

一个星期六的早上，我接到汤勇先生的来电，说能否为他的新著《做一个卓越而幸福的教育者》写一段话附于书的封底，我一口气读完汤勇先生发来的电子版书稿，有感而发，写了下面的文字：

一条条哲思小语，一个个鲜活故事，一段段精辟分析，把我们带进了幸福而卓越的教育境界。没有幸福的教育是不行的，因为那是教育的基础；仅有幸福的教育是不够的，因为我们还要追求卓越的教育。教"官"当如汤局长，如是，教育幸甚，学校幸甚，师生幸甚。

我的书强调了"卓越"，而汤局长的书是期盼教师"要卓越，更要幸福"，希望教师"在理想放飞中享受职业幸福"。他认为"幸福比优秀更重要""你可以不成功，但你不能不成长""要成功，更要成长""竞而不争是最高境界"。
汤局长之书境界甚高，师者读之，且学且行，会感受到更多的幸福时刻。

8. 他地的教育专家

全国各地还有许多与我有交往的专家，他们各有各的教育情怀、教育探索和教育智慧，多一次与他们交往，我就多了一分收获。这些专家有新疆的数学高产作家易南轩、湖南的著名奥数教练张运筹、湖北的数学研究高产作家甘大旺、山东的持续研究教学艺术的教授李如密、海南的能透视数学高考的李红庆、贵州的有教育大境的校长刘隆华……

山西大学**林明榕**教授，是引领我走上了"学习科学"研究之路的贵人！

1987 年年初，我在翻阅《国内外教育文摘》刊物时，看到一则"小启"，征集"全国首届学习科学学术研讨会"论文，我写了篇《遵循学生心理规律，搞好初中数学教学》的论文应征，后来我就参加了被称为"我国学习科学史上第一次具有里程碑意义的重要会议"。当然，当时我并不知道这些。

1987 年 6 月 1 日，"全国首届学习科学学术研讨会暨讲习班"在南京市召开，这次会议的筹备组长就是林明榕教授，我的那篇应征论文就是林教授审阅从宽入选的。

南京会议是国内第一次全方位的关于"学习"和"学习学"的学术研讨会，它拉开了国内有组织地、自觉地研究"学习科学"的序幕。这次会议首次把"学习"从教育科学的范畴内独立出来进行讨论，首次把"学习学"作为一个专门性的新兴学科公诸于世，它标志着新兴学科——学习学正式诞生了。把"学习"从教育科学的体系中独立出来，进行全方位、立体的研究，这是理论上的重大突破。

从此，我与"学习科学"结下了不解之缘，林教授每次都邀请我参加全国性的"学习科学"学术会议和课题研究。我发表了很多与"学习"有关的论文，

1988年我的第一本书《初中生学习法与能力培养》出版了，林教授欣然为这本书写了约4000字的序言《一门崭新而影响深远的课程》，并鼓励我："年轻人，你写得很有特色，希望你不断进行学习科学的研究与实践，将来一定大有出息。"

后来我又出版了好几本与"学习"有关的著作，我的每一次进步，都得到学习科学学会的专家、学者（特别是林明榕、魏书生、董国华等）的充分肯定和热情鼓励。林教授多次在学术会议上宣传我的成果，鼓励年轻的会员向我学习。

2005年，林教授送我一本他的回忆录《学海人生》，封面语写道："心中永存希望，孜孜不倦地学习，阳光就会一直照耀着自己的头顶，生活就会充满欢乐，我们便能够笑对多味人生，昂首阔步地走完生命之路。"

林教授的"学海人生"，再一次诠释了他的事业座右铭：有恒为成功之本！

林明榕教授（右2）为我颁证

我第一次看到**欧阳维诚**这个名字，是在《唐诗与数学》这本书上。因为我教数学，我也喜欢唐诗，自然对这样的书名感到好奇，不用翻看内页，立即买下此书。封底的作者简介写道：欧阳维诚，1935年生，我国知名的易学家、数学教育家、科普作家，曾在中学和湖南教育学院任教，1984年入湖南教育出版社工作。

2002年出版《唐诗与数学》时，欧阳老师已经67岁了。我那年才44岁，在教育研究与写作上偶感艰辛，小有倦怠，欧阳老师老而弥坚，又让我打起精神再奋蹄。

《唐诗与数学》，诗与数的交融，文与理的共鸣。

编辑推荐语写道：

唐诗与数学是人类文明的两大瑰宝。学点唐诗，有益于文化的熏陶；玩点数学，有益于思维的训练。借唐诗之雅趣，悟数学之玄机。用数学之智慧，寄唐诗之情韵。

书的内容简介如下：

一本浸透数学思维的唐诗诗话，一本充满诗情数趣的科普读物，一本贯穿文理结合的优美散文。作者挑选了100首脍炙人口的名家名篇，其中包括大量给中小学生背诵的唐诗，从不同角度，用诗话的形式，将这些诗篇与数学的联系娓娓道来，出诗数之奇趣，融文理于无形。诸如：唐诗格律的数学结构，唐诗中某些内容的数学背景，唐诗中许多技巧的数学模型，唐诗的名言警句对数学思维的启示，数学的方法理论对唐诗中某些疑难问题的论证，唐诗中涉及的数学史话，唐诗中引出的数学游戏等。独具一格，别开生面，从唐诗之雅趣，知数学之好玩。

有了欧阳老师的这本书，我的数学教学步入诗教之境，我的趣味数学问题有了更多的文化意蕴，我的学术探索也渐渐有了更多的诗意表达。

正当我还沉迷于欧阳老师的"亦诗亦数"世界里时，在北京的书店里我又发现欧阳老师的著作《寓言与数学》，编辑这样推荐：

人生需要各种常识，寓言把常识幽默化，数学把常识系统化。读寓言帮你感悟人生，玩数学帮你体察物情。虫鱼鸟兽蕴含哲理，加减乘除绽放异花。两者一旦融合，就会呈现一个更加五彩缤纷的世界。

20年前不像现在可以在网上搜欧阳老师的书，当时凡是见到一本，我就买一本，我陆续买了欧阳老师所著的《文学中的数学》《数学：科学与人文的共同基因》《周易的数学原理》等书。

现在在网上一查，欧阳老师的新著再次让我惊愕，他又出版了很多新书，你看《读红楼玩数学》《读水浒玩数学》《读三国玩数学》《读西游玩数学》都是欧阳老师写的。欧阳老师啊，你有什么样的脑袋啊，怎么有那么多的"货"！

拥有那么多欧阳老师的"货"，我的"品玩数学"教学主张，又有了新的观点支撑；我的"数学'玩育'课程"，又有了新的课程资源；我的"玩出聪明娃"的理念，又增添了另类的"玩"！

我在龙岩一中教书时，订阅了23种数学杂志，其中在《中学数学教学参考》上，多次读到**罗增儒**老师的文章，那时他的工作单位是陕西省耀县水泥厂子弟中学。说实话，我是因读罗老师的文章才知道有个"耀县"。后来他的工作单位是陕西师范大学数学系，我猜想罗老师是不是"错划"了才去水泥厂先当矿工、后当老师的，再后来看到"惠州人"发表了很多文章，当我得知罗老师是广东惠州人时，我恍然大悟，原来这"惠州人"就是罗增儒老师的笔名。

我和罗教授在澳门一起开过几天研讨会，他报告了《数学解题理论及其实践》，新意迭出，让与会者眼前一亮，大家深受启发。此后，他的《数学解题学引论》就成了我备课时的必备参考书。

我很赞同罗教授的数学解题新观念：我们应当学会这样一种对待习题的态度，即把习题看作精密研究的对象，而把解答问题看作设计和发明的目标；我们应把解答问题发展为获得新知识和新技能的学习过程，而不仅仅是学习结果的巩固；谁也无法教会我们解所有的题目，重要的是，通过有限道题的学习去领悟那种解无限道题的数学机智；解题实践表明，分析典型例题的解题过程是学会解题的有效途径，至少在没有找到更好的途径之前，这是一个无以替代的好主意。

精辟！学解有限，破解无限！

我在想，中小学教师如果有这样的解题观，学生就可以不用刷那么多的题了，就在很大程度上减负了。我后来给学生开设的讲座《数学解题的道与术》和《透视数学解题的奥秘》，其内容多是基于罗教授的解题观而生成的。我传播的"做一题，解一类，会百题，才是上策"的解题观，也源于罗教授的新观念。

第七章　教育之书为良师

书籍是人类文明的积累，是人类智慧的结晶。读书，无疑是求知的一条重要途径；读书，无疑是立德、培智、陶情、修身的基础。

2024 年世界读书日，《人民教育》扉页上有这样一段文字：与书为伴，让阅读成一生的习惯。一个爱读书的人，等于有了一个忠实的朋友，一个良好的导师，一个可爱的伴侣，一个温情的知己。

朱永新教授认为，一位教师的阅读史，不仅是他的精神底色，也是他的教育蓝图。为此，新教育主张教师要有"吉祥三宝"：专业阅读，站在大师的肩膀上前行；专业写作，站在自己的肩膀上攀升；专业交往，站在团队的肩膀上飞翔。其中，专业阅读是最基础最关键的行动。

我的阅读，我的写作，我的交往，都离不开书，更多的是离不开教育类的书。我读教育经典之书，读教育新探之书，读数学专业之书，读未来教育之书，读教育新秀之书，都可以看成与作者交流，与良师对话，学做良师。

书的作者，以"书"的文字，以自己的行动，引领我们心向良师，走向良师。

书指一条路，烛照万里程。

1. 中国教育经典之书

中国教育源远流长，出现过许多教育家，他们对教育价值、教育目的、教育方法、师生关系、家庭教育等方面有许多精辟的见解，至今仍有重要意义。

中国教育经典，是中国教育家的名篇，这些教育家包括了孔子、孟子、荀子、董仲舒、颜之推、韩愈、朱熹、颜元以及张之洞、康有为、梁启超、严复、蔡元培、黄炎培、陶行知、陈鹤琴等。

教师阅读经典，尤其是阅读教育经典，应是为师之基。走向学习型的教师，应当是乐于"直扑经典"的教师。真正的经典似良师、是益友，经典与我们精神相通。学做良师的路上，有些经典是绕不过去的，唯有伴着经典，方能行稳致远。

当然，我们在跟古人学当老师时，我们在运用古人教育思想对学生进行教育时，应批判地继承和吸收，取其精华，去其糟粕。只有这样，才能真正做到古为今用，才能成为更优秀的穿越历史的现代教师。

在中华民族文化的宝库中，蕴藏着丰富的教育思想。不说别的，就说**孔子**的教育思想和教育方法，就够你学一辈子了。《论语》《论语解读》等我算是细细读了好几遍，至于中国古代其他教育家老子、墨子、孟子、荀子、董仲舒、王充、韩愈、柳宗元、王安石、朱熹、王守仁、李贽、徐光启、王夫之……他们的教育思想，我是从《中国古代教育家思想解读》《中国古代学习思想史》这类书中获取的。

优秀教师，善于挖掘整理古代教育思想中有价值的要素，善于从古代教育思想中摭拾养料，与现代教育思想结合，从而形成新的整体的教育效应。

周勇老师就写了本《跟孔子学当老师》一书，我以为实则是"跟孔子学当优秀老师"。

该书内容简介如下:

因材施教，有教无类，教学相长，循循善诱，诲人不倦，温故知新，学而时习之……跟孔子学当老师的温暖旅程，时而捧腹大笑，时而黯然神伤，时而如沐春风，但终会归于孔子式的教学之恋本有的恬静、感动与美好。似乎此前的捧腹大笑、黯然神伤与如沐春风，都是通往恬静、感动与美好的必经之路。就像一个人无论爱什么，亦只有在尝尽了酸甜苦辣、悲欢离合之后，才可以说自己真的爱过。这些中国教育大地上的美妙风景，这些深深卷入了我们的教育生活的美好语词，蕴涵着一份宗教般虔诚、炽烈、隽永的"教学之恋"。

类比开来，中国古代还有许多教育家，我们一一去解读他们的教育思想，并跟着他们学当老师，如此，能不优秀吗？

宋朝著名的理学家、思想家、哲学家、教育家、诗人**朱熹**，生于福建尤溪，长于福建建瓯，成家于福建武夷山，立业于福建建阳。朱熹一生大部分时间在福建各地学习、讲学和著述，故后人称其学说为闽学派。

我曾经徜徉于武夷山朱熹纪念馆，悟朱熹理学思想，品格物致知，思朱子读书法，忆朱熹一生成就，驻足兴叹！其中，朱子读书法——循序渐进、熟读精思、虚心涵泳、切己体察、着紧用力、居敬持志，成了我早年做学问的基本学习方法。

我在写《研究民族学习思想，深入进行学法改革》论文时，大量引用了朱熹的文字。论到非智力因素的"情"时，引用"说（悦）在心，乐主发散在外；说（悦）是中心自喜悦，乐便是说（悦）之发于外者"（朱熹《朱子语类》）。论到学习过程的"立志阶段"时，引用"问：为学功夫，以何为先。曰：亦不过如前所说，专在人自立志"（朱熹《性理精义》）。论到学习规律的"温故知新"时，引用"温，寻绎也；故者，旧所闻；新者，今所得。言学能时习旧闻，而每有新得"（朱熹《论语集注》）。论到学习原则的"循序渐进"和"学必量力"时，分别引用"循序而渐进，熟读而精思"（朱熹《读书之要》）和"读书不可贪多，常使自家力量有余。……今学者不忖自己力量去观书，恐自家照管他不过"（朱熹《朱子语类》）。

陶行知先生毕生致力于教育事业，对我国教育的现代化作出了开创性的贡献。他创立了完整的教育理论体系，而且进行了大量教育实践。

"人生两个宝，双手与大脑。动脑不动手，快要被打倒。动手不动脑，饭也吃不饱。手脑都会用，才算是开天辟地的大好佬。"陶行知这首脍炙人口的《手脑相长歌》，道出了手和脑统一的重要性，也体现了知行合一的教育思想。记得我在龙岩一中当班主任和教数学时，尝试"动手玩的数学益智游戏"，当时的理论依据就是这首歌。我还把这首歌抄写在黑板上让学生齐声读，意在让学生"玩中学，趣中悟"。

一日，我到学校图书馆借书，在一本陶行知先生的书中看到这样一段话："你要教你的学生教你怎样去教他。如果你不肯向你的学生虚心请教，你便不知道他的环境，不知道他的能力，不知道他的需要，那么，你就有天大的本事也不能教导他。"陶老的这段话点醒了我，忽然间我有了一个想法："什么样的课才是学生欢迎的课？为什么不去问问学生呢？"于是，我在一次课后作业中少布置几道数学题，但多布置了这样一道"题"："你希望老师怎样教你们？"要求学生按"希望"程度从最强写起，至少写出三条。那时的学生比较淳朴，他们从来没做过这样的"作业"，异常兴奋，颇为好奇，每个学生都按要求在作业纸上写出了自己的想法。

我一一细看，不用细统计，就得出学生最喜欢老师上课风趣一些。原来如此！学生呼唤老师：风趣，幽默，讲些趣题！于是，我在原有的研学一些趣味数学书的基础上，又买了、借了不少趣味数学书狂学，并给自己一个强烈的暗示："每节课至少一趣。"从此，我的"品玩数学"教学主张，开启了凝练、完善、升华的探索之旅。

2. 国外教育经典之书

作为教师，古今中外的教育经典书籍我们都要读一些。记得有一位专家这样说："不读论语，不读杜威，不读苏霍姆林斯基，是成不了名师的。"阅读是为了借鉴，读着读着，我们就站在了巨人的肩上，我们就渐渐地看到了远方。

教育大师，一定都是大写的良师。

"读教育经典，做智慧教师"，常常是各地"教师读书节"的主题。是啊！教育经典，是教育的根，是教育的魂，多读经典就能让我们成为智慧教师，就能让我们的教育逼近教育的本真本原。

说到"国外教育经典"，我们很快就会想到柏拉图的《理想国》，桑代克的《教育心理学》，夸美纽斯的《大教学论》，维果茨基的《教育心理学》，卢梭的《爱弥儿》，康德的《康德论教育》，洛克的《教育漫话》，杜威的《民主主义与教育》，布鲁纳的《教育过程》，乌申斯基的《人是教育的对象》，苏霍姆林斯基的《给教师的建议》，马卡连柯的《教育诗》，蒙台梭利的《童年的秘密》等。

经典是经过历史检验的，经典是可以经常重读的，经典是有生命的。教师就要尽量在职前读一些经典著作，成为新教师时再及时读经典著作，师者一辈子都可以伴着书香读经典。

我们这代人，中小学期间受"文化大革命"影响，在知识学习和人文科学素养方面有很大缺漏。特殊时期的师专学习，教育专业水平也有限。初为人师的我，深感自己才疏学浅、教学经验欠缺，必须"恶补"。

记得有一次备课组活动谈到了读书，一位老教师建议我们读**苏霍姆林斯基**的《给教师的建议》。说出来不怕大家笑话，那时我们大多数人不知道苏霍姆林斯基是谁，不知道世间还有这样一本书。在后来很长一段时间里，我每周细读书中一两个建议。从某种意义上说，这些建议是我教育人生的坚实基石。

书中在"教师的时间从哪里来？一昼夜只有 24 小时"中，苏霍姆林斯基谈到这样一件事：一位有 30 年教龄的历史教师上了一节公开课，课上得非常出色。听课的教师们和视导员本来打算在课堂进行中写点记录，以便课后提些意见的，可是他们听得入了迷，竟连记录也忘记了。他们坐在那里，屏息静气地听，完全被讲课吸引住了，自己也变成了学生。课后，邻校的一位教师对这位历史教师说："我想请教您：您花了多长时间来备这节课？不止一个小时吧？"那位历史教师说："对这节课，我准备了一辈子。而且，总的来说，对每一节课，我都用终生的时间来备课的。不过，对这个课题的直接准备，只用了大约 15 分钟。"

历史教师成功的秘诀是："对每一节课，我都用终生的时间来备课的。"

读了这条建议，我悟了：选择了教师这个职业，你就需要终生备课。

终生备课，是最高层次的备课。今天看到一个题目，也许就是明年某节课的精彩例子；今天读到一个生动的故事，也许就是后年某节课巧妙的导言；今天对某个问题的深入研究，也许就是未来某节授课内容的延伸……我们应当及时地记录在相应的备课本里或电脑文件夹里，以应来日之需。

不是今天在备明天的课，而是终生在备"明天"的课。

陶行知的"生活即教育"和**杜威**的"教育即生活"的相同点在于：这两个观点都把教育和生活联系在一起，强调教育必须和生活融合，要寓教于生活之中，并且二者都注重儿童的个性发展和实践。中外两位大师的观点告诉我们，孩子需要生活教育。

家庭教育更多的是与家庭生活密切联系的教育，是结合日常生活的教育，这是家庭教育的最大特点和最大优势。有道是："家庭与生活，事事皆教育。"

生活教育就像一缕春风，时时拂过孩子的心灵。"清风拂过满庭芳"，生活教育的春风拂过，春风化雨，孩子就在这自然的、常态的环境中健康成长了。

我的"育儿经"和家庭教育理念，多有"生活教育"，源头之"道"源于这两位大师的教育理念。

杜威教育思想对中国教育界的影响很大。他的"经验改造""从做中学""儿童中心""实用主义""思维与教育""教育民主""道德教育""教材心理化"等，也在一定程度上指导着我的教育教学。我在论证"核心素养最应该聚焦的是思维素养"时，就引用了杜威"思维与教育"的观点。

杜威在其名著《我们如何思维》一书中写道：智育的全部和唯一目的就是"要养成细心、警觉和透彻的思维习惯"。

杜威的"思维与教育"，让我的"品玩数学"教学主张有了更坚实的理论支撑。

在教育实践中产生困惑时，我往往会再一次捧起**怀特海**的《教育的目的》一书，从书中我可以找到厘清是非的依据，可以找到破解问题的方向。

这本书告诉我，每一个"自我"都是独一无二的生命存在，"人"是教育的根本目的。这就让我提出了"从共性到个性"的育人观：教师要善于发现每个学生的不同个性，精心呵护每一个与众不同的生命，走进他们独特的个性世界，对他们加以引导和帮助，给以悦纳和确认，予以延伸和发展，让每一个学生都能灵性生长；我们的教育，不能事事单一、处处划一、时时统一，实行简单的一个法子、一个模样、一个答案，这样势必导致千教一法、千人一面、千篇一律。

怀特海的教育思想主要体现在这本书中，这本书告诉我，教育只有一个主题，那就是生活，生活是人类发展的动力源泉。这就促成我坚持写完《精彩数学就在身边》一书，我在后记《生活因数学更精彩》中有这样的文字：

这就是身边的数学，这就是生活中的数学，生活因数学更精彩；用数学慧眼看生活，只要用心，就一定能看出更多的有趣的问题来；数学来源于生活，又应用于生活中；生活是美好的，数学是智慧的，数学慧眼看生活，生活一定更精彩！

怀特海的书还告诉我，"没有兴趣就没有智力的发展"，这就是我的"品玩数学"之基——数学好玩，这就是我的"每课一趣"的理论基础，这就引发我写出《趣味数学与智力发展》，论文中这样说：趣味数学，贵在"趣味"……

数学研究的对象是复杂抽象的，我们不要失去能使它变得有趣些的机会……趣味数学正是把数学问题"变"得十分有趣，引为好奇，激发学生学习数学的兴趣……兴趣和爱好好像催化剂，能不断地促进学生去实践，去探索，逐步引导他们酷爱数学，从而发展他们的智力，为未来发展奠定智慧基础。

3. 中国教育新探之书

相比教育经典之书，现代教育名家的书更多地指向教育的当下和教育的未来，更贴近基础教育实际情况，可以帮助教师为自己赋能，帮助破解教育难题。

"经典"之外，还有"好书"。无论"走近经典"，还是"好书共读"，我们更多的是向古今中外的教育大师和名师学习。

走近名家名作，分享智慧盛宴。

当然，我们也必须注意一些普通教师出版的书，有些书是这些老师一辈子在某个领域的研究成果。老师在某个领域往往术业有专攻，这种书也就颇具特色，值得我们学习借鉴。

我们可以从当代教育家傅东缨的"大教育三部曲"《教育大境界》《教育大乾坤》《教育大求索》中，读到教育的方方面面，读出教育的大视野、大格局、大情怀；可以从李镇西老师的《给教师的36条建议》《李镇西答新教师101问》《好教师是这样炼成的》《自己培养自己》等书中，读出师者成长的真谛和具体路径；可以从余文森教授的《有效教学的案例与故事》《从有效教学走向卓越教学》《核心素养导向的课堂教学》等书中，看看我们的教学离"卓越"还有多远。

20年前，我就读过**傅东缨**老师的书，特地邀请这位教育专家、教育作家来厦门一中讲《教育大境界》，大家觉得这位专家与众不同，讲起课来站位高远、视野广阔、引经据典、文采飞扬、诗意迭出、情理交融，听他的课如登泰山之顶，如入传神之境，凝思中明教育之道，欢笑时悟育人之经。

他来一中时，还特地来我办公室聊教育之事，重点聊教育科研。教育科研是什么？他这么说：它是教育好与糟运作中的比较，它是教育得与失比较中的反思，它是教育利与弊反思中的选择，它是教育留与去选择中的践行，它是教育承与拓践行中的打磨，它是教育行与知打磨中的升华……

说到科研的作用时，他激动地说：教育中的科研含金量决定教育的水准；教育科研将教育理智地送上了发展的快车道；将科研视为靠山，是现代教育平台上的标志性建筑。

说得太好了！说得太生动了！

傅老师在《教育大境界》一书中写了我："……任勇是集教学、科研、管理于一身的科研型大家……视教育科研为生命，为精神兴奋点、才干主增点……他挑灯精思，不眠构创，才思涌泉，文笔神来……"这对我是极大的激励。他的这本书，观古今于须臾，抚中外于一瞬，集智慧于一体，是一部具有大视野、大发现、大融通的教坛智慧之书、境界之书。

傅东缨先生来访

后来傅老师又陆续出版了《教育大乾坤》和《教育大求索》两本书，我近20年来，凡出差坐长途动车，必带傅老师"大教育三部曲"中的一本书，沿途且读且画且思且记录。我读傅老师的书，更是与傅老师对话，傅老师的书成了我旅途的"精神大餐"！

我和**余文森**老师有20多年交情。我在福建师大数学系函授学习时，听过余老师的教育学方面的讲座，余老师曾请我给他当时所教的数学系学生讲座，讲的好像是《你能成为最好的数学教师》。

20多年来，我们多次邀请余老师来厦门深度解读课改理念，引领指导名师成长，帮扶学校教育实验。可以说，余老师是最受厦门教师喜爱的专家之一。余老师也多次邀请我参加省教育厅的名师培养工程活动，参加福建师大的教育论坛活动，我们成了教育学术界的挚友。

余老师出了不少书，他每出版一本，我就"抢购"一本，"读红"一本。"读红"就是在书上画线、画圈、批注、写点感想。

我读余老师的《课程与教学论》，补上了我在课程理论上的不足，对课程建设有了新的认识。正如编辑所说，课程与教学是学校教育领域中最核心的两个要素，学习和掌握课程与教学理论，是我们应对新课程改革的必要前提。

余老师的《有效教学十讲》出版时，算是"一阵轰动"，我积极跟进研读，加深了对无效教学、低效教学和有效教学的理解。广告语这样说：作者灵心慧眼所观察到的课堂种种，让人眺望到了教育中迷人的风景。

正当我觉得对教学的有效性有了深刻的认识时，余老师又出版了《从有效教学走向卓越教学》，我眼前一亮：卓越教学——教学的最高境界。"卓越即非常优秀、与众不同、超出一般，代表着永不满足、永无止境"，余老师的话成了我新的前行动力。

从某种角度说，余老师以出版的力量，推动着新课改的深入、持续发展。你看，当中国基础教育正迈入核心素养的新时代时，余老师几乎同步出版了《核心素养导向的课堂教学》；当教师面对课改热点产生困惑时，余老师又出版了《新时代中国课堂教学改革与创新》一书，从关键环节和重点领域入手，破解课改与创新之道……

久闻**成尚荣**老师大名，但真正和成老见面，是在一次论坛上。2012 年，江苏省兴化文正实验学校举办了"教师发展"论坛，成老和我都应邀参加这个论坛活动。我在论坛上作了《教师发展之道》的专题讲座，成老觉得我的这个讲座很不错，就立即推荐我给南通市特级教师后备人选"讲一课"，一个多月后，我去讲了《师者：做更好的自己》。

成老的教育讲演很有特点和个性，不用PPT，跷着二郎腿坐在椅子上娓娓道来。深奥的学术探索，他用通俗语言诗意地表达出来，如《语文教学不是教语文，而是教儿童学语文》《指向核心素养的"课改之箭"射向哪里？》《培养比我们这一代更优秀的人才——高质量发展视域下的课程改革与教学方式变革》等讲演。

　　成老写的文章，我是非常喜欢读的，文章写得很流畅，也通俗，还有文采。不说别的，一看题目，就想拿起刊物翻页来读，如"新时代大先生之'大'""课程改革要唤醒学生美丽心灵""兴趣才是孩子的人生'起跑线'""做一个精神灿烂的人"等。

和成尚荣先生（右5）一起讲学

　　成老的著作，我也是追着读的。我每个月都会在当当网上搜书，特别是包括成老在内的名家大师，我还会特地用作者姓名来搜书。读者不妨搜一下"成尚荣"，会发现你读成老的书的速度，有点赶不上成老出版书的速度。

　　早年我读成老参与主编的《为语言和精神同构共生而教》这本书，感受到共生的力量；后来读成老参与主编的《教学主张与名师成长》这本书，我对教学主张有了更全面更深刻的认识；前些年我读"成尚荣教育文丛"共九本——《核心素养的中国表达》《儿童立场》《流派观察》《课程透视》《教学律令》《名师基质》《定义语文》《语文气象》《最高目的》，这是成老一辈子研究积淀的爆发，孙孔懿先生写有《思想者永远是年轻》读后感，说出了我的心声。前段时间我和厦门青年教师共学成老《做中国立德树人好教师》，现在我们又开启了阅读成老《年轻的品格：教师的精神气象》这本书的共学之旅……

4. 国外教育新探之书

　　国外教育名家的著作，近年来被陆续翻译出版，比如教育科学出版社出版的"世界教育思想文库"的《课程》《教学机智》《教育的科学研究》《后现代课程观》《教育目标的新分类学》《我们如何学习》《学习的本质》《审辨式思维与道德承诺》《把知识带回来》《教学论与生活》《教育中的直觉》《理解脑》等。一看书名，就感觉很有新意，多本书成为"教师喜爱的书"。

　　知道日本教改专家**佐藤学**教授，是源于《静悄悄的革命》这本书，书中深入浅出的课程观、教学观、教师观、师生互动观等，带给我诸多有益启发，众多教育实例的剖析和论述，更加深了我对课堂的理解。那时我正在厦门一中当校长，学校教育抓什么？这本书的副标题告诉我：课堂改变，学校就会改变！

　　聚焦于课堂，变革于课堂，突围于课堂，我们积极步入课改深水区，让厦门一中的课堂重建增加智慧含量、文化含量和生命含量，强调以诗意激趣，强调为思维而教，学校也因激活课堂而充满生机。

　　佐藤学有许多关于"学习共同体"的新观点。这些新观点，一直成为厦门青年教师共同体的前行动力，也一直成为共同体学习、思考和研究的方向，成为教育实践和教育创新的理念。

　　如佐藤学提出学习共同体的五个特征：成员地位平等性、活动氛围民主性、主体间共生与互动性、活动目标激励性、持续学习的意愿。这些成了厦门学习共同体的"基本公约"。又如佐藤学认为，中国小组学习最大的问题就是大家在"互相说"，而不是"互相学"。再如佐藤学认为，在课堂改革中，最重要的课题不在于"同步教学或是个别学习"，而在于小组的"合作学习"。

　　2015 年，佐藤学来到厦门，我陪他一起走进蔡塘学校的课堂，近距离观察这所"传说中的学校"有什么特殊之处。蔡塘学校的"学生先学,老师后教"吸引了他,他听了半天的课后感慨:"真的想把日本的老师带到这里来学习!"

耐人寻味的是,他没有和其他听课老师一样,坐在教室后面隔着玻璃听课,而是带着相机和手表,站在教室前,盯着学生看,然后拍照。他说,听课的老师坐在后面,就看不到学生的学习表情,只能看到他们的脑袋而已。

那天下午,佐藤学老师、余文森老师和我,在蔡塘学校一个互动论坛活动上,我们共话"学习共同体",细探小组合作学习,论争教改新挑战。和大师一起论道是很好的一种现场学习。论道高潮时,佐藤学激动地说:"世界上哪个国家的教改成功过?都还在改。教改成功的标志是,要让孩子热衷学习。"

和佐藤学(中)、余文森(左2)在蔡塘学校

2009年,伴随着一本名为《第56号教室的奇迹:让孩子变成爱学习的天使》的出版,美国教师**雷夫**的名字响彻中国基础教育界。

雷夫,曾获"全美最佳教师奖"。25年中,雷夫一直在霍伯特小学担任五年级的老师。该校是美国第二大小学,高达九成的学生家庭贫困,且多出自非英语系的移民家庭。就是在这样的环境下,雷夫老师创造了轰动全美的教育奇迹,被《纽约时报》尊称为"天才与圣徒"。

2012年,雷夫来中国,在北大百年讲堂作了首场报告。雷夫老师从学生的角度深刻阐释了"道德发展六阶段"理论:我不想惹麻烦——我想要奖赏——

我想取悦某人——我要遵守规则——我能体贴别人——我有自己的行为准则并奉行不悖；详述了"终身学习""生活中的数学""以运动为本"等教育方法在实际教学过程中的运用；分享了发生在第 56 号教室里许多如奇迹一般的故事；说明了如何培养学生能力，以及创建互信师生关系的重要性；揭示了为什么第 56 号教室里那些五年级学生个个都喜欢学习而且成绩突出的秘密。

在第 56 号教室里，雷夫老师独创的阅读、数学等基础课程深受学生喜欢，他们如着迷般每天提前 2 小时到校，放学后数小时内仍不愿离去。学生在全国标准化测试中取得高居全美标准化测试前 5% 的好成绩，纷纷顺利进入哈佛、普林斯顿、斯坦福等常春藤名校就读，一时间成为美国教育界的佳话。

雷夫认为："一个孩子走进学校，并不意味着接受教育，只有当他面对一本书沉醉不已的时候，教育才刚刚开始。"雷夫老师坚信"快乐可以点燃学习的热情"，他告诉我们要培养学生的学习兴趣，促使他们保持一种持续而稳定的精神饥饿感，不断用爱的教育本质和创新的教育方式丰盈学生的精神生命，引领学生从平凡走向优秀甚至卓越。

段艳霞老师曾这样问：亲爱的老师们，在您的生命成长中，有没有一本影响"心灵"的教育经典？段老师说："对我而言，**帕尔默**所著的《教学勇气：漫步教师心灵》就是一本影响我生命成长的教育经典。"

《教学勇气：漫步教师心灵》，一本影响教师"心灵"的经典，一本探索优秀教学之"道"的好书。

几年来，我和厦门青年教师一起，追着《教学勇气：漫步教师心灵》，共读教育经典，更新教学勇气。

帕尔默告诉我们："教师为着心灵的自由选择他们的职业，但是教学要求常常使得教师心灵失落……优秀教学不能被降格为技术，优秀教学源自教师的自身认同和自身完整。"为重新点燃教师对人类最重要的教育事业的热情，帕尔默带领着教师进行了一次次心灵之旅。

帕尔默说："如果想要在实践中成长，我们有两个去处，一个是达成优质教学的内心世界，一个是与教师同行所组成的共同体，从同事那里我们可以更多地了解我们自己和我们的教学。"这为我们坚持"共读共学共思共研"指明了方向。

事实上，读《教学勇气：漫步教师心灵》，不仅给教师带来教育教学理念的更新，更带来课堂改进的行动；不仅给了教师尝试教学的勇气，更重要的是指导教师如何深入思考教学；不仅要保持教师心灵的完整，让教学成为教师生活乐趣的一部分，更要发展教师职业的深层愉悦；不仅是一次精神之旅，更开启了教师对教学生涯进行永无止境的探索……

5. 数学教育经典之书

每个学科都有经典著作，经典就是伟大的著作，经典就是良师益友，经典之学让教师倍增前行的力量。

学科经典是哪些书？怎么找？我觉得可以这样找——看看你这个学科研究生的必读书目，再结合网络检索或请专家推荐，基本上就知道大致是哪些书了。我是数学教师，我从数学的角度找给读者看，大家可以类比自己所教的学科。经典之书，许多出版社都会出版，下面的经典书我就不注明出版社和译者了。

数学传统经典类：欧几里得《几何原本》；柯朗、罗宾《什么是数学》；克莱因《高观点下的初等数学》；波利亚《怎样解题》《数学的发现》《数学与猜想》；弗赖登塔尔《作为教育任务的数学》；阿达玛《数学领域中的发明心理学》；纽曼《数学的世界》；等等。

数学历史经典类：牛顿《自然哲学的数学原理》；克莱因《古今数学思想》；贝尔《数学大师》；李学数《数学和数学家的故事》；卡兹《数学史通论》《东方数学选粹》；沈康身《历史数学名题赏析》；等等。

数学文化经典类：米山国藏《数学的精神、思想和方法》；史宁中《数学基本思想18讲》；克莱因《西方文化中的数学》；夏皮罗《数学哲学》；吕埃勒《数学与人类思维》；汪晓勤《数学文化透视》；怀尔德《作为文化体系的数学》；等等。

数学教育经典类：张奠宙《数学教育经纬》；喻平《数学教学心理学》；鲍建生、周超《数学学习的心理基础与过程》；王光明《数学教育研究方法与论文写作》；蔡金法《数学教育研究手册》；汪晓勤《数学史与数学教育》；等等。

波利亚对数学教育的研究与贡献举世瞩目，他在数学教育上的成就主要包括解题理论、数学教育理论和教师教育理论三个方面。这三个方面的理论对我国的数学课程与数学教学改革、数学教师的培养与培训都有着十分重要的指导意义。

读波利亚的书，成了我们这一代数学研究者的"标配"。不只是做数学教育研究，就是一线教数学，也是要读波利亚的书的。波利亚一生著述颇丰，最为著名的是《怎样解题》《数学的发现》《数学与猜想》，这是他的数学教育研究与实践的结晶。

解题是数学的核心，许多学者在解题理论和解题训练，特别是创造性解题训练方面作出了贡献，其中最为突出的代表之一就是波利亚。波利亚提出，一个完整的解题过程一般包含四大步骤：弄清问题、拟订计划、实现计划、检验回顾。

借助波利亚的解题理论，可以培养学生良好的解题习惯，可以培养学生创造性思维，可以激发学生探索意识，可以开发学生的数学元认知，可以促进数学素质教育。波利亚的数学解题思想，试图引导学生逐步掌握解题过程的一般规律，这与传统的"刷题"是截然不同的。

基于波利亚的解题理论，我这样对学生说，对于一个欲探索的问题，可以从以下这些方面入手：从简单问题入手，从具体对象入手，从特殊情况入手，从问题反面入手，从观察联想入手，从创新构造入手，从形象直观入手，从情况分类入手，从直觉猜想入手，从问题转换入手……

波利亚的数学解题观还告诉我们：不但要学习论证推理，还要学习合情推理，以丰富人们的科学思想，提高辩证思维能力；解题教学要讲思考方法、思维路线，小到眼前怎样解题，大到如何做学问，怎样发现创造数学里的新命题……

波利亚的数学解题观，是我40余年数学解题教学的基石。

马丁·加德纳曾经这样说："唤醒学生的最好办法是向他们提供有吸引力的数学游戏、智力题、魔术、笑话、悖论、打油诗或那些呆板的教师认为无意义而避开的其他东西。"马丁的这句话，我是工作十年后才在一本书上读到的，当时我兴奋了好长一段时间，因为我的数学教学暗合了马丁的说法。从此，我就持续追踪这位美国数学家、数学教育家、数学游戏专家，追踪他的教育思想，追踪他的趣题趣事，追踪他的各类著作。

1957年，马丁在《科学美国人》杂志上开设了一个数学游戏专栏，这个专栏延续了四分之一个世纪，直到1981年才宣告结束。正是这个专栏奠定了马丁在趣味数学领域的地位。

无论是教书还是写书，我都一直选用马丁的趣题；我讲学时和观众互动的益智游戏，也多出自马丁的游戏设计；我的"品玩数学"教学主张，也因有了马丁的数学教育观而更坚定。

我一直收集和使用马丁的书，因为它们是"趣味数学"的宝库。

前些年，上海科技教育出版社出版了马丁《数学游戏全集》——《悖论与谬误》《迷宫与黄金分割》《幻方与折纸艺术》《火柴游戏与循环数》《算盘与多米诺骨牌》《剪纸与棋盘游戏》《椭圆与四色定理》《博弈论与纸牌游戏》《骰子与棋盘上的马》《幻星与超立方体》《沙漏与随机数》《分形与空当接龙》《孔明锁与矩阵博士》《纽结与出租车几何学》《跳棋游戏与非欧几何》。虽然一些内容在马丁的其他书籍中有过，我怕书架上的马丁书有缺漏，一见"全集"，第一时间购买。

前几年，我加入了"马丁科普主题交流群"，此群500人，以北京的专家为主。有此群，"数学趣玩"基本搞定！北京每年都有"中华世纪坛·马丁科普年会"，年会论坛的内容基本上是趣味数学方面的话题，如新研发的扑克游戏、新研发的益智游戏、数学文化引发的趣味问题、传统游戏的现代趣玩等。每年的论坛活动，都有开辟给青少年体验的数学益智游戏活动区，不少老师和家长带着孩子们来玩。

20世纪90年代，我在一次数学教育学术会议上，听到一位专家宣读论文时，多次提到荷兰数学教育家**弗赖登塔尔**，多次提到弗赖登塔尔的那本《作为教育任务的数学》的书。那时我是第一次听到这个数学教育家的名字，问了边上一位大学教数学教材教法的教授："弗赖登塔尔是谁？"教授"嘘"了一下，悄悄地说："以后，你不能这么大声地问这类问题，你参加数学教育学术会议，不知弗赖登塔尔，就显得'没文化'了。"

啊！你不多读书，你的提问可能就暴露出你"没文化"了！

受刺激的我，回龙岩后，就一头钻进了《作为教育任务的数学》的世界里。

一钻进去，我发现了数学教育的一个新天地：书中强调了数学教育的核心不仅仅是传授知识，更重要的是培养学生的逻辑思维、问题解决能力和创新精神。我这些年所践行的"教师要为思维而教""学生要为思维而学""数学教育不是塑造'知识人'，而应培育'思维人'""让课堂成为思维的乐园"等理念，多少与当年读这本书相关。

书中提到的"再创造"学习法，为我的学习科学研究开辟了新的研究领域。我探索的"数学再生作业"，就是"'再创造'学习法"的一个生动的实践案例。所谓"数学再生作业"，就是教师在批改作业的过程中，发现错误并不直接修改，而是通过符号、提示、质疑、重做、还原、强化、借鉴、另解、引申、论文等方法，暗示其错误或错误的性质，或给出探索方向，由学生自己动脑动手，找到正确的答案，总结解题规律和解决新的问题。

书中强调数学与现实生活的联系，通过解决实际问题来学习数学。我后来编著的《精彩数学就在身边》一书，就是写学生身边的数学，就是生活中的数学，生活因数学而更精彩。生活是美好的，数学是智慧的，以数学慧眼看生活，生活一定更精彩。

事实上，《作为教育任务的数学》为我们提供了一个全新的视角来看待数学教育，让我们深刻理解数学教育的真正价值和目的。我经常和数学教师这样说："当你不知怎么教数学时，就从弗赖登塔尔的《作为教育任务的数学》中寻找理念和方法吧！"

6. 数学教育新探之书

各个学科都有名家，教师对自己所教学科的名家是要有所知晓的，比如名师的姓名、所在单位、研究方向和出版著作，教师可以选择相关图书学习。名家大多是名师，读名家之书，就是向名师学习。"以名师为师，你就可能是下一个名师。"

名家著作怎么找？我的经验：一是关注学科刊物的新书简介，往往有内容说明和如何购买，个别书不一定能在网上买到，我有一本数学益智游戏方面的书就只能在出版社的微店里买到；二是关注学科丛书信息，比如科学出版社的"好玩的数学"丛书、上海科技教育出版社的"数学桥"丛书、上海教育出版社的"通俗数学名著译丛"；三是在当当网按"出版时间"搜书，一般一个月搜索一次，主要在教育类的"教育理论/教师用书"和科技类的"科普读物"或"数学"中搜，我每月都能搜到想要的书。

张远南先生是我国著名科普作家，是教学经验丰富的特级教师。他常听到一些学生抱怨数学无趣、乏味，于是他花费数年心血，或史海钩沉，或点石成金，将一个个与数学有关的故事讲得栩栩如生、引人入胜，让学生在不知不觉中感受到数学的神奇和魅力，并喜欢上数学。

我在20多年前，就在学术会议上见到张老师。他退休几年后，时任厦门一中校长的我，特意聘他为厦门一中"名师工作室"的名师，负责指导数学教学工作。

他几乎每天都听课，听完后还要和老师交流，探讨教学艺术。高三数学课每天都会有一份自编的练习，张老师有意不要答案，自己坚持题题必做。当时一提"不要给我答案"的老师，大家就知道是张远南。

2005 年，教育部印发了《普通高中数学课程标准》，其中选修系列 3、4 共由 16 个专题组成。这些专题是为数学有兴趣和希望进一步提高数学素养的学生而设置的，多数涉及高等数学知识。我到数学组参加教研活动，建议高中数学组的 32 位教师，每 2 人一组共同攻关 16 个专题中的 1 个专题，编写出该专题的讲座提纲，半年后交稿，成为这个专题的小专家。

我只要到数学组参加教研活动，就会提起这件事。半年过去了，我没有看到比较像样的讲座提纲。正当我想再次强调这项工作时，奇迹出现了：作为外聘的张老师原本没有"攻关"任务，他是旁听了我布置的任务，悄悄攻关，竟然在半年内攻下了全部 16 个专题，不，还多了 6 个！

张老师送来了 22 个专题的电子版书稿，有 60 多万字，550 多个图形，图文全部由张老师自己录制。由于书稿内容丰富，案例详实，文笔流畅，很适合中学教师和中学生阅读和学习，我建议这本书分上、下两册出版，取名《高中数学新课程拓展模块》。书出版后，读者拿到这套书时，个个赞叹不已！后来，张老师送我一套他的新作《函数和极限的故事》《概率和方程的故事》《图形和逻辑的故事》，共三本书。我还来不及读完这三本书时，张老师又送我一本数学新书《游戏：拍案称奇》。

张老师还出版了"给孩子的数学故事书"：《否定中的肯定》《偶然中的必然》《抽象中的形象》《无限中的有限》《未知中的已知》《变量中的常量》；出版了《给

孩子的数学游戏书》，分"逻辑思维篇""形象思维篇""创造思维篇"；翻译了《数学百宝箱》（"数学桥"丛书之一），《数学趣闻集锦》《数学娱乐问题》（"通俗数学名著译丛"）等书。

我曾经问过张远南老师，是什么让他有如此旺盛的学术青春。

张老师用略带南平口音的话说："归您。"我开始还以为张老师是感激我，急忙说："全凭您的勤奋与功力。"

我听错了，张老师说的是"归零"。他说："只有归零，才能腾出空间接纳新的东西。归零，让我们永远年轻，永远青春！"

我第一次读到**徐品方**老师的名字，应该是在《数学诗歌题解》一书上。

我从徐老师的书上，找到很多"诗歌题"，我觉得以诗歌形式编选的例题，情趣较浓。如在学习"勾股定理"之后，我选印度红莲花问题："平平湖水清可鉴，面上半尺生红莲；出泥不染亭亭立，忽被强风吹一边；渔人观看忙向前，花离原位二尺远；能算诸君请解题，湖水如何知深浅？"又如，在学习"圆"之后，我选这样一道题："白日依山尽，黄河入海流，欲穷千里目，更上一层楼。请问诗人欲穷千里之目，须登多高之楼？"这种"诗教"，学生感到新鲜有趣，听起来很舒坦，教学效果也就较好。

后来做数学研究，我又读到徐老师好几本书。我的论文涉及古代数学问题时，参考徐老师的《古算诗题探源》，书中将古诗译为白话，给出古今解法，纵横联想，巧妙引申，生动描写，引用书中趣题，为我论文增辉；我倡导"数学猜想教学法"，很自然地发现徐老师的《数学猜想与发现》，妙趣横生的猜想，曲折的数学发现，丰富了"猜想教学"的资源，让"猜想教学"有了更多案例支撑；我的"每课一趣"，备课的最后一个环节就是找趣题——明天"趣"什么？徐老师的《数学趣史》和《数学奇趣》，都是我的"寻趣"之源。

值得一提的是，2005年徐老师出版《女数学家传奇》，我从书上得知徐老师是1935年出生的人，那年徐老师70岁，我很敬佩！徐老师，研究者永远是年轻！

张景中院士多次来福建讲学，他不是讲深奥的数学，而是讲数学科普，讲数学教育。我在福州听过张院士讲《教育数学》，"教育数学"是对抗"去数学化"倾向的利器。张院士的观点非常新颖，比如他提出"以三角为突破口重建初等数学"，强调"重建三角，全局皆活"；又如他提出"微积分可以初等化"，即不用极限讲导数。

张院士认为，搞数学教育，碰到繁难就一删了之，那不是好的办法。研究教育数学，就是要使数学变得简单容易，而又不失严谨，把一些过去成年人感到困惑的问题，变得连孩子们也能够理解。

多好的"教育数学"！

和张景中教授在福州

这些年，在张院士的助推下，一批著名的数学专家为数学科普做了大量工作，出版了一批中小学师生喜闻乐见的好书。

比如，"院士数学讲座专辑"：《数学家的眼光》《数学杂谈》《帮你学数学》《从数学教育到教育数学》《数学与哲学》《漫话数学》《从√2谈起》，这几本都是张景中院士写的。

又如，张景中主编的"好玩的数学"丛书：《数学聊斋》《数学美拾趣》《幻方及其他》《数学演义》《趣味随机问题》《七巧板、九连环和华容道》《中国古算解趣》《乐在其中的数学》《不可思议的 e》《说不尽的 π》。每本书的封底都有一段张院士的话：数学的好玩之处，并不限于数学游戏。数学中有些极具实用意义的内容，包含了深刻的奥秘，发人深思，使人惊讶。

再如，张景中主编的"走进教育数学"丛书：《数学的神韵》《数学不了情》《微积分快餐》《走进教育数学》《数学解题策略》《情真意切话数学》《绕来绕去的向量法》《直来直去的微积分》《一线串通的初等数学》《几何新方法和新体系》《从数学竞赛到竞赛数学》。书的封底张院士这样说：……翻翻这风格不同且内容迥异的 11 本书，教育数学领域的现状历历在目。这是一个开放求新的园地，一个蓬勃发展的领域。在这里耕耘劳作的人们，想的是教育，做的是数学，为教育而研究数学，通过丰富发展数学而推进教育。

张院士还写了许多我没提到的数学科普书，我认为，张院士写的和他主编的书，数学教师不可不读。

7. 未来教育前瞻之书

　　未来教育正成为近年来教育界讨论的一个热点，人类正在从超越现代教育中走向未来教育。走向未来的教师，一定要为未来而学，关注未来学习，在转型与变革的创新学习中，成就未来的自己；未来，"书"就不再是纸质的，而是一个"信息流"；未来学习，就是为未来而"学"，为未来而"习"，就是为未来奠基。

　　这几年出版的涉及未来教育的书，我几乎是见一本买一本。因为，未来教育是我特别关注的研究点。

　　比如，"未来学校"系列可关注的研究点：未来学校的意蕴，未来学校的教师，未来学校的课程，未来学校的教学，未来学校的学习，未来学校的课堂，未来学校的评价，未来学校的管理，未来学校的文化，未来学校的家长……

　　又如，"未来教师"系列可关注的研究点：未来教师面临的挑战，未来教师的角色重塑，未来教师的核心素养，未来教育需要什么样的教师，未来教师发展之道，未来教师的当下使命，我们如何培养"未来在等待的人才"，人工智能可以替代未来教师吗……

　　再如，"未来教育"系列可关注的研究点：教育与未来，教育的未来与未来的教育，未来教育的发展趋势，未来教育的新样态，人工智能与未来教育，游戏化视域下的未来教育，何以理性预见未来教育，教育如何应对未来不确定性的挑战……

　　顾远、周贤合著了一本名为《教育3.0》的书，封面有这样一段话：中国教育创新先锋，清晰梳理教育发展历程，给这个时代所有关心教育的人，打开未来教育的全景图。

探索未来教育的我，能不"打开未来教育的全景图"去探视吗？这本书确实让我看见了教育的新范式，感受到时代之变对教育的新挑战，体会到教师要从"广播员"到"教育创变者"，学习了教育创变者的修炼之道，开启了应对挑战的可持续发展的精进路径。

唯有对未来教育发展趋势进行预判，才能让我们今天的行动，能成就未来教育所呼唤的理想的教育。

西西弗书店创始人薛野赞誉：顾远和周贤这对组合有全球视野，有现实的理解，有做事的觉悟，有理想的坚毅，有生活的丰盛，他们本身就示范了好的教育的样子。对所有想做教育创新的人来说，这是一本必读书。

这本"必读书"，我读了，对面向未来的教育创新有了新的感悟。

"从教育 1.0 到教育 3.0"启发我：面向未来的教育应该怎么教？"别用 20 世纪的方法，应对 21 世纪的挑战"点醒我：必须让创新成为教育的核心；"从广播员到教育创变者"让我深思：如何构建有活力的教育生态？"教育创变者如何开创可持续的模式"让我反思：我能成为学生原动力的发起者吗？

《未来的学校》是风靡全球的教育纪录片《为孩子重塑教育》的制片人及同书名作者**泰德·丁特史密斯**所著，这本书是在明远未来教育研究院举办的论坛上马骏校长送我的。

马骏是北京呼家楼小学校长，在 2016 年年初，呼家楼小学提出 PDC 原创教育理念，PDC 是项目（Project）、驱动（Drive）、生成（Create）三个英文单词的首字母缩写。学校构建了项目群实践育人系统，主要以项目的方式驱动学生学习的欲望和兴趣、实践和体验、思维和意识，帮助学生发展经验技能、情感素养和态度价值。《未来的学校》一书中讲的很多理念与他们的 PDC 追求非常吻合。

原以为未来教育还很遥远，原以为未来教育还在论道中，没想到呼家楼小学在现场上的关于为未来作好准备的课和视频里播放着的他们的活动，让我看到该书作者"为孩子搭建理想的学校"在中国落地的可行性。

论坛间隙，我再次细读这本书，书作者提醒我们：夹缝中喘息的传统学校，如果还是拘泥于过去不肯自拔的话，就可能没有"未来"，而正在不断塑造走向创新世界的学校，"未来"可期。

书中有非常多的来自美国50个州200所学校1000场论坛的精彩案例、活动场面。书作者和他的团队，积极探寻教育正在发生的"未来"，一幅未来学校图景在我的脑海里渐渐明晰起来。

具有预见未来的教育的当下行动，道路正确，其行必远。我们的学校既要有预见未来的能力，更要有面向未来的当下行动。

我在当当网上搜"未来教育"，发现上海进才中学东校**郑钢**校长写的《走向未来的教育》，这是一本洞悉未来教育和把握教育改革方向的广视角式书籍。这本书涉猎颇广，内容丰富，视角多元，观点新颖，主要以见闻、随笔、感悟的形式，介绍当今国内外教育热点和动态，教育发展趋势以及改革的热点，为我们展现了未来教育的图景，提供了可借鉴的教育实践启迪。

书中论了"四新"：教育新趋势，告诉我们如何培养未来人才；学习新视野，告诉我们如何探求学习的本质；课堂新视角，告诉我们如何塑造创新的教学；成长新路标，告诉我们如何实现高效的提升。

有了郑校长的"四新"观，我们的学校就要去营谋一种未来教育的文化，全校师生常怀未来之心；就要去探索一套适应未来的管理，激励师生更好地向未来；引领一支胜任未来的团队，让教师为未来赋新能。

"未来教育"前瞻的书，还有不少。比如《为未知而教，为未来而学》《培养面向未来的学习者》《教育学视角下的未来学校》《未来学习者的素养和教育》《基于核心素养、着眼未来的学习》《跨界学习：面向未来的教师专业发展新路向》《未来学校：重新定义教育》《走向学习中心》《未来阅读》等。

"未来"好书多，我要跟进读；套用"你不理财，财不理你"，我们似乎可以这样说"你不理'未来'，'未来'就不理你"；唯有洞见未来，方能路径清晰。

8. 杏坛新秀论教之书

近年来，一批年轻教师步入以专业阅读丰富自我，以专业反思提升自我，以专业写作成就自我的良性发展之道，尤其是他们的教育写作，唤醒了他们的生命成长，给了我许多新的启示。

我和**刘波**老师在厦门大学见过一面，那天他随宁波仁爱中学老师在厦大培训，听完我的课后刘老师主动来加微信。仅聊了几句，我就发现刘老师是一位非常有进取心、有奋斗精神的青年教师，没多久我就读到他的新著《教师成长力修炼》一书。

我在当当网搜书时，第一次发现"教师成长力"的提法，眼前一亮，细看作者是"刘波"，再看是宁波出版社出版的，这"刘波"一定是那位小我20岁、曾经在厦大见过一面的眼睛闪着光的小伙子。书一到，我就开始读了起来，读着读着突然发现刘老师把我也写了进去。他读了很多书，他读过我的《研究让教育更精彩》一书，在他写的《教师应增强研究意识》一节里，这样写道：我们教师应该要有强烈的研究意识，把教育教学工作自觉地纳入研究的轨道。任勇老师的研究经历告诉我们，学校中的研究领域是很广泛的，学校管理、班级管理、学科教学等方面的现实问题，都可以成为研究内容。

2022年，我的《教育教学的辩证之道》出版后不久，调到宁波市镇海区教科所的刘波老师就组织镇海教师共读我的这本书。刘老师邀请我在线上为镇海教师阅读活动讲《学习共同体的理想境界》，我讲完后，三位青年教师谈了他们读《教育教学的辩证之道》的感悟，我以作者的身份进行点评，充分肯定他们的做法是专业阅读准确的打开姿势。会后，他们出了《找准教育教学的"平衡点"》小册子，报道了这次活动，还汇编了共读活动的26篇优秀作品。

刘波老师还出版了《从新手到研究型教师：我的专业成长手记》《教师阅读力》《从零开始，做研究型教师》。我从这些书中挑些对我们有启发的句子，与读者分享：成长应成为教师的文化自觉；让学生喜欢自己的学科；成为有研究味的教师；在小课题中做出"大学问"；让"云"成为教师成长的隐形翅膀；以觉醒者的姿态走上研究之路；中小学教师应该理直气壮地做研究；做"草根研究"的践行者；课堂中有丰富的研究资源……

严育洪老师的书是怎么被我发现的，我一时想不起来。因为"全面发展，灵性生长，各造其极"是我当年带班的理念，一看到《让学生灵性成长》的书名，我肯定会研读的。不读不知道，一读吓一跳。年轻的严老师，写起书来已经"语很惊人"了！

不信，我挑这书的几句"惊人之语"：把学生"教死"，源自教师对教材地位的"死心"和"死信"；把学生"教死"，源自教师对自己地位的"死硬"和"死守"；不把学生"教死"，其一种含义是不把学生教苦；不把学生"教死"，另一种含义是不把学生教笨。

在《教育，你怎么了？》一书中，严育洪老师认为："真正的教育不是升学，而是成长，是幸福；真正的教育不是训练，而是生活，是创新；真正的教育不是管束，而是唤醒，是发现。"这也算是"惊人之语"吧？

我读过严育洪老师的多本书，几乎每本书都有他与众不同的思想，如《教育，你怎么了？》一书，目录中的 15 个带有问号的小标题，都是他的联系实际之思：教师向学生下跪，教育的无能？学生不懂礼数，到底该怪谁？"蹦跳"，为啥学生欢喜教师忧？学生的心，教师读懂了几分？教师，为啥要对学生说谎？教师犯错，会被学生笑话？"言传"与"身教"，教师都做好了？教师的辛苦，为何更多的是心苦？教师之责，让学生"好好"学习？学习的中心，一切绕着书本转？"你真棒"，激励学生的"万金油"？全课总结，食之无味的"鸡肋"？家庭作业，"有"与"没有"间的博弈？公开课，究竟为谁而教？常态课，该是怎样一种课？

我觉得一线青年教师可以多读一些严老师的书。他的书，没有太多的大道理，但多有他的教育情怀、他的辩证思探、他的诗意追求，多有理性的实践、深刻的寓意、工整的表达，多有生动的叙事、妙趣的案例、深度的反思。细细读之，干货满满，收获多多。

黄东坡老师的《发现诗意的数学》一书吸引了我，我对诗意教学有感想、有感悟，也有一些小研究。翻看这本书，我发现黄老师的数学教育理念——发现诗意的数学，既是他的教学主张的全景图，更是他的教育情怀的真实写照。

初读黄老师的这本书，感觉写得凌乱。时而写"大"，如"数学与哲学""文化视野下的数学学习"；时而写"小"，如"'7'彩世界"。也许正是这种"乱"，这种跨越，让我看到数学的博大精深，也悟出原来数学书还可以这样写。

再读下去，我发现书中有很多图片，读起来赏心悦目；书中有许多数学大师和大师的经典之语，读着读着就走进了数学历史和数学哲思。我似乎明白了编辑的推荐语："宏观中，大气磅礴；微观里，摄人心魄。"

黄老师的这本书，我读了好几遍。每读一遍，就让我把一辈子的数学积累重拾了一遍，重新深化了一次，又把原来的那个积累加厚了一层。读着读着，我忽然醒悟，原来书写得不乱，所有的图片，所有的式子，所有的文字，都指向"诗意"。

黄老师是那个发现"诗意数学"的人，不仅发现，还在他的数学教学中践行。我虽然没有见过黄老师，但从书的文字中，就可以想象黄老师的"诗意课堂"了。

黄老师说："一个精巧的证明，精神上近乎一首诗。"要是当年我做学生时，老师这样评价我的解题，我不知会乐成什么样；要是我当数学老师评价学生"精巧的证明"就是一首诗时，我相信我的学生面对繁难的数学问题一定会克服困难去写好那首"诗"。

第八章　论道名家皆良师

争取机会参加学术会议，我们就可以在学术会议中了解学术动态，进行教育争鸣，还可以在学术会议中获取新的知识。要参加某个学术会议，一般是要带着论文去，你不进行某项课题的深入研究是不行的，你还要进行实验，你不研究、不实验就没有发言权。参加学术会议，往往还可以聆听许多大师、专家、同行对这一问题所阐述的观点和发表的真知灼见，你会发现这样的学习观点新，现场感强，留下的印象也深刻。

　　还有一种学术活动，近年非常活跃，就是线上线下的教育论坛，即便是线下参会者，不必带论文就有机会听名家论道。当下的教育论坛，具有开放性、交互性、培训性、指向性等，教育论坛开辟出一条教师专业成长、共同进步的新途径。

　　我或作为论坛嘉宾，或现场聆听，或观看直播，每次活动都带给我新的感受。论坛总体是教育前沿，更多的是对未来教育的预判。关注论坛，融入论坛，追踪论坛，就能成就未来教育所呼唤的理想的教育。

　　一次精彩的论坛，往往内容丰富，耐人寻味，发人深省，给人以领悟和启迪，甚至"一听"就能铭记在心，终身受用无穷。一批批论道名家，往往是大先生、大专家，至少是良师。线下参会，我们就争取与名家积极对话、交流或论争；线上学习，我们就认真聆听，悉心领悟，记下重要思想观点，引发新的思考，写下收获心得。

　　每次论道，对我来说，都是一次与良师的智慧交融，都是一次教育视野的长进，都是一次教育观念的创新——思维碰撞激活"创"，思辨争锋产生"创"，和而不同催生"创"。

1. 宏观教育之论

　　宏观教育，是与国家社会发展密切相关的重大教育问题，如教育方针、教育目的、教育制度、教育规划、教育改革发展纲要、教育结构等。把握好宏观教育的走势，就把握住了教育的大方向。

　　我从教的一生，从某种角度来说，也是聆听着**顾明远**先生教育论道的一生。20世纪90年代，我从龙岩"冲"到厦门集美，听顾先生在中国教育学会的论坛上讲"新的技术革命与教育的现代化"；2000年，我在北师大学术讲坛上，听顾先生讲"为了未来的教育"；2002年，我在北京友谊宾馆参加国际"学习"大会，听顾先生讲"新学习：文化、技术、读写与人"；2006年，我在北师大厦门海沧附校，听顾先生讲"世界教育发展的启示"。

和中国教育学会会长顾明远教授在一起

近20年来，我在各种教育论坛上听到顾老的建言："时代呼唤着人文精神的回归""中国教育，不能忘记农村；中国教育，不能忘记西部""不要把学生分成三流九等""教育的本质是思维，培养思维的最好场所是课堂""教育家精神可以在每个教师身上体现出来""教育是不能讲竞争的""每个教师都能成为好教师"。

第三届吴玉章人文社会科学终身成就奖颁奖词这样说：

顾明远先生，从教逾一甲子，历任小学、中学及大学教师，奉行"没有爱就没有教育，没有兴趣就没有学习，教书育人在细微处，学生成长在活动中"之信条，桃李满天下，实为教育大家，却自号"教育老兵"；年逾八旬，胸襟达阔，思想鼎新……而今耄耋之年，仍踌躇满志，壮心未已，奔波于山隅海角，笔耕于月下灯前。学术无愧人师，德行堪为世范，乃新中国当之无愧的人民教育家。

给顾老这样的颁奖词，说出了教育人对顾老的心里话。

我和顾老有多次交往，顾老曾为我的五本书写过序言，一直勉励我持续发展。其中在《走向卓越，为什么不？》的序言里，他这样写："……任勇老师应该算得上是一名教育家，他当过老师、校长、教育局长，在长期的教育实践中，不仅积累了丰富的经验，而且领悟到教师成长的规律，提出了自己的教育理念……"

顾明远先生为我题字：觉者为师

说"教育家"真不敢当，我会一直向着教育家那方行走。顾老的人生信条："像松树一样做人，坚挺不拔；像小草一样学习，随处生根；像大海那样待人，容纳百川；像细雨那样做事，润物无声。"我永远铭记于心。

世纪之交前夕的一个拂晓，在姑苏滴石斋，**朱永新**老师写了一首诗——《教育的理想与理想的教育》，我读了这首激情澎湃、富有哲理的诗，极为震撼！原来教育的理想和理想的教育可以有这样诗意的表达。

朱老师的这首诗，我是在他的《我的教育理想》一书上看到的，这本书有哲学之味，有激情之感，有理性之思。

书的上篇"教育理想探寻"，写了"我心中的理想学校""我心中的理想教师""我心中的理想校长""我心中的理想学生""我心中的理想父母"等，用远大的教育理想迎接新世纪第一缕阳光；书的中篇"教育政策研究"，写了"教育现代化与人的现代化""创新教育与教育创新""中国教育发展的若干政策问题"等，理性的思考会使教育理想的火花更加灿烂；书的下篇"教育发展展望"，写了"世纪之交中国教育的回顾与前瞻""基础教育改革的十大趋势""21世纪中国课程改革的趋势"等，在把握未来教育的趋势中探寻教育理想。

世纪之交读了朱老师的这本书，我的精神更加昂扬，意志更加坚定，步伐更加有力！我怀揣着教育梦，用教育理想追求理想教育，以辩证之道行走在教育理想与现实的路上，积极寻找教育的"黄金分割点"。

我在线上线下听过朱老师许多演讲，其中宏观的演讲就有《教育变革：可能的未来》《创新教育才能创新未来》《教育的蜕变》《理想课堂的六个维度三重境界》《阅读是寻求梦想的必由之路》《让教室成为师生幸福的源泉》《新教育实验与素质教育》《中国教育缺什么》等。每次演讲他都激情四射、妙语连珠、灵感闪现，每次听讲完我就像打了一针强心剂一样，就像又储备好前行路上的干粮一样，乐颠颠地开启了新的教育探索。

朱老师主编的《中国著名特级教师教学思想录（二）》一书，收入了我的《让数学课堂"气"象万千》一文；朱老师主编的《扎根中国大地办教育：共和国70年教育70人文选》一书，选用了我的《教学设计的辩证法与教学实施的三境界》一文。我的论文，能入选朱老师主编的书，就是对我的激励。

我曾经寄给朱老师一本我的新作《玩出来的数学思维：任勇品玩数学108例》，朱老师在"朱永新教育观察"公众号上，以"友人赠书"点评了我的这本书，还上了"今日头条"：……任勇寄来他的签名版新著，这是一本很好玩的书……任勇坚定地认为，数学思维是可以玩出来的……作为民进之友，任勇先生还多次应邀参加过民进的支教活动，为贵州等地的农村教师传经送宝。这本书又是在我们民进的开明出版社出版，也是很有缘分的。

朱老师真是细心的性情中人，连我去贵州支教获评"民进之友"这件事，他都记得那么清楚。朱老师啊，您放心，我永远是民进之友。

在北师大的"遵义论道"上，我聆听了**方华**的《教育就是给别人更多的可能》的演讲，一看讲题，我就被吸引住了。方华当时是弋阳二中的校长。他演讲的许多观点，我至今还印象深刻。比如，"教育是什么？教育是教己育人"。又如，"教育追求什么？功利、功劳还是功德？"再如，"区域教育一定要有行动规划，唯有洞察教育生态，方能重构现实图景"。

话语不长，句句在理。

为了更全面地了解方华，我在当当网上搜到了他的著作《做有温度的教育》，购之速读。编辑推荐语如下：

本书凝聚了作者20多年来对教育问题的独到思考，其思想性、现实性、可操作性都很强，是"做"出来的，是真正的"做"而论道，对当前基础教育改革有很好的借鉴意义。

是的，是的，他的"文"，他的"论"，所说的都是他"做"出来的。

后来，方华担任过弋阳县教体局局长，方局长在教育论坛上很活跃，其"论"颇多。涉及区域教育的论题有：办好教育需要"静"下来；做个懂行局长；管理与教育的错位等。涉及课程课堂的论题有：管理者要参与和研究课堂；有"闹"未必真互动；给学生恰到好处的帮助等。涉及学校发展的论题有：学校是什么；一贯制学校的灵魂——"贯"；教师不减负，有价值的教育就难以实现等。涉及教育评价的论题有：关于教育评价科学性的思考；评价是"管"更是"帮";评价指标应该加点料等。

　　方华的"论",他说是"方话",与时代教育共鸣,破当下教育难题,接一线教学地气。我会持续关注他的"新论",这样,我也就会持续"论新"——论出新的有价值的教育之道。

2. 核心素养之论

核心素养的提出，引发学校变革，引发教师专业发展变革，引发课程变革，引发教材变革，引发课堂变革，引发学生学习方式变革，引发考试变革。

面对诸多变革，我们怎么应对？听听专家怎么说。

在北师大核心素养论坛上，我听到**林崇德**教授的一个演讲《从核心素养到学生的智能培养》，林教授首先回答了教育要"培养什么人、怎样培养人"这一重大问题。他介绍了中国学生发展核心素养研究课题组通过核心素养的教育政策研究、国际比较研究、传统文化分析、课标分析以及实证调查等支撑性研究，建构了三大领域六个指标的中国学生核心素养体系总框架。

我对核心素养的研究背景，有了更全面和深刻的认识。

林教授又回答了"核心素养的核心"问题，他从"教学的着重点在于发展学生的智能"谈起。他说："智能就是智力和能力的总称，而不管智力还是能力，其核心成分是思维，在中小学教学中所说的智能，主要是指思维能力。"林教授特别强调："思维是智能的核心！"

我明白了：核心素养的核心是思维能力。基于这种认识，我所倡导的"为思维而教"，又多了一个坚实的理论基石。于是，我就可以这样说，思维教育应是一种符合人的成长规律的必然选择的教育，是一种可积极探寻的理想的教育。于是，我也更有自信地这样说，思维教育，是教育的新领域，是学校的新内涵，是教学的新标准，是育人的新高度。

2012 年，我在北师大参加一个心理教育方面的培训，林教授上午给我们讲座时，我择机送上我当时的新作《为发展而教育》。林教授一看书名，就说："书名好，书名好，心理教育的主要任务就是'发展性'。""为发展而教育"是厦门一中的办学理念，有了林教授从心理学的角度加以肯定，我们就更有信心持续做下去。那天下午，林教授在隔壁班讲课，特地到我们班找到我，送我一本他的新著《智力发展与数学学习》，他说："来而无往非礼也，你是数学老师，我送你这本书。"

一个大教授，还惦记着我这个"小字辈"的赠书，和我有来有往；一个著名心理学家，还研究了数学学习。林教授，让我感动，让我惊叹！

说到"核心素养"，我觉得除了关注北师大的林崇德教授外，还要关注华东师范大学的**钟启泉**教授。钟教授有很多核心素养方面的论道，我也是在第一时间聆听的。

中国学生核心素养公布后引发学术界思考一个问题："核心素养的核心是什么？"林崇德教授在一次论坛上，明确指出："在核心素养的文化基础方面有两个问题，一个是人文底蕴，一个是科学精神。人文底蕴与科学精神是核心素养中的两大素养。它的关键是思维教学。"钟启泉教授认为："核心素养是指学生借助学校教育所形成的解决问题的素养与能力，是学生适应终身发展与社会发展需要的必备品格和关键能力。培养学生的思维素养是核心素养的核心。"

又一位大牌专家认为，思维素养是核心素养的核心！我所践行的"为思维而教"的理论基石更牢了。

钟教授在《核心素养是课程发展的DNA》演讲中指出，学校改革的核心环节是课程改革，课程改革的核心环节是课堂改革，课堂改革的核心环节是教师专业发展——这就是"内涵发展"的内涵。

这启发我：发展教师，是学校的第一要务；有好的教师，就有好的内涵发展；唯有为教师不断赋能，核心素养才能真正落地。

钟教授写了本《核心素养十讲》，你看一眼目录，就会想要走进核心素养的大世界。具体目录是：为了公平而优质的教育；核心素养的整体模型研究；核心素养与新型教学模式；关注育人价值的课堂转型；根治"应试教育"的顽疾；学校改革的困惑与挑战；新世纪学校课程的创造；教育评价的演进与课题；教学流程与教学行为；促进教师作为专家的成长。

和钟启泉教授在华东师大

　　李镇西这个名字，应该是我在刊物上读到他的教育随笔时看到的，他把普通的教育现象看得很透。2007 年，在澳门濠江中学 75 周年校庆活动中，李老师和我各作了一个报告。李老师那天讲了什么，我记不清楚了，但我记住了他说他每天可以写下几千字的文章。我原以为自己很能写，不比不知道，一比吓一跳，人家李老师才算很能写！

和李镇西老师在厦门

　　后来，我就关注这个"李镇西"老师，读他的文章和书籍，收看他的论道视频。我发现，李老师不仅很能写，还很敢说——说教育的本真本原，说理想的教育，说教育存在的问题……我最喜欢读李老师的很敢说之文，他说出了大家想说而又不知怎么说的问题，批判了教育实践中的那些反教育的现象。

李老师在《自己培养自己》一书的《名师是"打造"出来的吗？》中指出：我之所以反对"打造"，就是因为这两个字意味着迫不及待的速成和急功近利的浮躁……既然如此，那么作为年轻教师，就不要寄希望于别人的"打造"，而应该有"自己培养自己"的信念、行动和毅力。

在中国教育三十人论坛上，他说：教育，可否暂停"改革"与"创新"，让学校休养生息？他说：教师节不是"优秀教师节"，也不是"教育教师节"！他还说：我们是否正在兢兢业业地摧毁着孩子的幸福与创造力？

我还喜欢搜集李老师的教育金句，细品之下，我的教育视野开阔了，我对教育的理解深刻了，我思考教育问题的格局也大了。我挑选几条，与大家分享。

——教育的方向，就是心之所向。

——教师的解放与超越：让自己有一颗干净、纯净的教育心。

——不靠"摸底考试"来"制服"学生的教育，才是好教育。

——让教师获得分数以外的尊严与幸福。

——教育不是拿给别人欣赏的。

——凭什么不让孩子在校园"高声喧哗""追逐打闹"？

——不读行知，何以为师？

3. 课程改革之论

　　课改一直在进行，向着纵深发展。课改进入快车道，如果不在课程上创新，不在课堂上突破，不在质量上提升，那么教育发展都是空的、假的。在课改的"胶着期"，我们何去何从？此时，听听课改专家的意见，就尤为重要。

　　在中国教育科学研究院主办的"益智课堂教学与学生思考力培养"观摩研讨会上，听了**傅国亮**先生的一个讲座《课程改革的核心是改变学生的思维方式》。他是这样推理的：课程改革的核心是改变教师的教学方式，教师教学方式改变的核心是改变学生的学习方式，学生学习方式改变的核心是改变学生的思维方式。

　　啊，又见"思维"，思维方式是重要的思维素养。听了傅先生的推理，我想补上一句："思维是可以玩出来的！"

　　傅国亮，教育部国家督学，曾任教育部基础教育司副司长和《人民教育》杂志总编，中国家庭教育学会副会长。我在多个论坛上听过傅先生的论道，他演讲声音不大却内涵深刻，娓娓道来多有真知灼见。

　　《人民教育》杂志创刊 55 周年之际，没有搞庆典活动，没有举办座谈会，而是出版了一套（六册）体现"注重思想含量"办刊理念的丛书，我在《人民教育》上发表的《足与不足》入选《与名师为友》一书。傅先生为这套丛书写了《分享思想》的总序，序言中他这样说：……（编辑丛书）目的在于与广大教师分享书中的教育思想、教育智慧和人生哲理，改变思想即可改变人生。

　　分享思想！真好！

　　我是《与名师为友》的作者之一，我的教育人生可以供读者参考；我更是这本书的忠实读者，因为书中还有 35 位"名师人生"值得我终身学习。

和傅国亮总编辑在一起

近年的讲课中，我经常这样说，研究课程，一定要关注**杨四耕**和他的团队。

杨四耕，任职上海市教育科学研究院，在学校教育哲学、学校整体课程规划、特色课程群以及高效教学经验等方面有独特的造诣，提出了"教学诠释学"，创立了"一页纸教学法"，倡导"瀑布式课程改革"，是国内最早从课程角度研究学校变革的学者之一。

你在网上搜一下"杨四耕"，会发现他的很多演讲，讲题多和"课程"有关。你看，有《杨四耕：学校文化与课程变革》《杨四耕：聚焦高质量发展的课程变革》《杨四耕：构建课程改革的 T 态模型》《杨四耕：学科课程建设的五个维度》《杨四耕：以学习为中心的课程设计》。

杨老师自己写了不少书，更让我敬佩的是他主编了好几套丛书，如"变革课程领导丛书""学校文化变革丛书""特色学校聚焦丛书""课堂教学转型丛书""学校课程深度变革丛书""品质课程丛书""学校课程发展精品丛书"。实话实说，我追着读他的丛书的速度，赶不上他和他的团队出版丛书的速度。

展开一下，如"品质课程丛书"：《活跃的课程图景》《课程群：学习的深度聚焦》《突破大杂烩：有逻辑的学校课程变革》《嵌入式课程：特色课程的路径与方略》《课程情愫：学校课程发展的另类维度》；又如"学校课程深度变革丛书"：《进入学科深处的六个秘密》《新美课程：演绎生命之诗》《跨界学习：学校课程变革的新取向》《聚焦学习的课程评估：L–ADDER课程评估工具与应用》《以学习为中心的课程实施》《MY课程：叩响儿童心灵》《课程实施的10种模式》；再如"变革课程领导丛书"：《创造自己的高效教学经验》《磁性课程：当文化与儿童相遇》《涟漪式课程：逻辑与路径》《"更儿童"的课程：阶梯式课程的深度推进》《大拇指课程：沉思与生长》《新田园课程：情愫与文化》。

研究课程的人，读这几套丛书，听杨老师论道，你就有了品质课程图景，你就有了你的课程理解，你就可以将本校课程引入高境。

其实，杨老师的课堂研究也很深刻，他的"课堂是一种态度"的提法就很新颖。他认为：课堂，是守望幸福的地方，是眷注生命的地方，是善解人意的地方，是与美相遇的地方，是春暖花开的地方，是凝视梦想的地方，是酝酿牵挂的地方，是释放心灵的地方，是点燃激情的地方，是静待花开的地方，是智慧碰撞的地方……

多么好的"地方"！这就是课堂的诗和远方，这就是我们追求的理想的课堂！

新课程改革一开始，**崔允漷**这个名字，我就知道了。他在教育刊物上发表了很多关于课改的文章，出版了多本课改著作，在多个论坛上问道课改。印象很深的是，崔允漷教授名字中的"漷"怎么读？查了字典，有三个读音，读［huǒ］是村镇名，读［kuò］是古称的河名，读［huò］是"水势相激貌"之义。我猜是第三个，我一直没有见到崔教授本人，别人告诉我，我猜的是对的。

"新课改之路怎么走？你去听听崔教授怎么说？"这是我省一位教研员私下告诉我的。

我读崔教授的《基于课程标准的教学：历史考察与现实追问》《进一步推进课程改革的政策建议》《怎样认识学校课程规划》等论文，初识课改；我读崔教授的《要避免校本课程开发在实践中走入误区》《校本课程旨在让学生"活得精彩"》等论文，对校本课程有了更深刻更全面的了解；我读崔教授的《教研员即专业的课程领导者》《教师需要的课程知识》等论文，悟出教师和教研员要有新课程观和课程的责任担当。

崔教授的论道，一展开、一细化就是他的一本新著。2000年，时任厦门双十中学副校长的我，是读着崔教授的《校本课程开发：理论与实践》一书，开启了学校课程建设的；2004 年，时任厦门一中校长的我，是读着崔教授"普通高中研究性学习案例研究丛书"，深化了学校研究性学习活动的；2008 年，时任厦门市教育局副局长的我，是读着崔教授的《新课程的理念与创新——师范生读本》一书，推进厦门新课改工作的。

崔教授的论道，论的基本上与课程有关，比如《基础教育如何为历史转型、民族复兴和教育强国提供强有力的课程支撑》《新课程背景下的新教学"新"在哪里》《学科课程何以育人》等演讲。

最近我又读了崔教授的新著《新课程关键词》，他所选的关键词，一是新课程的重要概念，如核心素养、跨学科主题学习、学科实践、学业质量标准等；二是新课程倡导的关键观念，如大单元教学、项目化学习、教学评一致性等；三是广为人知但需要澄清或有新的发展的观念，如因材施教、过程评价等。

深悟新改革关键词，我们就能踏实地走向更好的课改。

4. 学校发展之论

　　学校发展何以渐入佳境？涉及学校管理、学校文化、发展路径、管理取向、品牌经营、学校变革等，许多学校在探索、在突围、在引领潮流，向优秀学校学习，就能逼近佳境。

　　认识人大附中**刘彭芝**校长，至少有 30 年。那时我们都在开办数学实验班，都在为培养数学拔尖人才而努力。2004 年，刘校长的《人生为一大事来》一出版，我就在出差时买了一本，回到厦门后刘校长送我的这本书也同时寄到。中国教育处在发展的关键时期，中国校长处在机遇与挑战之机，有这样的好书供学习借鉴，真是一大喜事。我家里放一本，学校放一本，"双管齐下"，交替地读，出差时也带上一本，有空就读。

　　当我读完最后一页时，我被深深地震撼了。书中记载的每一件大事小事，实现起来是何等的不容易；学校发展的每一个阶段，都是刘校长心血付出的结果。

　　这是中国名校发展的缩影，这是人大附中跨越发展的写照。附中人是大写的人，附中的领跑人刘彭芝校长更是大写的人。

　　我参加过"刘彭芝教育思想研讨会"，会上她作了《我的教育观》的演讲，强调"中国应该建设世界一流的中学"，这是人大附中要追求的大事。

　　她是大师。创办人大附中第一个实验班，取得了令人惊叹的成绩：全班 40 人全考进重点大学，其中 15 人进入清华大学，15 人进入北京大学，获国际奖牌两块（数学、计算机），实属不易。

　　她有大爱。人大附中的学生说："您几乎把全部的心血和精力都放在了我们的身上；每一名同学都能时刻感受到您无微不至的关怀和母亲般的呵护。""我谨代表您所有的孩子道一声：谢谢您，刘校长。谢谢您，刘妈妈！"（任远，《我的心里话》，选自《刘彭芝教育思想研究》一书，下同。）

她有大德。刘校长常说："担大任者，须有大德。"她的"记人之功，容人之过，用人之长"是大德；她的"诚心赢得诚心"是大德；她的"带着爱心工作，带着激情工作"是大德；听她说到"是龙就得让他腾，是虎就得让他跃"时，你能不激动、不腾跃吗？

她有大智。创新，是时代的需求，是刘校长大智的体现。文章《中学有了博士群》《到科学研究的前沿去》《世界是我们的教科书》，是创新；《开辟超常教育的绿色通道上》《给学生一片自由放飞的天空》《创造教育燃烧起智慧之火》，是创新。

她很大气。刘校长具有大将风度，站得高，看得远，想得深，抓得准。

在刘彭芝校长教育思想研讨会上发言

看得远，她用两个眼光来审视人大附中。"一个是世界的眼光，一个是历史的眼光。""历史的眼光是知己，世界的眼光是知彼；历史的眼光发现经度，世界的眼光发现纬度。"刘校长看到了世界一流名校，附中人向着世界一流名校的既定目标高速前进。

站得高，她提出了人大附中新的发展目标：把人大附中办成一所国内领先，国际一流的世界名校。领跑人向着这个目标一路奔去，附中人自觉行动走向辉煌。

想得深，她认为名师是名校的中坚力量，"聚天下英才，创附中伟业"，"名师工程"是学校十大工程的重中之重。想得深，还体现在附中人的让现代教育技术成为助跑器。

抓得准，她看准时机，该出手时再出手，谋事在众，决断在己；刘彭芝当校长的最大体会是：做什么比怎么做更重要，干正确的事比正确地干事更重要。

大师刘彭芝用大爱、大德、大智、大气托起她的人生之大事；托起了明天的太阳——她所热爱的学生；托起了一所中华名校——人大附中；也将托起一所世界名校——走向世界、走向未来、走向现代化的人大附中。

我和**李希贵**校长有过多次交流，我们一同教育论道，我们一同参加课改大会，我们一同参加校长读书论坛。在2014校长读书论坛暨中国教育报2013年度推动读书十大人物揭晓仪式上，我获得"十大人物"称号，巧的是我的获奖证书是上届获此称号的李校长亲手颁给我的。

颁奖后，李校长就为参会者演讲《读书，和未来的自己对话——企业管理书籍带给我的》，我一看主标题就觉得很有深意了，再看副标题就吃了一惊：李校长是语文特级教师，肯定读了不少文学类的书；李校长作为教育者，也一定读了很多教育类的书；自称对李校长挺熟的我，竟然不知道李校长还读企业管理的书。

他说，玛丽·凯的《掌握人性的管理》这本书，开启了他的企业管理读书生活；曼昆的《经济学原理》告诉他，要防止路径依赖；胡佛的《愿景》和詹姆斯的《领导力》告诉他，要从管理走向领导；德鲁克的《卓有成效的管理者》和明茨伯格的《明茨伯格管理进行时》提醒他，组织结构改变的意义；帕门特的《关键绩效指标》和路长全的《软战争》认为，战略重要，战略分解同样重要……

难怪李校长有那么多的创意！原来跨界学习作为一种全新的学习方式，通过向外界学习，得到多元素的交叉；通过理性与感性的交叉、今天与未来的交叉、教育领域与其他领域的交叉，得到创新点子。

我们可以从李校长出版的多本书的书名中，感受到这种创意。

他的《学生第二》告诉我们：关注学生，应该从关注教师开始；当学校把教师放在第一位的时候，教师也会把学生放在第一位。

他的《学生第一》试图创造一个真正属于孩子们的学校，给他们搭建舞台，提供空间，创造条件。开学护照、校园公司、名师大讲堂、学校纪念日、学科博物馆……创意不断、精彩纷呈。

《学生第一》《学生第二》这两个似乎有矛盾的书名，其实都指向"学生第一"。

他的《新学校十讲》指出"新学校"就是学生快乐、教师幸福、社会满意的学校。书中引用了大量案例，直观地呈现了"新学校"为师生自由选择、自主发展而搭建多样化平台，并将一些企业管理工具运用到学校的自我诊断与改造中，给教育管理者和教师发展提供了新视角和借鉴样本。

他的《面向个体的教育》是他教育随笔的结集，围绕学校管理展开，简洁而系统地阐述北京十一学校的改革理念与策略。他的《为了自由呼吸的教育》告诉我们，教育本来挺简单，只是我们人为地把它搞复杂了，把孩子们当作活生生的人来看待，让校园里充满民主、平等的氛围，让老师、学生在校园里自由呼吸，教育就不会有多少问题；《学校转型》《学校如何运转》《学校制度改进》这几本书都是他30余年管理实践智慧集成之作，也是他在管理学领域深入探索的又一里程碑式成果。

和李希贵校长在一起

我见到**刘可钦**校长，是在2006年"教育家成长丛书"座谈会上。座谈会由北师大出版社主办，教育部部长和副部长、北师大书记和校长、丛书编者和作者等参加会议，足见这个座谈会规格之高。那时我们都是丛书的第一批作者，刘老师写《刘可钦与主体教育》，我写《任勇与数学学习指导》。

其实，我很早就知道刘可钦老师了。她曾经是河南省安阳市人民大道小学的数学教师，她是孩子们喜爱的数学教师，她的主体性发展实验研究颇有成效，我在多个教育刊物和"教育频道"的电视节目里学习了她的教育成果，我在讲座中多次赞赏这位教师专业成长的典范。

2005年，她调任北京海淀区中关村第四小学当校长，是一位勇于探索的研究型校长。

刘校长的《教育其实很美》，我一看书名就觉得新颖，一下子买了好几本，送给校长朋友。这本书是刘可钦校长的教育随笔集，通过一个个具体、鲜活的案例，阐述了她关于教育教学、教师发展、学生成长和学校文化的系统思考，集中于一点，那就是：教育是美的！发现并彰显教育之美，既是她的治校之道，也是她教育思想的集中体现。

如何对待特色学校，她这样论道：对于特色的追求，我们还是要肯定它的积极意义。但是，用"某某教育"诠释一所学校的特色，解读这所学校的个性，无论多么有特点，都应该符合三个维度的考量：一是尊重儿童的特点，二是尊重教育的规律，三是要体现这个词汇背后蕴含的核心价值观的办学实践表达。

不要为特色而特色！

后来刘校长到了中关村三小当校长了，三小又火了起来。你看，她的《大家三小：一所学校的变革和超越》，让我们看到：三小，借助新校区的建设，以空间变革为支点、以教与学的变革为先导，系统设计学校的价值体系，创新班组群教育组织形式，构建生态大课程实践体系，创建以学校为中心的教育共同体，全面开启了"面向未来，重塑学校"的创新实践。

大家三小，比肩同行，共创新时代好学校！

5. 校长成长之论

校长成长与学校发展相互支撑、相互影响、相辅相成。理想的状态是校长成长与学校发展共赢，而最终受益的是教育事业和学校师生。校长成长可以更好地促进学校发展，学校发展可以更好地促进校长成长；校长成长引领学校发展，学校发展为校长成长搭建平台。

校长如何更好地成长？听听论道专家怎么说。

我在担任副校长期间，就读过**窦桂梅**的一篇好文章。《学校管理的艺术》一书中有当时作为副校长的窦桂梅的《副校长的修炼之道》一文，我是拿着红笔，读了画线、画圈，读了又读，不知读了多少遍。

先圈小标题：定位、到位，不越位；听从、服从，不盲从；建功、立功，不居功。

我觉得所有副校长，都要把这三个小标题铭记于心，不做"唯权论者"，而要做"唯发展论者"。

次圈"题头语"：学校的运行就像是一盘中国象棋，帅有帅规，卒有卒威；车马将士相炮兵各有其用，不可偏废，否则将会一败涂地！

说得好！她把学校运行中的"位"形象地表达了出来，"在其位谋其政"，不，还要谋好其政。

再画"金句"：副校长要时时提醒自己，对于管理，自己既非主管又非主办，要支持，坚决不主持；副校长呈现给校长的不应该是问答题，而应该是选择题；副校长不应吹毛求疵，而要从人与人的权力视野中消失，在人与制度的权衡中出现；副校长要上与校长，下与教师达到"莫逆于心"，创造良好的工作环境。

"修炼之道"让窦桂梅副校长后来成了清华附小的校长。我多次在校长任职班（多为副校长）讲课时，建议大家读一读窦桂梅的这篇文章。

作为校长的窦桂梅，提出"1+X课程"的整体建构，"1"是优化整合后的国家基础性课程，"X"指实现个性发展的特色化课程，把国家基础课程和本校特色课程进行有效整合。这个"1+X课程"对当时全国推广课改影响很大，把大家对课程理解的思路打开了。

每听窦校长论道，我都会有新的收获和感悟："小学语文主题教学"，这是她的教学主张；"为生命奠基：语文教改的三个超越"，这三个超越（超越教材、超越教师、超越课堂）对我的数学教改启发很大；"儿童立场的课堂变革"，就是更高层次的课堂重建；"成志教育：为聪慧高尚的人生奠基"，这是学校办学理念的深刻凝练……

因为都是数学教师，因为都带奥数班，所以我很早就知道上海的**唐盛昌**老师。之所以说"上海的"，是因为他从上海延安中学毕业后考上上海师范大学，1962年分配到上海晋元中学当老师。因为书教得很好，成了一方名师，1984年没有中层经历的他被提拔为上海曹杨二中副校长，四年后他成了上海中学的校长，在"上中"他一干就是24年。他70岁退休时，那期《上海教育》封面是他的照片，还有"唐时代"三个醒目的大字。

我在华东师范大学校长班培训时，华东师范大学组织我们参观上海中学，我非常兴奋，第一次见到了唐校长。听上海的校长说，唐校长多才多艺，很有音乐素养，可以在上海大剧院演奏；很有语言素养，会翻译纯数学专著，可以和外国友人直接交流；很有数学素养，这是他的专业，上海中学的数学奥赛，就是在他的带领下，延续至今，长盛不衰！

在我心目中，中国名校长，"北有刘彭芝，南有唐盛昌"。很巧，他们都教数学，他们都带奥数班，他们都要让学校向世界一流学校迈进，他们都是"中国当代教育家丛书"的作者，他们都70岁退休，他们都"退而不休"，忙着教育之事。

我的《为发展而教育》也有幸入选"中国当代教育家丛书"，写书前出版社寄来唐校长的样书《终生的准备与超越》，从书名就可以看出唐校长的教育情怀。我是读着唐校长成长的故事，写出自己的成长故事的。读一本书，就读了一个人的精神世界，就读了一个人的教育境界。

唐校长在书中提出这样一些问题：为什么有些名师成为校长后，不但在教学业务上有所发展，而且在学校管理上也能有所建树？为什么有些名师成为校长后却不能驾驭学校发展的全局？名师的教学业务到底为其成为一名好校长起到哪些作用？这些问题，似乎留有许多思考的空间。

唐校长在书中，没有直接回答这个问题。这些问题，是非常有思考价值的问题！

在一次校长论坛上，唐校长演讲《校长：教育思想的践行者》，对我启发很大。一线教师的教育思想，影响几个班或一个学科；教育局长的教育思想，面对一个区域，相对难以落地；而校长的教育思想，兼具地域性、文化性、针对性、适切性、灵活性、探究性，在一所学校是容易落地的。

我在给校长们作讲座时，多次引用唐校长的"校长：教育思想的践行者"这句话；也多次提醒校长们记住苏霍姆林斯基的那句名言："校长对学校的领导，首先是教育思想的领导，其次才是行政领导。"

2000 年，北师大组织我们"国培"学员到北京五中参观学习，我们听了北京五中**吴昌顺**校长的演讲。说到教师角色定位时，吴校长说了几条，其中"教师应成为学生的心理保健医"这条我记得特别牢，因为我第一次听到"保健医"，之前听的是"保健医生"。

听吴校长演讲，是一种享受，他才华横溢、激情四射，用浑厚的京腔铿锵有力、带有韵律地道来，他的演讲也印证了北京五中的"精气神"文化。

2005 年，全国非智力因素研究会在北京五中召开，我应邀参会并讲学。提前到校的我，走进吴校长办公室时，着实吃了一惊，窄小的办公室到处都是书，办公桌前只能放下两张椅子，第三人要去找他，只能在校长室门口等一会儿。我们几位参会者，就是站在门口面带惊色地向吴校长打了个招呼后就直奔会场了。

我在厦门一中的校长办公室，虽也小，但好歹能在前面放两张，侧面放两张，共放四张椅子。如果我的办公室是"书的世界"，那吴校长的办公室就是

"书的宇宙"了。望着台上大声发言的吴校长，我再次对这位"京派名校长"心生敬意。

吴校长对"校长"有自己的见解，他认为：校长校长，一校之长；校长是学校的灵魂；一个好校长就是一所好学校；校长应该成为教师的"教师"；事业第一，专业第二，职业第三；校长要有时代的眼光、社会的良知，要有正确的理念、独到的见解，要有坚韧的品格、广阔的胸怀。

我是听着吴校长的校长之道学做校长的。吴校长主编《今日做校长》一书，向我约稿。我想这书一定有很多名校长或专家的真经，我写一篇，就能分享多篇，何乐不为？我很快就写成《不断超越自我》一文，论及：新的目标——超越自我的方向；新的学习——超越自我的基础；新的研究——超越自我的追求；新的岗位——超越自我的挑战；新的形式——超越自我的客观要求。

新书一到，我立即读了起来，学习今天如何当校长。谁的文章入选了呢？我列几个：刘彭芝、李烈、李金初、林福智、王志坚、卢志文、陈如平、梅汝莉、郭涵、顾泠沅、吕达、陶西平、杨咏梅、毛亚庆、翟博……

我就是站在这些名家的肩上成长和发展起来的。

6. 教师生长之论

　　有好的教师，才有好的教育；谁赢得教师，谁就赢得未来。清华大学梅贻琦老校长有一句名言："所谓大学者，非谓有大楼之谓也，有大师之谓也。"

　　教师如何更好地成长，听听名家之论，我们得到高人点悟，就能跟对脚步，就能少走弯路。

　　很早就知道**魏书生**老师的大名，很早就读了魏老师的书，很早就很想有机会听一场魏老师的报告，没想到第一次见到魏老师是从"救场"开始的。"救场"的故事，我在前面的第六章中说过。

　　打那以后，我和魏老师有过多次接触。在西安，我们都为中国学习学研究会讲学；在乐山，我们在一起评审一个全国性的课题；在上海，我们一起出席中国教育学会年会；在厦门，我代表市教育局主持了魏老师的多场讲学活动。

　　每次和魏老师在一起，每次听魏老师讲课或讲座，我的心灵都会受到震撼。他把学习的权利交给学生，把宁静的心情交给老师，把公平的教育交给人民；他的"多改变自我，少埋怨环境"；他的"让我们用一颗平常心，守住心灵的宁静，建设自己的精神家园"，都给我留下深深的印象。

　　1995年暑期，魏老师和我一同到鹰潭讲学，魏老师讲语文，我讲数学，我们同住一屋。那天下午，鹰潭奇热，地面温度40°以上，鹰潭方面派车来接我们，魏老师穿着西装，我穿着短袖T恤，魏老师对我说："任勇，我们别坐车了，在马路中间走怎么样？"我比魏老师年轻，又穿得少，怎能拒绝呢？我硬着头皮，和魏老师在无人行走的晒出油的沥青马路中间走，走到会场时我已经汗流浃背，而魏老师却能"控制"不出汗！会场没有空调，魏老师幽默地说："男教师，不介意的话，就把外衣脱了。"整个会场就只有一台电扇，魏老师又笑着说："电扇就给任老师用吧，你们看，他快成'水人'了。"

魏老师讲学完的那个晚上，许多听讲的老师来到我们房间，请魏老师签名，魏老师不仅签字，而且个个认真签。老师们离去时，魏老师让我先用洗手间，说他要先给鹰潭市教育局题写字，晚上 9:00 之后洗手间归他用。后来，我看书看着看着就睡着了，也不知睡了多久，张开眼时发现魏老师还在写东西，就问魏老师这么迟了还在写什么，魏老师说写"道德长跑"。原来，魏老师每天都要写日记，他称写日记为"道德长跑"。

望着魏老师瘦小而硬朗的身子，我又一次震撼了，深悟"坚持"是要有毅力的。

第二年春节，我收到魏老师寄来的贺卡，贺卡上有这样一句话："敬业乐业，静能生慧。"这张贺卡，我至今仍珍藏着。

2009 年，我正在写《走向卓越：为什么不？》一书，希望教师走向优秀、走向卓越。责任编辑说，最好请名人写个点评语，出书时登在封底。

我第一个就想到请魏老师帮写，奇巧的是，我还没来得及给魏老师发邮件，就和魏老师在福州"碰撞"了。我们都为福建省学习科学研究会成立大会讲学，我上午讲下午赶回，魏老师下午讲。中午吃饭时，我向魏老师提出写点评一事，并送上书稿，魏老师爽快地答应了，说："下午讲座前交给你，你好赶路。"

下午 2:20，魏老师用酒店里的信笺写了如下点评：

任勇老师是一位不断超越自我追求卓越的学者型教师。他的经历与著作，多年来一直给我以激励与启示。读了他的新作《走向卓越：为什么不？》，感悟良多，他捧着一颗真诚的、善良的心，一遍又一遍地劝说："优秀教师啊，你不能安于现状，要努力走向卓越。"他还毫无保留地讲解如何确定卓越的方向，选择卓越的途径，甚至包括走向卓越的台阶细节。盼望越来越多的青年教师，在这本书的引领下，超越自我，踏上奔向卓越的旅程，将"？"变为"！"。

200 来个字，体现了魏老师的功力和谦逊，体现了魏老师的鼓励和期盼。这张信笺，自然也是我的珍藏之品。

和魏书生老师一起在西安讲学   魏书生老师写的推荐语

在北师大我听过**肖川**博士的报告，他那本《教育的理想与信念》，我不知读了多少遍，那注重人文性的激扬文字，那发自肺腑的真言实语，给人以反思和启迪。追踪他，就等于了解了中国教育的前沿思想，对教育有一个全面、系统、深刻和细致的理解。购他的书，搜集他的文章，是一种追踪；找机会向他请教，索要一些资料，也是一种追踪。

《教育的理想与信念》，是"肖川教育随笔"第一本，我陆续追读他的第二、第三、第四本。第二本是《教育的智慧与真情》，字里行间流露、挥洒着他教育人生的真性情，是"做"教育中炼就的教育学问；第三本是《教育的使命与责任》，告诉我们，没有使命感的教育是盲目的，没有责任担当的教育是轻薄的；第四本是《教育的情趣与艺术》，这本书延续并发扬了他的清新、淡雅、细腻和简约的风格，对教育、对人生、对社会、对历史进行了多角度的透视和解析。

他在演讲时目光深邃，见解独到，富有哲理，激情飞扬，幽默风趣。散淡的言说中，透着一种文人的豪放和潇洒。

肖老师还有很多书可以追读，我最近读他的《有"我"的教育学》，有"我"的教育学是什么样的？他认为，它需要教育者从自身的生命历程中去领悟和提炼教育的原理，有着强烈的教育者个性色彩，有着"我"浓烈的生命印记和鲜明的个人风格，是融合了真情与真气的教育学。

是啊，我们行走在教育的路上时，就不能没有"我"的教育学。

我的《走向卓越：为什么不？》出版时，肖川教授在封底也写了推荐语：

任勇先生对于教育的热忱、探索和智慧在他的这本书中得到了卓越的体现。他的成长足迹告诉我们：作为教师，重要的是要有一颗开放、细腻和敏感的心，善于去捕捉教育生活中那些有意味的现象和事实，并用心品味。这样，我们就能够不断成长，不断发现生活与工作的乐趣和意义，从而拥有一种高贵的生命形态。因为，"优于别人，并不高贵。真正的高贵应该是优于过去的自己"。

"优于过去的自己！"肖老师，我铭记了！

我和**唐江澎**校长曾经一起到一所学校上观摩课，我讲数学课，他讲语文课。我的数学课偏于理性，注重逻辑，略显局促；他的语文课旁引博征，跌宕起伏，精彩迭出。他在践行他的教学主张——体悟教学，从那时起，我就开始关注他，关注他当时带领的学校——江苏省锡山高中。

一次偶然，看到一张唐校长的演讲照，背景是他的讲题"发展教师，校长的第一使命"。校长似乎有很多"使命"，但他把第一使命放在发展教师上。发展教师，就是发展学校，教师第一，学生才能第一，学校才能第一！

我在多个论坛活动中，聆听过唐校长的演讲，听他讲"把'人的成全'作为教育的至上追求""让分数带有生命的温度""高中，应该有美的和声"等，这是"中国教育的好声音"（王湛语）；我和唐校长也在多个论坛上一起论道，特别是两人同台为福建省名校长就"名校长的成长之道"答疑解惑；我还专门邀请唐校长来厦门，为厦门校长传经送宝，讲"一所可以称之为学校的地方"，讲"好的教育：把理想做出来"。

2010年，我听唐校长讲"学科宣言：点燃教师的专业热情"的讲座，这是让"教师带着理念去上课"的行动纲领，让每个教师清楚自己对学科教育理想、信念、价值观的追求。数学学科的"宣言"是"探究数形之奥秘，培养严谨之态度，深化理性之思维"，说出了数学教育的真谛；艺术学科的"宣言"是"鉴赏艺术之美，发现生活之美，创造人生之美"，源于艺术教育，高于艺术教育；

体育学科的"宣言"是"做终身体育的践行人，做健康生活的拥有者"，终身做运动，健康长拥有。

和唐江澎校长（左2）一起论道

唐校长在网络走红之后，留下许多金句，我这里引用几句：

——学生没有分数，就过不了今天的高考，但如果只有分数，恐怕也赢不了未来的大考。如果我们的教育只关注升学率，国家会没有核心竞争力。

——好的教育，应该是培养终身运动者、责任担当者、问题解决者和优雅生活者。

——核心素养不是一时记得住的知识，而是一生带得走的能力。

——当学习都变成负担的时候，我们就要努力使学生"远离学习"。

7. 数学教学之论

作为数学教师的我，听过许多数学名家的数学教育教学方面的讲座。我的数学学习，总体是断断续续的，好在有数学论道，有名家指路，这在很大程度上弥补了我在数学和数学教育方面的不足。我在积极思考、理性借鉴、创新实践中，向着数学教育的真谛那方，一路前行。

20多年前，我就在福州一中听过**章建跃**博士的数学教育讲座，那次他讲了数学教育改革中的若干问题，我觉得章博士讲得太好了，就问他能否给课件。那时还没有优盘，也没有微信，我又没带软盘，他让我给他一个邮箱，我很快就收到他发来的课件。我将课件下载到电脑上，又细读了好几遍，算是初步把一些问题厘清了。

我毫不夸张地说，章博士对福建中学数学教育的发展，是贡献最大的专家之一。20多年来，在福建各地，他或是给老师们讲座、答疑，或是对数学课题进行论证、鉴定，或是数学教育"圆桌论道"的主持、主角，他的讲座、发言和论道，从不人云亦云，多有自己的思考，多有独到的见解。

章博士的论道，几乎论及数学教育的所有敏感问题，并提出破解之道。一是教材编写之论，如《高中数学核心概念教材编写的国际比较》等；二是好数学教学之论，如《以课本为本才是好数学教学》等；三是课程改革之论，如《中学数学课改的十个论题》等；四是数学教育之论，如《数学教育之取势明道优术》等；五是数学高考之论，如《高考数学命题改革分析及复习教学建议》等；六是核心素养之论，如《核心素养导向的初中数学教学变革》等；七是数学学习之论，如《数学学习论与学习指导》等；八是数学思维之论，如"教思维的几个关键"系列文章等；九是数学育人之论，如《数学实验的育人价值》

等；十是教育科研之论，如《教师做教科研要"小中见大"》等。

　　章博士之论，既是与时俱进之论，更是深度思考之论；既是叩问当下之论，更是面向未来之论；既是弘扬传统之论，更是注重创新之论。在数学教学的进程中，章博士就像我们身边的朋友，引领大家探索数学教育的真谛，理解数学、理解学生、理解教学，追求本质简单自然的数学教学。

　　我的"数学教育文集"出版时，请章博士作序，他爽快答应，并写下3000多字的序，令我感动！我的"文集"共有四册：《追求数学教育的真谛》《探索数学教学的艺术》《透视数学解题的奥秘》《感受数学文化的意蕴》，收入了我的数学文论96篇。

　　章博士在序言中有这样一段话：

　　数学教师搞教育科研，必须有淡泊名利的心境、面壁十年的耐力、不达目的不罢休的韧劲。教师唯有坚持"学而不厌，诲人不倦"的精神，才能在尽教书育人职责的同时，找到自己的生活乐趣。我想，任勇老师已触摸到了这种价值，并乐在其中。

　　章博士这段话，是对我数学教研的鼓励，也是对更多数学教师的期盼。

和章建跃博士在一起

20 世纪末，我就读过**张思明**老师的数学论文，印象最深的是他的"数学建模"。1999 年我和张老师同获苏步青数学教育奖一等奖，颁奖时我们在复旦大学见了面，交流了许多数学教育方面的问题。

时任北大附中副校长的张思明，向校长赵玉琳推荐我到北大附中任教或讲学，我因家人不适应北方生活，只答应去讲学。我当时很感激张副校长，他自己是副校长又是数学教师，说引进我也是当副校长、教数学，他是有大格局、大情怀之人，"数学人"不相轻，"一山可容二虎"。

2000 年，我参加"国培"时，北师大特别安排他来给数学班学员讲课，他讲了他对数学教育的认识，对教育的认识，对青年教师成长的认识；他还讲了《从数学建模到课题学习——激发学生走向创造的想法和做法》，做数学才能学好数学，教师智慧的表现应该是能为学生创设一个激发创造的"场"。

那个"场"，对张老师而言，先是"数学建模"，再是"数学课题学习"，后是……

我和张老师在"教育家成长丛书"中又"同框"了，他的《张思明与数学课题学习》一书，记录着他的成长之路、他的教育观、他的课堂教学、他的社会反响。从书中我才知道他是全国自学成材的先进典型之一，完成了 24 门课程的自学考试，并以全优成绩完成了硕士研究生的课程学习和论文答辩（1993 年）。硕士研究生毕业后，他毅然放弃去大学的工作机会，回到基础教育的第一线。

基础教育需要这样的研究者！

我和张老师还有一个"同框"，我俩的书都入选"中国当代教育家丛书"，他写《用心做教育》一书，我写《为发展而教育》一书。用心做教育，他认为，就是教师留心观察、细心品味、专心实践、恒心坚持；用平常心去面对誉毁成败，用童心和感恩的心态去面对生活和工作。

用心做教育，向张老师学习！

吴正宪老师，我只见过一次。那是 2006 年，我们一起参加"教育家成长丛书"座谈会，她的《吴正宪与小学数学》和我的《任勇与数学学习指导》都在第一辑中。从书名看，其他作者都是"姓名＋学科特色"，而吴老师却是"姓名＋学科"，这个书名能通过，足见编委会认同她就是这个领域的领衔人。吴正宪，小学数学，领衔人。

我虽然多在中学数学领域研究，但一直关注吴老师的文章、著作和演讲，领悟新观念，学习新方法，毕竟数学教育是同道的。自从我开始关注吴老师，我就发现我有点"顾不过来"了，她的成果太多了，我真的"顾不过来"了，有时甚至感觉我的读书速度赶不上她的写书速度。

吴老师讲座多。比如，在《建立单元整体结构　促进儿童理解性学习》中，她强调备课时首先要"依瓜寻藤，聚焦主题"；又如，在《儿童立场的小学数学教育》中，她提出让儿童感受到数学的价值和学习数学的乐趣，让儿童享受"好吃又营养"的数学教育；再如，在《好教师的路在何方》中，她认为好老师既要有爱的热情，还要有爱的能力。

吴老师著述多。比如《吴正宪课堂教学策略》，书中的每个策略都在强调儿童的主体地位，发挥儿童的积极性、主动性，让儿童有尊严地生活；又如"儿童数学教育丛书"，让儿童在问题中学数学、在对话中学数学、在涂画中学数学，发展儿童的数学关键能力；再如《吴正宪答小学数学教学50问》，深入浅出，用理论指导实践，让实践有深度，用实践诠释理论，让理论不再神秘。

吴老师上课多。她的课上得好，在全国是出了名的。凡是上过吴老师课的孩子，都会被她那真诚的情感、友善的态度、高尚的师德、精湛的教艺、坚实的教学基本功深深地感染。她还深受广大教师的爱戴与认可，得到了教育专家的充分肯定，在中国小学数学界具有很高的威望。

有些专家只会论道，但不一定能把课上好，而吴老师既会论道又会行道（上好课），是理论融于实践的专家。

吴老师还有不少经典之语：在育人的过程中，没有什么比保护学生的自尊心、自信心更重要；在学习的过程中，没有什么比激发学习兴趣、保护好奇心更重要；在交往的过程中，没有什么比尊重个性、真诚交流更重要；在成长的过程中，没有什么比养成良好的习惯更重要。

8. 家庭教育之论

无论是作为教师，还是作为家长，我都长期关注和研究家庭教育。实话实说，家庭教育理论，不是在大学里学习的，而是在实践中学习的，是在读家庭教育图书中学习的，也是在聆听专家家教之道中学习的。

孙云晓老师是中国青少年研究中心家庭教育首席专家。研究家庭教育的老师应当多读一些孙老师的书和文章，观看一些他关于家庭教育演讲的视频，以提升家庭教育理念和水平，便于开展家庭教育活动，也有利于更好地育儿。

从 20 世纪 90 年代，我就开始关注这位家教专家。

一是关注他发表的文章。我曾经有好几个剪报本，"家教"那本就贴了不少孙老师在报纸上发表的文章，如《考试分数可否成为学生的隐私》《让"身体好"成为教育的起点》《改变学校、家庭教育的 28 个观念》等。后来，通过复印，收藏了一些，如《希望六一节成为儿童的狂欢节》《不要以成年人的思维揣度孩子》等。再后来，就是收藏电子版，非常便利，引用起来非常方便。

二是关注他的著作。他的著作非常多，我分别从理论性和实用性两方面挑选了一些书来读。理论性的有《发现童年的秘密》《教育是人的解放》《让人幸福的教育》《解放孩子》等；实用性的有《学习力：12 招巧妙唤醒孩子的潜能》《好孩子好习惯》《孙云晓家长忠告》《方法对了，父母就省心了》等。

三是关注他的演讲。我主要是通过网络视频和 VCD 进行学习，如《孙云晓谈少年儿童成功教育》《教子成功从培养习惯开始》《父母的"上岗执照"》等。

我在撰写《优秀父母悄悄在做的那些事儿》时，书名先是用了"优秀家长"，后改为"优秀父母"，就是想起孙老师的文章《请将"家长"的称谓改为"父母"》。写这本书，还参考了孙老师的《习惯决定孩子一生》等书。

值得一提的是，2014年，我有幸和孙云晓老师一起同台论道。那时在厦门举办"海西家庭教育论坛"，主题为"教育名家给你个支点——让孩子高分又高能"。孙老师主论，我次论，我们一起与现场观众进行互动，共同解答听众一些有关家庭教育的疑问。

孙老师的确是一位捍卫儿童的家教大师，站在儿童立场上论家教。近距离与孙老师接触、交流和论道，我领悟了许多家教新理念。

和孙云晓老师（右2）一起对话

周弘，一位普通的父亲，长期探索赏识教育，不仅把双耳全聋的女儿周婷婷培养成留美博士生，而且改变了成千上万孩子和家庭的命运，多家媒体争相报道他所创造的教育奇迹。他倡导的赏识教育的核心理念为"花苞心态，全纳的爱"，以"简单、快乐、宁静、亲切、透彻"等五种特性，给予人们身、心、灵全方位的滋养。

周弘老师从未停止对家庭教育和赏识理念的研究、探索和推广，到处受邀演讲，足迹遍布国内外。我在厦门一中担任校长时，专门请周老师为厦门一中家长介绍他的家教理念。他当时有一句警醒家长的话："孩子没有错，当孩子学习出现问题时，我们家长更多的是抱怨和指责，却很少反思自己的过错！"

周弘老师在《周弘老师给父母们的50个忠告》中，提出的第一个忠告是"任何成功都不能弥补教育孩子的失败"，他告诉家长：成功地教育孩子是家长的重要任务。这和朱永新教授所说的"父亲是男人最重要的工作"异曲同工！

我在家教讲座中，经常提到这本书，我说："且不说把50个'忠告'细读一遍，你就把书的目录认真读一遍，静静地想一想，你的家教理念就会有所提升！"我在这里分享几个忠告：没有教不好的孩子，只有不会教的父母；爱孩子先要懂孩子；强迫只会换来抵抗；重视孩子的精神需求；把挫折，当存折；把成功，作驿站；看清生命长路，不计一时得失；教育孩子是快乐的事；多留点时间和孩子在一起。

认识**王继华**教授，应该是在20年前的一次家庭教育论坛上。他那学识渊博、深睿大智、崇论宏议的演讲之态，让我惊叹！原来演讲可以这样"讲"！课间我向王教授要了联系方式，不久他就寄给我他的《家庭文化学》一书。书上有作者简介：王继华教授致力于教育文化研究，以哲学的质疑精神和文化的建构意识形成了独家的智慧产权。十多年来先后提出三大理论体系：校长职业化、教育文化发展战略构建和家庭文化学理论思想。

王教授在《家庭文化学》中提出："家庭是文化的滋生地，是塑造品格、学习做事风格、长进品格修为的温床。"夫妻文化讲"爱"的艺术，子女文化崇"孝"的原则。家庭教育步入"文化"之境，就是以文化的力量涵养家教之韵。

站在文化角度看家教，我的家教研究和育儿之道，至少都上了一个台阶，步入了新的境界。

我和王教授有一次神奇的邂逅，那天王教授从泉州讲学后到厦门机场，他觉得还有蛮长一段候机时间，就想到厦门一中来看我。王教授在电话那边问一句："任老师好，您在学校吗？"我这边回一句："王教授好，我在机场候机呢。"那天我要去重庆开会，王教授要赶回北京。我们在机场相见，颇有遇故知之感。

我们聊了一些教育问题，更多的是家庭教育问题，王教授又赠我《家教的革命：王继华文化育人哲思录》。和王教授话别后，这本书伴随着我的行程。无论是候机、乘机、经停，我几乎手不离此书。抵达重庆，读完此书！书写得太精彩了，妙语连珠，哲思警世。比如，"文化育人是一种体现父爱理性、母亲智慧的文化场，反映着家庭对子女成长方向的寄托"。时代呼唤家庭教育家。

我忽然悟出一个道理：家庭教育要有持久的发展动力，应从方法走向文化。中华民族是一个很有文化的民族，也是一个完全可以以文化力来推进家庭教育的民族。文化的力量是巨大的！以文化为基底的家庭教育之路，其行必远！

第九章　带教学员追良师

这些年，名师工作室或名师工作坊兴起，成为各地发展青年教师的重要模式。当然，教育界对名师培养颇有微词，也有质疑。

储朝晖研究员在《照亮成长：让教育更有智慧》一书中，在《慎做"名师"，要做"良师"》中指出，真正的良师，是发自内心的一种自我追求，一种自我完善，希望自己所做的事能够对得起学生，也对得起自己的良心，而不是自己想出名、想出人头地、想获得更多的利益和权益等其他外在的目的。

陈桂生教授在《师道实话》一书中的《漫话"名师"》一文中指出，说得直白些，一些人关注的倒不一定是"师"，而是"名"。说现在出了名的教师不一定都堪称"名师"，倒符合实情。以往没什么"名师工程"，少数教师出类拔萃是自然发生的。惟其"名由实生，故久而益大"（刘禹锡语）。

我很高兴地看到，我所带的各类教师学员，他们都追着良师，都有自主生长意识，都是脚踏实地一步一步成长起来的。我告诉他们，"千锤百炼出名师"，名师之路有坦途但无捷径；名师是养成的，不是速成的；不问能否成为名师，一辈子学做良师，就是向着名师那方奔去。

他们的行动告诉我："我们或许不能成为名师，但我们始终坚定地行走在成为名师的路上。"

1. 龙岩带教的学员

我在龙岩 36 年，其中在龙岩一中教了 17 年书，龙岩有一批我的学生，"长大后我就成了你"，他们中的一些也成为教师。他们经常向我请教教育教学问题，克服困难坚守一线教学，努力成为让学生喜爱的教师，努力成为更好的自己。

无论到龙岩一中讲座还是研讨，我发现我的学生**王珍连**老师是最认真学习和参与研讨的。我在讲座中曾这样说："你给我一个班，我要让全班的孩子觉得数学好玩。而你要让孩子觉得好玩，你就要去积累大量的数学方面好玩的材料。在整理这些好玩的材料的过程中，我对数学的好玩有了更深刻的认识。"

王老师很快就在她的班里践行"玩的数学教学"，还努力让学生从好玩到玩好，从玩好到玩转、玩味，把我的"品玩数学"真正落地实施了。

比如，她在教学过程中就想着怎样让学生理解概念性质，迅速记住公式，教他们一些顺口溜、口诀等。学生都很喜欢她的数学课，每年的教师节她总能收到学生的贺卡，贺卡里写着他们的心里话。

这些年，许多学校的高中分成实验班和普通班，实验班由高一入学时成绩比较好的学生组成。王老师一直教着普通班，但 2003 年她当班主任，班上一个学生裸分考上清华大学，而当年的实验班里也只有一人上清华大学。2006 年，她教的一位学生高考数学 146 分，是龙岩市单科状元。从 2011 年到 2017 年，她连续六年在高三把关，每年任数学备课组的组长，2020 年至今，都在高三任教，成了龙岩一中高三数学的"明星教师"。

王老师是坚守闽西山区又做出优异成绩的教师的典型代表，我为自己有这样的学生感到骄傲！而王老师却说："当年在高度自主却充满挑战的大学生活中，我经常怀念在高中听任老师讲课的那些时光，任老师严厉又和蔼，亲切又有威严，让人又敬又爱。任老师永远对数学充满激情。对教学工作充满热忱的任老师在岗位上闪闪发光的身影，我永远无法忘怀。"

龙岩一中老师中，还有一位我的学生——**陈红**。1985 年，她读高一时，我是她的数学老师。

她说："任老师的课堂，很注重有逻辑有条理的思维。正是如此，我们觉得数学课学习不难。任老师的课堂总是非常从容，非常有趣……那个年代老师的收入很低，但是老师们的从容幸福感让我毫不犹豫地选择了相同的职业，1992年大学毕业后我也成了一名中学老师，地理老师。"

她从子弟中学到龙岩一中，其间外出支教三年后再回到龙岩一中。这期间她教过初中、高中，教过普通班、实验班。学生的个性差别很大，但不论怎样的环境，似乎她都很适应，课堂教学得心应手。她谦虚地说："其实，这都受益于任老师的教诲。"

"备好教材，心中有书；备好学生，心中有人；备好教法，心中有术；备好开头，引人入胜；备好结尾，引发探索；备好重点，有的放矢；备好难点，突破难点；备好作业，讲求实效；备好学案，渗透学法；备透理念，融会贯通；备多用寡，左右逢源；备之终身，养成习惯；备中研究，深层探索……"这是我的"备课之道"，她说她把我的"备课之道"悟透了，"长大后我就成了你"，她当老师后，也就很自然地"有模有样"地"在备好课的基础上把课上好"。

她说："每次聆听任老师的讲座，与任老师交流，他的原创思想和独到思考，都让我受益丰盛。任老师这种学无止境、无私分享的精神，总能不经意间影响我。多年来，我也重视专业的学习，跨学科的学习，正是这种坚持，让自己仍能思维活跃，课堂保持活力。从 2006 年起，带了十一届高三毕业班。"

她的学生给她的最常评价是："很喜欢您讲的课，条理清晰，又会找一些易懂的例子，让我们非常容易听明白……""您的讲课干脆利落，条理分明，在有效的时间内讲清了知识点……"

学生的喜爱，是对教师最好的奖励。

她在微信里告诉我："教书最初对我来说可能只是一份工作，一份职业。随着时间的流逝，教书育人是一种喜爱，是一份事业。我没有什么荣誉，但我爱地理，更爱这给我灵思的地理课堂。"

我回复："中国教育需要更多的像你这样默默无闻的好教师！"

我退休后，到龙岩紫金山实验学校当校长，回到曾经工作过的"红土地"，再圆一次"校长梦"。那时，我们申请了一个国家级课题"益智课程与灵性课堂的实践研究"，研究目标是以学校益智课程的构建，充分借助益智器具，通过教师灵性课堂的教学，着力培育学生的思考力，达成学生全面发展，各造其极，灵性生长。研究任务包括构建促进学生灵性生长的益智课程，构建促进学生智慧成长的灵性课堂，建立标准化的数学思维活动实验室。

一所新的学校，一群新的教师，要完成这项国家级课题，是颇具挑战的。正当我考虑课题如何推进时，一位名叫**苏益河**的小学数学教师站了出来，说这个课题可以完成，并愿在他的班级率先实施，做出样板。

苏益河老师来我家交流

益智课程的有效实施，包括必修课程：滴灌式，每周玩一二例益智游戏；选修课程：专题式，如"巧解系列""巧放系列"等；活动课程：闯关式，在数学思维实验室进行；微型课程：讲座式，深度品玩，如"九连环研究"；潜在课程：上墙式，墙上趣题的数学思维。

苏老师告诉我，所有的益智游戏，他都可以玩出来，这为他的课程实施奠定了基础。

灵性课堂的诗意追求，让课堂有趣，这是灵性之基；让课堂很美，这是灵性之境；让课堂有用，这是灵性之需；让课堂惊喜，这是灵性之魂。我带着其他年轻教师去听苏老师的课，大家评说，这样的课，很有趣，很益智，很数学，很受学生喜爱。

学校建设的数学思维实验室，苏老师带着学生几乎玩遍了所有 80 款益智游戏。他带的学生可以成为不同益智器具的小玩家，其他班级学生不会玩时，他班的学生就成了小老师。

在苏老师的倡导下，在"3·14 国际数学节"上，全校共玩汉诺塔游戏，再次点燃学生对数学的热爱。

2. 厦门带教的学员

在厦门，我有很多教师朋友，有一部分是指明我带教的，有一部分是自愿被带的，也有一些是我间接带教的。我惊喜地发现，许多我带的教师朋友，渐渐步入了优秀之境，他们教精其术，教明其道，教有其思，教专其业，托起了厦门基础教育的璀璨星空。

十多年前的一个夜晚，厦门双十中学**赵祥枝**老师打来电话，说他成为我省首届名师培养对象，培养期间要有一位理论导师和一位实践导师，他聘请我担任他的实践导师。我对他说，我们是北师大"国培"同学，你又是厦门引进的优秀教师，我怎么能成为你的导师？他说，当年他是我引进的，现在一定请我继续指导。我不好推脱，就问我要做哪些事，他给了我一个清单，有听课评课的，有指定读我的书的，有论文课题指导的，有教学主张凝练的，我评估了一下，总体上我能完成实践导师的任务，也就答应了。

没想到省里要求很严格，要求一一兑现任务，赵老师从不懈怠，还"层层加码"，而我也只好按每段流程实实在在地推进，最终超额完成实践导师的任务。

省名师的每个培养对象，都要总结、凝练自己的教学主张，赵老师用"活力数学"来概括他对数学教育教学的理解，他将"活力数学"作为研究数学、反思自己的一个课题来研究，并接连申请了多个与教学主张相关的省、市级课题，取得了一些成果。"活力数学"让他的数学高考、数学竞赛"活力无限"，考出了最优，赛出了金牌。

赵老师后来入选教育部名师领航工程班之后，在导师们的指导、加工、提炼之后，"活力数学"教学主张研究取得了实质性的突破，成果也更加丰硕。同时，他也更有底气说"活力数学"是他的教学主张。在2018年12月苏步青数学教育奖颁奖典礼仪式上，他作为获奖代表向大会汇报了《活力数学，奔跑人生》，得到了同行们普遍的关注和赞许。此后，他的"活力数学"系列论文一发不可收，多篇入选核心刊物。

2017年，赵老师被评为福建省"最美教师"，有阵子大家都叫他"赵美丽"。2019年，厦门大学出版社出版了他的《活力数学　奔跑人生》专著。赵老师还是马拉松全程的跑者，他不仅做"活力"数学，还"奔跑"美丽人生。赵老师还有很多荣誉，面对鲜花和掌声，他谦虚地说："让我们做个纯粹的老师，做个纯粹的好老师吧！"

洪进步老师第一次听我讲座是在1999年，那时候他在厦门同安区最偏远的学校教书。坐在前排的他，眼里放着光，认真听讲，详尽地记着笔记，课间主动和我交流。他希望我能指导他今后的教学研究，我们互留了联系方式。我得知他叫"洪进步"时，调侃道："洪老师啊，你持续研究，肯定会进步。"

20多年来，我们通信研讨过，我们电话研讨过，我们邮箱研讨过，我们短信、微信研讨过，我们见面时研讨过。每次交流研讨，我都能感受到他真的进步了，从微进步到大进步。他秉持"爱的奉献"教育情怀，让乡村的孩子"爱上自己"，爱上学习，更喜欢他的物理课。他班历年物理中考成绩居全区前列，深受家长和社会赞誉。

讲座中，我经常这样说：教师，不应像蜡烛——燃尽自己，照亮别人，而应走照亮别人、完善自我之路。照亮别人的同时可以完善自我，完善自我可以更好地照亮别人。

洪老师深受启发，他结合学校和学生实际，积极探索薄弱学校学生和教师发展之路，开展了创造性的教改活动。他在实践过程中，教育教学能力得到提升，人格更加完善，视野更加开阔。他坚持把自己的教学领域作为实验场，进行教育实验和研究，每年至少发表一篇论文，不断获得教育科研成果，走上专业发展的快车道。通过选拔，他代表厦门参加了省课改优质课比赛，荣获第一名。在32岁那年，他顺利通过厦门市首批中学教师高级职务任职资格绿色通道评审，成为当时厦门市最年轻的中学高级教师。

后来，他又持续进步了：担任过区物理教研员，在区教育局履职，成为新办学校校长、进修学校校长，获评省特级教师、正高级教师。

2024 年，我到翔安区给刚入职的新教师作"第一讲"（第一场培训），他特地赶来主持开讲，讲他的进步得益于 20 多年前的听讲，讲他经常阅读我的文章和著作——那是他生长的源源不断的养分，希望年轻教师也能像他一样学习进步。

这就是教育传承，这就是一代代教育人的教育守望。

每年暑期，按惯例，我会给厦门市新教师做第一场培训，2011 年那次培训，我讲教师发展之道，讲完课后，有个小伙子留到了最后，抱着一摞书大汗淋漓跑过来找我签字。他自我介绍，说他是我当年在厦门一中当校长时候的学生，也是我的书迷。我看他带来的书，是有备而来的，里面的书涵盖范围很广，从一些热门的像《任勇的中学数学教学主张》《你能成为最好的数学教师》等，到一些不太为人所熟知、快要绝版的《师者回眸》老书，他都带过来了，对里面的内容也是信手拈来，说到书里的内容，眼里放着光芒。

他是厦门五中的新教师**蔡俊伟**。

我看蔡老师非常真诚，也很感动，把他带来的书逐一签名，对这个眼里带着光的小伙子有了一些印象。

我们互留了联系方式，蔡老师很好学，我所出的新书，他都会第一时间买来阅读，每次看完都会把读后感发给我。对书中一些观点和做法，他就在自己的课堂里进行实践。我当时写了一本《玩出来的数学思维：任勇品玩数学 108 例》的书，他就把里面的题目进行难度分类，带入到自己的课堂当中给学生讲，有的时候是课前的暖场，有的时候是课后的思考。他时常把课堂中的思考写成随笔发表，也和我分享读书心得、教学心得和喜悦，成长得很快，教学、德育成绩突出，20 多岁就成了厦门市最年轻的骨干教师，还担任了年段长。

几年后，蔡俊伟邀请我给他们学校七年级的学生讲《新初一，让我们智慧学》，我听老师们说，经过几年的历练，蔡老师已经是一名优秀的年段长和数学老师了，很受学生欢迎。在数学课上，他践行着我在书中写的"灵性课堂"观念：带他的学生玩益智数学游戏，在课堂上给学生变数学魔术，和学生猜灯谜，甚至课后带领着学生户外活动、郊游……学生非常喜欢这位年轻的蔡老师。

蔡俊伟老师在我家书房

　　蔡老师经常在课堂上、年段大会上和师生讲"任老师"的故事，比如，我当校长时提倡每周一个下午开展社团活动，或体育锻炼，或文艺活动，或科技竞赛；又如，我上课时左手不拿课本不拿教案，对要教的东西了然于心，上起课来行云流水；再如，我组织学生考学生，"让学生上课"；等等。

　　听着他的描述，恍惚间，我又回想起自己在一线当老师的那段时光。是啊，"任老师"是我身上最亲切的一个标签。春风若有怜花意，可否许我再少年？当老师的日子，也是我最幸福的一段时光。

　　现在，蔡老师已经成了我家中的常客，我们经常在一起交流、研究数学问题，我也指导蔡老师做一些关于数学教学的研究课题。他说，对一个老师最大的温情和敬意，就是努力成为一个像他那样的人，做一个好老师。

　　厦门教育的未来，需要更多的像蔡老师这样的老师！

3. 重庆带教的学员

重庆高新区中小学"名师领航工作坊"以促进学科教师专业发展为目标，由同一学科教学名师和骨干教师培养对象共同组成，是集教学教研和专业培训等职能于一体的学科教师教学教研合作共同体。

2022年，我受明远未来教育研究院和高新区聘请，成为重庆高新区"全国中学数学名师任勇领航工作室"领航专家，带20位培养对象学员，开启了三年的"航程"。由于明远未来教育研究院在重庆办了明远未来中学和明远未来小学，我也兼着带教两所学校的数学教师。

三年下来，这些数学教师"向着明远那方"砥砺前行，以"顾明远教育家"为榜样，"精神明亮，志趣高远"，用教育家精神滋养自己、激励自己，让自己的心灵丰盈起来，像教育家那样做人、做教师。

领航工作室的任务是，通过三年研修，培养一支既能指导引领，又能实践示范，还能发挥辐射带动作用的研究型教师团队。研修理念是名师之路，研修路径是"学、思、研、行、著"，五项并举，层级推进；实施方式是讲座制、分享制、展示制；成果形态是专题讲座、主题共享、课堂展示、课题报告、著述呈现。

我带过好几个名师工作室（坊），但对这个领航工作室的要求，是最严格的。

关于"学"。一是"学科深学"，要求阅读六本以上数学名著，聆听三场以上数学讲座，系统搜集网上数学资源；二是"教育恒学"，要求阅读六本以上教育名著，聆听三场以上教育讲座，系统搜集网上教育资源；三是"文化广学"，阅读三本以上文化名著，聆听一场以上文化讲座，系统搜集网上文化资源。

重庆领航工作室学员

关于"思"。一是"学而我思"，要求有一个微主张设想，有一个微改革创举，有一个微创新案例；二是"学而善思"，要求有辩证思考的教学实践，有换位思考的经验分享，有系统思考的教育探索；三是"学而深思"，要求有深度反思价值高的认识，有高层次课堂重建的尝试，有走向为思维而教的行动。

关于"研"。一是"学科之研"，要求精通所教学段数学知识，研究运用两端（小学和大学）数学知识，撰写数学学科研究文章；二是"教学之研"，要求学习理想课堂不同样态，进行理想课堂自我实践，撰写数学教学研究文章；三是"教育之研"，要求学习综合核心素养内容，研究数学核心素养内容，撰写数学教育研究文章。

关于"行"。一是"行有理念"，要求学习借鉴教育理念，提出论证你的理念，积极践行教育理念；二是"行有主张"，要求学习借鉴教学主张，提出论证你的主张，积极践行教学主张；三是"行有魅力"，要求在全面之中显特色，在专业之外修副业，在严谨之处有幽默。

关于"著"。一是"著有动力"，要求从教育随笔入手写作，从教育经验入手写作，从教育论文入手写作；二是"著可立言"，要求写"立言"（在区域刊物上发表）之作，写"发表"（在 CN 刊物上发表）之作，写"核心"（在核心刊物上发表）之作；三是"著成学者"，要求考虑一本书的写作，形成一本书的架构，启动一本书的写作。

三年来，我们共进行了20次集中活动，"学""思""研"我讲得多，学员谈体会、谈收获，"行"就是老师们的教学行动，他们在相互听课评课的基础上，推出三节初中数学研究课，三节高中数学研究课。导师助理**龚圣龙**老师做了大量的协调统筹工作，确保领航工作室的各项活动能顺利进行。

刘怀聪老师带来《单项式》一课，对概念剖析深刻，让学生在知识的抽丝剥茧中慢慢掌握知识并应用知识，对易错点和难点循序渐进；**陈秋霞**老师带来《线段的垂直平分线的性质》一课，让学生实践得到线段垂直平分线的性质，对性质的正反面都进行剖析，层层递进；**辜振东**老师带来《画轴对称图形》一课，在过程中分别运用传统和数字媒介两种方式给同学们展示作图方式，落实到手上，细致仔细，把"做中学"发挥到极致。

赵天友老师带来《对数的概念》一课，通过不同方式让学生深刻理解概念，通过"有意差错"让学生牢固掌握概念，通过对不同问题的巧妙解答让学生灵活运用观念；**栾盈磊**老师带来《数学归纳法》一课，让学生从多米诺骨牌实践出发，得到数学归纳法的两个步骤：归纳奠基，归纳递推；**钟艳**老师带来《指数函数的图像与性质》一课，在过程中注重对学生的引导以及知识的生成性过程，注重知识运用，加强变式训练，突出化归意识，步入深度学习。

至于"著"，我原以为难度很大。我们共同合著的《数学教育的辩证之道》一书，把问题分解成40个"度"来把握，每个学员承包2个话题，如**汤倩**的"引趣与引深"，**陈璐**的"高等与初等"，**蒋高川**的"无疑与生疑"，**曾茂**的"双减与提质"，**刘庆超**的"预设与生成"等，他们克服繁重的教学任务等困难，提前高质量交稿了。这本书正在等待出版中。

如果说上面的"著"具有"共性"的话，那么我还要求学员们共同合著一本具有"个性"的书稿——《追求自然而深刻的数学教学》，每人研究一个专题，如**雷婧**的"益智游戏的数学教育价值"，**邓衣泽**的"数学教师的课程理解"，**许心迪**的"数学教师为自己的成长赋能"，**林科**的"成为网络数学教学的高手"，**张帅**的"数学教育未来发展的思考与探究"等。学员们也是各显神通，广泛进行文献综述，深度思考学习，积极创新实践，静心专业写作，终于撰写成文，我们的书稿也算是提前完成了。

叶艳老师说："作为一名教师，我将始终怀着感恩之心，珍惜与学生们之间的每一次相遇和每一段交流。"**陈强红**老师说："关注数学领域的发展动态，将最新的研究成果融入教学中。"**沈林**老师说："让我们脚踏黄土，头顶清风，不道苦楚，为教育事业拼搏一生。"

领航工作室成员，未来可期。他们以专业学习丰富自我，以专业反思提升自我，以专业研究挑战自我，以专业行动练就自我，以专业写作成就自我。他们一路向阳，终将赢得更好的自我，用教育理想追求理想教育，引领高新区数学教育进入一个新的发展境界。

在教育的广阔天地里，有这样一群人，他们默默无闻，却以无尽的热情和无私的奉献，在平凡的岗位上书写着不平凡的篇章。陈秋霞，就是这样一位老师。她是明远未来中学的数学教师，领航工作室中的"插班"学员。

在陈老师眼里，每一个学生都是独一无二的，都值得被尊重、理解和关爱。她有几个快速拉近师生关系的法宝：生日问候、作业批语、留言纸条、心灵对话和放学后家访。正因有这样的爱心和耐心，陈老师赢得了学生、家长和学校的认可，她所带的班级多次被评为"优秀班级"，她自己也多次荣获"优秀班主任"的称号。

陈老师深知，作为一名教师，光有爱心和耐心是不够的，还需要有扎实的专业知识和科学的育人方法。在我工作室的每次活动中，陈老师总是积极学习、大胆实践。我在工作室传播我的"品玩数学"的一些生动故事，用诸多具体案例验证在玩中学、玩中思、玩中悟，就能让学生在玩中不断提升思维水平。

课后陈老师就表示，她对"玩"有了新的认识，之后，她的课堂保证至少"一课一玩"，不仅如此，她也想用我与外孙女玩游戏的方式与自己五岁的儿子玩起来。我深感欣慰，作为数学教师，我们不仅要做到心中有"数"，还要做到心中有"人"，手中"会玩"，因为儿童是游戏的天才，用儿童的心理和思维构筑教育教学行为。

在学员的展示课上，我就发现陈老师的课堂有游戏，有欢乐，有温暖，有思维，更有成长。为了把最好的课堂献给孩子，陈老师不断磨炼自己的教学艺术。从教十余载，她带领组内老师认真钻研教材、研学课标、开展课题研究，积极投身中学数学教育教学研究，与学生同频共振、共生共长。正是凭借这种积极学习、大胆创新的精神，陈老师在教学上硕果累累，她所带班级的数学成绩一直名列前茅，她也因此多次被评为"优秀教师"和"最美教师"等称号。

我相信，陈老师愿以爱心、耐心与智慧，为每一位学生点亮前行的灯塔，她的学生一定能快乐成长、灵性生长。

我每次去重庆开展领航工作室活动，都会去重庆明远未来小学，这是一所充满朝气的"向着明远那方"的新学校，是一所具有"明远教育"情怀的平地崛起的学校。

在重庆明远未来小学

我到这所学校，主要是传播"品玩数学"理念，深化"数学'玩育'"（数学"玩的教育"）活动，提升家长"玩出聪明娃"意识。在所有活动中，我发现**杨清平**老师是可以和我同频共振的老师之一，我玩一个课例他悟一个课例，我讲一个理念他明一个理念，我给出一个"引子"他的眼神告诉我——他知道我大概接下去要讲什么了。

课间，我得知教数学的杨清平老师是全国小学数学名师华应龙工作室成员。他始终坚持"玩着玩着就培养了数学思维，读着读着就增长了数学智慧"的理念，带领全校师生一起玩转数学、读懂数学，在重庆市小学数学优质课竞赛中取得了一等奖的好成绩。

在他的眼里，每一位学生都是独一无二的数学探索者，都怀揣着对知识的渴望和好奇。为点燃学生对数学的兴趣之火，他十余年来始终坚持带领学生在玩中学、玩中悟。魔方、24 点、九连环、华容道等经典益智游戏，成了学生们的家常便饭。孩子们在玩中养趣，在玩中提智，多次在省级数学游戏比赛中获奖，增强了学好数学的自信心。

恰好我的"数学益智游戏实践基地"落户明远未来小学，他刚好对接上，将继续带领更多学生品玩数学，在玩中发展学生的思维能力。

玩在课余，更玩在课堂，杨老师想着办法让孩子在课堂上玩起来。在一次区级现场课比赛中，他让学生在玩经典益智游戏、摸球比赛等活动中，认识了不确定现象，体会到了事件发生可能性的大小。可以说，杨老师真正地把数学游戏融入了课堂，让学生在玩中掌握了知识，增长了智慧。

在玩中出智慧、出成绩，这背后还有杨老师对教育规律的深刻把握。他深知每位学生都有自己的学习节奏和理解方式，老师要耐心倾听，细心观察，用敏锐的洞察力去发现学生之间的差异与潜能。在他的课堂上，没有绝对的"好"与"差"，只有不断进步的轨迹和有待发掘的潜能。只要通过适当的启发和引导，每一位学生都能在数学的世界里，找到属于自己的路径，收获成长的喜悦和成就感。

杨老师坚信，每一位学生都是未来数学的希望之星。他用自己的热情和智慧，为学生点亮了前行的道路，让学生在数学星空中穿行，勇敢地探索未知的世界。

4. 深圳带教的学员

　　深圳市龙岗区德琳学校是一所有小学部、初中部和高中部的民办学校，马校长在听过我的一次讲座后，邀请我为他们学校的整体发展、课程设置、课堂教学、教师培养等传经送宝。我为学校的管理干部讲了《学校品牌发展》，为高中教师讲了《新高考与教师专业发展》，为初中教师讲了《教学设计与教学实施》，为小学教师讲了《为思维而教》，为全校教师讲了《名师之路，路在何方》，为数学老师讲了《品玩数学之境》，也给学生开了讲座，还借班给高中生上课，算是全方位帮助学校发展。

　　学校让我带教数学教师，我带的老师都很好学，都希望我听他们的课，都希望我能评他们的课，都积极推广我的"益智数学游戏"。我为这所民办学校的数学教师点赞，这批数学教师，未来可期。

　　近年来，我去深圳德琳学校作过好几场讲座，其中给数学老师讲得最多。我发现**邵樱花**老师总是带着微笑听讲，后来才知道她是高中部数学组的组长。

　　她说她是被震撼而微笑的。第一次听我讲座，她被我极富挑战性的人生发展之路给震撼到：为师经历，从山区到特区，从知青到教师再到校长，从家里几乎无书到拥有一墙书再到一屋书。于是，她也开始默默添书，购买了我的《优秀教师悄悄在做的那些事儿》《动手玩的数学益智游戏——思维是可以玩出来的》等书，默默地把这些书加进了她的日常研读之列。她还向我索要了益智游戏和益智灯谜电子版材料，准备在她的班级里先行先试，然后推广开来。

　　第二次讲座后，我还借邵老师的班级给学生上数学课，我没有告诉他们我讲什么内容，想看看一所民办学校的普通班的孩子，我能教出什么效果。邵老师在我来上课之前，整理了我的成长经历，在她班上渲染了一波，并顺势激励学生："被任老师教过的学生，现在都成为各行业的精尖，我们成为精尖班的可能性增大了。"

激着激着，到了开课的那天，学生和我一样精神抖擞，观众席被各学科老师坐满。我和学生一开始先玩扑克牌游戏，消除了与学生的陌生感，建立了良好的关系。接着讲三角函数中结构不良试题，在化简过程中，我用欣赏的眼光看待学生，让学生充分感受到了思维的活跃，更激发了学生眼中的"光"——那是不断追求后得到的心满意足。

我和学生在欢快愉悦中、在积极思维中、在深度学习中，超额完成了讲课内容，我觉得和德琳学生上课与我在厦门一中给学生上课没有什么不同。

课后，邵老师主动和我交流，她说很受启发，也明确了教学方向。她在此基础上反思："自己的课堂中其实也有光，怎么不那么亮呢？当自己用肢体语言、灵动的眼神去抓牢学生的目光时，他们懂了，会心一笑，'光'就闪了。"

"听其言观其行，坐而言不如起而行。"有了新想法，她就积极行动，就在课堂上进行实操，精心地打磨她那看似随意的"手舞足蹈"，调动学生的热情，牵引他们参与课堂活动。慢慢地，学生在课堂上活跃了。她感觉，自己眼中的光似乎也比之前亮了许多。

第三次我给他们讲"为思维而教"不仅能让老师成就学生，更能让学生成就老师。她认为，践行这句话就能彼此成就。当时，她在给我的微信中有这样一段话：

我从没奢望，在教学过程中，做什么后一定要有一个清晰的收获。但我只知道，要想让学生热爱，我得挖掘数学的魅力；要想让学生学得明白，我得清晰表达；要想让学生学得高效，我得引导学生在思考中学习。我之前为自己设定的前方只有个轮廓，现在，将自己代入任老师的成长脚印，发现唯有勤奋扎实地增进学识，才能创造更好的自己。

彭志浩老师，是2023年年底我在德琳学校讲学时认识的一名小学数学教师，印象中他是一个勤学、勤问、勤思、勤研、勤做、勤写的年轻人，后来得悉他大学一毕业，便研读了我的两部著作——《年轻教师必听的讲座》和《你能成为最好的数学教师》。彭老师对我说，这两本书如同一盏明灯，照亮了他入职的道路。书中丰富的教育理念和名师成长秘籍，让他对教师这一职业有了更深刻的理解和认识。他如饥似渴地汲取着书中的智慧，将学到的秘籍巧妙地运用到自己的工作中。

比如，他把常态课当成公开课，把公开课当成常态课，精心打磨每一节课，上课不按"套路"出牌，和学生玩游戏、琢磨益智器具、画数学，让自己的数学课堂绽放不一样的精彩。他致力于小学数学教育、教科研研究，倡导"智趣数学，悦动思维"的生命化数学教育，取得多项研究成果。

在民办学校班主任工作中，很多时候面对的是地域背景迥异的学生群体。他们的情绪、气质、意志、兴趣和爱好不尽相同，这让他的班主任道路徒增了不少琐碎和辛劳，但他深信只要在与孩子共成长的教育路上更具智慧和艺术，在解决完问题后，善于跟进学生的进步，幸福和收获也会并驾齐驱的。

他坚信教育人是艺术中的艺术，唯有用一颗充满慈祥的爱心，用赞赏的目光、有温度的言语去诊疗"生病"的心灵，才能收获甜甜的微笑和杏坛的春天。他也一如既往地践行着自己的为师之道。

彭志浩老师在体验趣玩数学

张燕老师是德琳学校小学数学组的组长，她是一个喜欢写作的数学老师。她的教学主张是让学生亲自实操和体验，可以凝练成"张燕：数学实操体验"来表达。

数学组每周实践"品玩数学"并做好图文记录，我的数学"玩育"之所以在德琳学校小学部开展得比较顺利，是因为他们之前有"玩"的基础。

他们通过小组赛、同桌PK等方式轮流玩，让每个小组每个人都有机会玩到每个游戏。"你好，数学"视频号，以生动有趣的方式为学生解说复杂的数学知识，每一期数学视频阅读量都过千，有时好几千，达到了很好的宣传学习效果。"品玩数学"让教师的教学方式有所转变，让学生对数学更感兴趣，同时也得到了家长们的支持与认可。

她坚持学习，积极参加各类教师培训，认真做好笔记，及时反思改进，不断提高自己的教学水平。她每个学期写了几万字的班级日记，把孩子们成长过程中的点点滴滴用文字记录下来。她在记录的基础上进行专业写作，已经书写了30多万字，这些文字发表在各大杂志、报纸上，她还出了一本《梦想，随爱一起飞》的专著。

学期末，她根据学生的特点进行藏头诗评语、文言文评语，实话实说，我还是第一次听到这样的评语。这些评语得到了孩子们的喜欢，家长们、同行们的称赞，多家媒体也进行了报道。笔耕不辍的她，先后荣登《新班主任》《小学时代》《数学大世界》三本杂志的封面人物。

她常说，教育探索，漫漫远路。她坚信每一份卓越成绩的诞生，都源自不遗余力的耕耘与奉献。她愿做那个辛勤耕耘的教师，她愿做那个乐于奉献的教师。

张燕老师在研究数学益智游戏

5. 珠海带教的学员

　　我在珠海金湾区未来教育人才梯次培训项目中，负责数学教师的系列培训工作，我向数学梯队教师（中小学数学教师共 90 人）讲了通识课，如"名师之路，路在何方""研究让教育更精彩"等课程，也讲了数学专业课，如"品玩数学之境""数学好教师教书之新境"等课程，学员们听得很认真，反思成常态，问得蛮深刻，行动有创新。每次去，我都会发现他们有了一些新的变化：教学更有灵性了，开始尝试研究了，课程理解提升了，师生活动高效了……

　　珠海的这个"名师带教"项目与重庆领航工作室项目实施方案大致相同：有"学、思、研、行"的过程，在"著"上以课题呈现，"带教"时间是两年。

　　我特别感兴趣的是，他们构建的"好课堂'三人行'"活动，即给出一个课本知识点，三位学员一组共同研究分析，共同教学设计，共同精心备课，上公开课时，一人说课，一人执教，一人评课。我作为首席专家，必须全程介入。观摩课上了之后，我必须个个点评。

　　小学数学的一个课例是《有趣的平衡》，"三人行"的三人是：**邓柳丹**（说课），**何淑华**（执教），**黄丹**（评课）。

　　邓老师的说课，以杜威名言导入："如果我们用昨天的方式教今天的孩子，请问我们的孩子哪里还会有未来？"接着一说"缘起与准备"：备课缘起、备课思路、课标要求、学情分析、学习目标、重点难点；二说"过程与素养"：设疑、猜想、验证、运用；三说"检验与迁移"：主观评价、客观评价；四说"反思与期待"：跨学科、综合性、教学评、核心素养。最后，邓老师这样结尾："学习应该让学生在事实中感悟，在活动中理解，在生活中探究，在实践中应用。带给孩子们的是真情境、真问题、真知识、真能力和真素养。"

"说"得真好！至少开头、结尾之说，有思考，有高度。"四段说"也很到位，算是一个范本。

何老师执教，一看何老师就觉得她像老师，有亲和感，和蔼可亲，借班上课的她很快就和学生打成一片。她带来许多教具，让学生通过平衡实验，发现"左边的钩码数 × 刻度数 = 右边的钩码数 × 刻度数"这一规律，并变式训练，指导学生能够用杠杆平衡原理解释生活中的平衡现象，并解决一些简单的实际问题。学生初步学会了探究，学会了概括，学会了用数学眼光看生活。

课上得很流畅，这就是让公开课成为常态课的精彩课例！

黄老师评课，先按"课堂评价表"评价，内容有课前准备、教师表现、学生表现和目标达成，这就是我们经常进行的"评课"。但黄老师话锋一转，专讲"活动反思"：其一，共学共研齐成长，讲她们到香港中文大学（深圳）图书馆学习之事；其二，苦中作乐再坚持，讲她们磨课过程与我互动交流之事；其三，步伐不停促发展，讲她们学习教育家精神之事。

这种评课，这种反思，就是源于评课高于评课的评课，把"三人行"追求好课堂的全过程都评了。

我对说课、执教、评课的三位老师的"表现"作点评，说得最多的是见证了两年来她们的成长，是她们"不完美"中的闪光点和创新点，她们已经是具有内驱力的教坛新秀。

与"三人行"小学教师一起评课（左起：黄丹、邓柳丹、何淑华）

初中数学的一个课例是"一元一次不等式组的实际应用","三人行"的三人是：**汤海莲**（说课），**席国英**（执教），**刘烽**（评课）。

与"三人行"中学教师一起评课（左起：汤海莲、席国英、刘烽）

汤老师的说课，常规之"说"：说了"教材分析""学情分析""教学目标""重点难点""教法学法""教学过程""板书设计"。其中，"教学过程"之"说"有新意：创设情景，导入新课；预习导学，归纳小结；建立数学模型——盈不足问题；归纳拓展，培养高阶思维；学以致用，检测反馈。结尾引用了一句名言："数学是思维的体操，它可以锻炼我们的思维力和创造力。"

强调"思维"是整个说课的核心，这就是"为思维而教"理念的基础，这就是抓住了数学教育的核心。

席老师执教，用自己的班上课，一看就知道师生之间平时是配合默契和积极互动的。整节课在思维碰撞中层层递进，在归纳总结中规范（如解决应用问题的"设、列、解、答"），在关键词上强化（如大于、多于、超过、高于；小于、少于、不足、低于；至少、不低于、不小于、不少于；最多、不高于、不大于、不超过；分不到、不满、不空、不足；等等）。结课时，席老师引用华罗庚先生之语："数学是最宝贵的研究精神之一。"

"课"是流淌着思维的课，是强调研究的课，也是规范表达的课。

刘老师评课，先评集备过程：确定分工，筛选课题，搜集资料，初次研讨，确定课题，精选资料，制作初稿，二次研讨，请教专家，反复取舍，初次磨课，多方研讨，主场磨课，再次研讨。接着，就按华东师范大学叶澜教授"好课堂五'实'"说，侃侃而"评"：评是否"扎实"，是否"充实"，是否"丰实"，是否"平实"，是否"真实"。

把专家的观点，落到具体的课例中进行点评，本身就是一个创举！

我对他们的"表现"也作了点评，我激动地说，这和两年前类似的活动相比，是质的飞跃，无论说课、上课、评课，都有个性了，都有内涵了，都有创新了，你们都是走向未来名师的"潜在新人"！

每次到金湾区带这批学员，课后他们有提出挑战话题的，有询问我的著作的，有带书（我的著作）来签字的，有要求合影的……望着他们远去的背影，我默默地想：金湾区的这批教育人才梯队，就是一批步入新境的觉醒者，他们会把自主发展看成一种需要、一种追求、一种境界。

6. 课题带教的学员

随着教育改革的深入，教育研究能力已经成为教师专业能力中不可或缺的组成部分，通过课题走向实验研究、走向实证研究渐成趋势。无论作为课题指导专家，还是作为课题指导顾问，我参与了一些课题，也间接带了课题成员共同实施课题，见证了以课题研究成就自我的一批教师。

我来厦门不久就认识**张世钦**老师了，因为我们都是数学教师，都跟着省教研室王永老师和福建师大余文森老师做课题。但他很不容易，因为他当时在边远的农村中学。他的教学，他的研究，他的管理，都做出了很好的业绩，后来他升任翔安区进修学校校长，而我那时到局里分管教科院，我们共同为厦门基础教育发力，尤其是他，开拓进取让翔安"教育洼地"迅速崛起。

他有个"张世钦名师工作室"，以"形成具有一定教学领导力的研究型教师团队"为宗旨，秉承"创建简约课堂，追求优质高效"的教学主张，搭建平台，凝聚力量，聚合资源，开展"数学教学知识（MPCK）视角下的简约课堂实践研究"课题研究活动，努力把工作室打造成为具有较强的实践指导能力与科学研究能力的专业化团队。

张校长请我担任这个拥有 30 多个教师的名师工作室的顾问，我为工作室成员讲了《名师之路，路在何方》，特别强调：未来名师，必须在"学、思、研、行、著"中攀登，在攀登中感悟教育的真谛，在攀登中践行智慧的教育，在攀登中找到理想与现实的突破点，在攀登中逐步成"型"——成为走向"教育家型"的教师。

张校长让我审核工作室三年发展规划，内容详实，有建设目标、发展愿景、核心团队、活动内容、建设路径、任务分工、成果呈现方式等。让我没想到的是工作室还有"室歌"——他们为这个工作室作词作曲谱写了一首歌。工作室还有 logo，有每个成员三年发展规划……

张世钦名师工作室 logo

这个 logo 的图案中心分两部分，下面是一本展开的书籍；上面是六人手拉手的抽象变形，其中的单个元素，是数学符号 π 的变形，像抽象化的圆规、">"、"<"和"＋－×÷"。图像中的书籍，寓意张世钦名师工作室平台，书籍上的每个元素寓意一个研究型教师，不同颜色的元素寓意不同研究方向的研究型教师，六个元素结合，凸显研究型教师的团队合作，六名教师手牵手，共研、共进、共美，一起向未来；三个同心圆寓意三年的研修学习历程，在张世钦名师工作室的平台上，凝聚力量，聚合资源，以研修共同体的方式，一起将工作室打造成为具有较强的实践指导能力与科学研究能力的专业化团队，工作室成员以更美好的愿景，做"有情怀、有智慧、有情趣"的教育追梦人，共赴教育的星辰大海。

我相信"张世钦名师工作室"的未来名师，一定是怀揣着 logo 寓意之魂，分享着数学教育的探索之乐，践行着专业能力的完善之道，幸福着追求卓越的教师！

"让天下的孩子爱上数学"，我的"品玩数学"理念在全国各地传播。其中，福州鼓楼区邀请我在花园小学"益智课堂"课题活动中讲《品玩数学之境》，活动前**郑漪雯**校长带着我看全校各班的益智游戏展示——"方寸小课桌，舞出大精彩"，我看到了写在学生脸上的那种兴奋感，看到了学生放光眼神背后的思维涌动……

郑校长是那种认定了就一竿子做到底，执行力特别强的校长。在她的主持下，花园小学做的是课题群：数学教师的课题"指向思维能力生长的小学数学'益智课堂'研究"，侧重点是思维；语文教师的课题"小学语文'益智'文化课程开发与实践研究"，侧重点是文化；综合课教师的课题是"基于项目式学习的小学'益智课堂'教学实践研究"，侧重点是项目化。一条益智的灵动主线，在花园小学里流淌。

第二次走进花园小学时，我再次被眼前的益智活动场面所震撼：巧走华容道、竞技飞叠杯、妙移汉诺塔、智解九连环、速拼魔方、玩转魔尺……师生共情同玩游戏，多学科融合创出新境，参会教师露出惊叹的目光……

我打心底里佩服郑校长的推动力和创新力！

会上，对"鲁班锁"这同一主题，第一节课由语文老师来上，从鲁班锁的历史、文化带出思维；第二节课由数学老师来上，从观察、分析带出思维。异曲同工，殊途同归，指向益智，步入思维！

那次，我讲的是《高质量学习呼唤学校走向思维教育》，我说花园小学就是一个经典的样板！你看，"益智课堂"花园行的三步曲：第一步，通过结合核心素养、比对教学内容、把握相关能力，尝试分年级、分项目将益智器具引入数学课堂，让学生在动手动脑中感悟益智游戏的魅力，体会思维生长的乐趣；第二步，将益智文化和艺术创作巧妙融合，通过录制视频、绘制小报、创意呈现等方式让益智文化渗透在学校教育教学活动的方方面面，让学生的综合素养得以提升；第三步，搭建益智课堂课题研究网，分学科、分等级申请以"益智课堂"为主题词的课题并组成课题群。

课题研究过程中载体相同但各有侧重点，因为学科界限分明又可以和本学科教学相结合，以课题带教学，以科研带教研，形成益智课堂研究氛围。

郑校长告诉我，如今，在花园小学，随处可见孩子们和益智器具交朋友的美好画面，这也成为一道独特的校园风景线。与益智课堂同行，花园一直在路上。

作为厦门市槟榔小学教科室主任的数学老师**刘泽阳**，一直在思考：小学教育首先要面对的课题是什么？哪些要素影响着学生的学习质量？哪些要素影响着一个学生乃至一个群体的发展方向？这考验着每一位老师的学生立场和专业研究。

2019 年，我到槟榔小学传播"益智游戏与数学思维"，刘老师就开始与同事们尝试益智课堂教学实践研究，将益智游戏融入数学课堂教学。老师们发现一些上课时总是恹恹的，数学考试成绩在及格边缘的所谓"后进生"，变得不一样了。九连环在他们手中犹如可爱的精灵，有节奏地上下穿梭着，很多人玩不来的益智器具，竟然被他们驯服了。

原来感到难受的数学课，变成这些孩子最享受的活动课，"数学好玩"的星星之火就这样在槟榔小学点燃了。

2020 年，学校的省级课题"基于数学关键能力导向益智课堂教学实践研究"立项了。实践研究证明益智游戏之于数学，正如画笔之于美术，足球之于体育，阅读之于语文，是思维如藤蔓攀爬，向上生长的支架。学生在游戏之"玩"中学习数学，是心态平和的，更是专注的。

于是，校园里增设了校园益智器具角，丰富学生的课间活动方式。2021 年以来，学校每年举行校级思维运动会，比赛项目包括速移汉诺塔、速算 24 点、盲拆九连环、还原数字、华容道等有趣的比赛项目。每逢六一儿童节，学校送给各年级孩子一款益智器具。这种可以"玩"的节日礼物，成了学生之间沟通交流的一种纽带。

刘泽阳老师与学生玩数学扑克游戏

刘老师和数学教研团队，从意识认同走向行为转变，校园不仅是学生学习的场所，更是引领学生走向心智自由的场域。

他们认为，益智游戏与数学的融合，不能仅停留在好玩或者不好玩的层次上，更为重要的是玩好，同时还要从教学意识走向课程意识，通过将益智器具引入学校课后服务、自编课间手指操、假期开展年级益智器具修炼等活动化的课程建设，形成游戏养性，玩创相长的浸润式学习样态。

刘老师告诉我，益智游戏之"玩"，可以玩出数学学科思维，也可以玩出喜欢学校的理由，更可以玩出学校更高水平的育人之路。

7. 跨界带教的学员

我的带教，多数是带数学教师，也有一些非数学学科的教师希望我能带着他们成长。基于他们对成长的渴望、对发展的期盼，我就答应了。我带这些老师，不要签协议，没有拜师仪式，没有具体任务，没有系列讲授，就是交流研讨近期、中期、远期的大致发展方向和路径，就是有困惑就交流研讨，就是指导教学教研，这种宽松带教，让我看到教师成长的另类风景。

我退休后到龙岩紫金山实验学校当了 5 个月的校长，主要是为这所新建的公办学校制订发展规划。学校的总目标是办一所"学校境界高远、教师积极进取、学生全而有特、家长责任担当"的实验性、示范性、现代化品牌学校。我们提出了"让文化润泽生命，让师生灵性生长"的办学理念，把"全面发展，各造其极"作为校训。

基于我的实践感悟和教育认知，就学校的现状，我认为有"两把火"可以先"点燃"：基于科学路径之"火"——玩益智游戏；基于人文路径之"火"——猜益智灯谜。

我们以"益智课程与灵性课堂的实践研究"为总课题，积极推进这项工作，其中"开发灯谜益智课程，传承优秀传统文化"子课题由**徐晶露**老师具体负责。那段时间，我们共同努力，让灯谜之风吹进了校园，深受师生喜爱，学生在猜谜中陶冶了情操、增长了知识、激发了兴趣、开发了智力……灯谜发挥了它应有的作用。

可以说，我是带着她开展灯谜活动的。教语文的她，在我即将要离开这所学校时，希望我将来能远程继续带她，提升她的教育教学水平。我以为她是说着玩的，就说我语文教学不专业，只能在宏观上给一点建议，至于具体学科上的指导，我会请我熟悉的厦门语文专家指导她。

没想到她是认真的，时不时地提出某个公开课怎么上更好，某个教学微创新是否可以尝试，研究的某个小课题有价值吗……几年下来，我陆陆续续地点拨，她一步一步地嬗变……她的"创新语文课堂，点燃学习激情"让我看见了一位走向优秀的语文老师的成长样态。

在她的课堂里，早读时间被巧妙地创新为经典诵读与古诗接龙，趣味导入则以猜谜游戏为引，轻松点燃学生们的学习热情。问题驱动的教学模式，结合精心设计的导学案，引导学生们深度学习……在她所执教的课堂上，她常常被学生们的热情所感染，每当看到学生眼中闪烁的求知欲，她就知道，教学之路充满了无限可能。

她的学生们总是说："徐老师的课堂就像一个大型的聚会，充满了欢笑和惊喜。"

徐晶露老师组织的小组学习

谢晓丽老师是我在 2018 年培训班授课时认识的一名学员，印象中她特别爱笑，教语文的她居然对我的数学讲座饶有兴趣。当她得知我在厦门分管了 12 年的职业教育时，就让我"远程"带教。我说："职业教育遇到困惑，我一定会帮助你。我帮不了时，厦门还有许多优秀中职教师也会帮助你，'天下职教是一家'。"

她在一个三级县城的中职学校任教，她非常热爱自己的学生。2016 年时她担任了计算机和美术两个班的班主任，春季高考那年一共有 12 个学生考上了本科院校，尤其是她特别帮扶的一名单亲家庭的、性格最叛逆的孩子，专业考了满分，位居全省第一，这让她很欣慰。之前这名男孩的任性、排斥让她饱受痛苦、无比煎熬。取得这样的成绩在当时很是轰动，学生的家长更是不敢相信自己的孩子读中职还能考上本科，和她相拥，喜极而泣。

她有一颗好学之心，谨记"要给学生一碗水，教师要有一潭水"的教诲，秉持不断上好课、不误人的初心，静心读书，潜心教书。趁着教改东风，她全力以赴，让自己的语文课堂绽放不一样的精彩。她也收获了许多荣誉，多次被评为优秀教师、优秀班主任，获市教学技能大赛一等奖等。

在她的努力和大家的帮助下，她以一颗赤诚之心，始终把学生的养成教育摆在第一位，尊重、关心和爱护每一个孩子，学习教育名家的胸襟、境界与爱，感染自己的同时也滋润学生的心田。

多才多艺的她，教学生唱歌，教学生弹琴。一次钢琴课上她发现有一位叫黄佳凰的女生右手只有四根手指，她很心疼，从此便利用课外时间为这个孩子进行无偿辅导，一遍又一遍地示范并激励她做一个有骨气有志气的中职生。她相信每个人都有出彩的机会。功夫不负有心人，终于这孩子能够在课堂上大方自如地弹奏曲子，那一刻她们的心都开了花……教育可以创造无限可能，谢老师一直坚信。

2019年7月，她因工作突出被提拔为校党支部副书记，同年9月因教学成绩突出担任县职业素养名师工作室领衔人。2023年1月，她被列为县名师，并连任工作室领衔人，前些日子她告诉我她申报市级学科带头人，通过了。

生命不息，学习不止。

谢晓丽老师讲课中

正如她说的，山区教育的土壤并不肥沃，但是"苔花如米小，也学牡丹开"，生命的价值在于遇见更好的自己。我想一个人的精神世界的丰盈美好，一定会促进她现实世界的美丽。

20 年前，厦门市**戴慧萍**老师让我给她所在学校金山小学的学生讲猜谜技巧。我根本没有给小学生讲猜谜的课件，但我被她和她的同事们的热情所感动，就带着我给中学生讲的猜谜课件直奔她们学校去讲了。学生猜谜的水平出乎我的意料，讲座中的试猜谜竟然全部被现场的学生猜中，从学生充满智慧的猜谜神情中，我感受到猜谜已经给金山小学学生带来了良好的影响。

后来，戴老师和她的团队很期盼我带着她们进一步提升灯谜水平，我爽快地答应了。在我的引荐下，她们还如愿以偿地加盟厦门市灯谜协会。金山小学这群女教师活跃于灯谜协会，给以男性为主的谜界带来了一道亮丽的"她"风景。

在厦门，没有小学生的灯谜竞猜活动，也没有初中生的灯谜竞猜活动，当金山小学得知厦门双十中学将举办高中生灯谜竞猜时，就让我这位曾经的"双十"人牵线，让小学生参加高中生的灯谜竞猜。高中每个年级有三个队，加上金山小学队，共十队。《厦门晚报》记者到了现场，进行了《猜灯谜 10 岁小学生更生猛》的报道，金山小学队获得第四名。

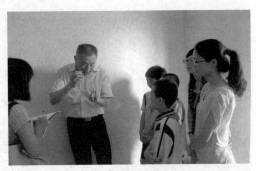

指导金山小学灯谜活动

灯谜，寓教育于娱乐之中，增知识于谈笑之间，长智慧于课堂之外。寓教于谜，谜以助教。金山小学带出了会猜谜的竞赛队，更重要的是他们把灯谜作为一项校本课程进行开发，编出了学校灯谜校本教材，让更多孩子受益。猜谜，真好！猜谜，让孩子灵性生长。不信？你走进金山小学的猜谜现场去看看。

8. 自愿带教的学员

在带教的学员中，有几位是自己找上门来的。他们拜我为师，我虽然工作繁忙，但看到他们殷切的期盼，基于培育新人和传播教学主张，就带着他们一起践行理想的教育。其实带他们也是向年轻人学习的好机会，何乐不为？

1998 年 8 月，我接到来自浙江苍南的一位教师的电话，说是要拜我为师，自费到厦门来跟我学习一个月。那时我是厦门双十中学的数学教师，市里刚定下我是"数学教育基地"的主持人，厦门的老师还没进入基地，没想到第一个想进基地的是一位来自省外的教师。

他叫**章显联**，28 岁，在中学执教七年之后，向校长请了假想跟我学。我被他的热忱所打动，接受了这样一位"我要学"的弟子。

和章显联老师在双十中学

瘦弱但十分精神的章老师来了，我为他在学校附近租了一个月的房，在学校食堂办了饭卡。没有拜师仪式，没有更多的人知道此事，第二天我们就进入工作状态了。

　　我的课，他每节必听，同时他又听了学校其他老师的很多课；我发表的文章，他几乎篇篇都看，悉心领悟，多有研讨；市里的学术会议，我也尽量让他参加；临走前他还在我们班讲了几节课，受到大家好评。

探望章显联老师

　　章老师回苍南后，我们仍然保持联系，仍然教研互动。我们探讨诸如"数学交流""数学气质"这样的话题；我们关注奥数热引发的争议，反思我们的对策；我们追踪中学数学高级研修活动的选题，从中大致明晰我国数学教育的走势。我们的互动，开始时我的观点多些，后来章老师也多有见解，继而是相互研讨，我从年轻人敏锐的视角中，获取了更多的学术思想和研究朝气。

　　两年后，绍兴鲁迅中学招聘优秀教师，章老师被招聘去了。此后，每年春节我都能收到章老师寄来的绍兴花雕酒。

　　一天，章老师来电，说《数学通报》刊登了一篇他的文章，请我注意。天啊，数学教师终其一生能在《数学通报》上发表一篇文章，已属不易，何况章老师那时才 30 岁！

　　打开杂志一看，我更为惊讶，文章的题目是"一堂习题课的启示"，他竟然记录听了我的一节数学课的"启示"。以下摘录此文的片段：

　　他高超的教学艺术，他的敬业精神，他的全新的育人观、课程观、教学观、学习观给我留下了深刻的印象。本文就我听的任老师的一节习题课，谈谈对我的启示。

……

启示一：习题课的教学目的是让学生独立地、创造性地掌握数学内容（包括数学思想方法、技能、技巧等），发展数学思维能力，提高数学素养……

启示二：习题课教学要注意"成片开发"……

启示三：习题课教学要交待解题的思维过程……

启示四：习题课教学还要注意趣味生动……

以上是本人听了任老师一堂习题课后的几点想法，也是我今后教学追求的目标，也只有这样，才能将学生从苦学的深渊带到乐学的天堂。

他真的去追求了，他要追求数学教育的真谛。

那几年，我陆陆续续在华东师范大学《数学教学》刊物上读到他发表的五篇文章。我虽然发表了不少教学文章，但在华东师范大学的这个刊物上也才发表一篇文章，后生可畏啊！

翻阅《数学通报》，不小心我又会发现章老师的新论，他成熟了，也初步形成了自己的品牌和特色。他在《数学通报》又发表了四篇文章。

他在工作十年后评上高级教师，现在是正高级教师，曾是《中学数学》封面人物，还参加了人教社数学科章建跃老师主持的国家级课题。

多年后，我又见了章老师一次，模样没什么改变，但眼神充满自信。他说：研究，让教育更精彩，在研究中追求高效的教学。对数学的理解须入乎其内，这样才能领会数学的核心与本质；又须出乎其外，这样才能欣赏数学的美丽，为教学披上艺术的灵光。

方露辉，是来自浙江的老师。初次见他，感觉他为人谦逊，彬彬有礼。我通过一则灯谜与他交流——"曙光（猜一人名）"，刚露出光辉，谜底正是他的名字。

他在一所农村初中任教逾十年，一直踏实工作，奋发进取，身兼多项职务。高强度的工作常使他难以兼顾学校管理与专业学习，于是他时常向我请教应对的方法。我鼓励他坚持不懈，虽然坚守教育研究不易，但只有坚持，才能步入新境。

执着耕耘教育田，沃土丰收书墨香。他以一颗执着的心，始终致力于自我提升与专业成长。2017 年年底，他考入华东师范大学教师教育学院，攻读英语教育硕士，利用暑假和课余时间不断充实自我，更新教学理念。在华东师范大学读硕士研究生期间，他静心潜读，孜孜不倦，在浩瀚的书海中尽力汲取知识的甘霖。硕士毕业后，他再接再厉，开始攻读华东师范大学课程与教学方向的教育博士。

热情燃烧在研究，领域开花结硕果。他积极参与各类名师工作室，与同行们互相切磋，共同进步。2017 年，他成为宁波市第十届特级教师带徒学员，同时也担任浙江省罗敏江网络名师工作室的学科带头人，在浙江教育云平台上积极参与资源建设与教研活动。他做了许多课题研究，在中学英语教学两本核心刊物《中小学外语教学（中学篇）》《中小学英语教学与研究》上发表了六篇颇具影响力的学术论文。他每发表一篇文章，总是第一时间与我分享，我也由衷地为他感到高兴。

2020 年，他升任城区学校副校长，2024 年他升任另一所学校党支部书记兼校长。"心系教育志不改，坚守新境绘蓝图。耕耘不辍终有成，乡间苔花香满园。"这是他在履新时鼓励自己的话。

我想"桃李不言，下自成蹊"，学习是永无止境的旅程，相信他在新的岗位上再创新业绩，成为更好的自己，成就更好的学校。

蔡月军老师，是我在一次给校长培训班讲课时认识的学员。她的网名叫"君子蓝"，"君"字，缘于她的曾用名"蔡月君"；"蓝"字，则缘于她的师者情怀。做正人君子，学高为师，德高为范，教书育人，静待花开，让更多的学生青出于蓝而胜于蓝，是她的心愿。

她说要拜我为师，不时发来具有挑战性的教育问题，我们在交流中都提高了看问题的眼界，都各有所获。我发现她是一位颇有个性又有教育情怀的老师，以永不言弃的教育信念、用欣赏的眼光看待每一位学生，力求成为学生求知路上的引导者、成长阶段的陪伴者和探索过程的同行者。

每次接手新班级，她总会遇上几个后进生，有的孩子已"桀骜不驯"至让家长扬言：只能使其自生自灭了。而她总是一次次主动沟通，不言放弃，如园丁般辛勤地浇水施肥。在她的尊重、信任和鼓励下，后进生也快速成长。在她的手机上，总能看到几条内容相似的家长来信："蔡老师：我儿子经您一番苦心教导，数学终于考了××分！我们全家对您致以万分感谢！"

她兴趣广泛，多才多艺，教学之余，还喜欢写点古诗词或教育评论杂文，是县诗词学会理事、闽南文化研究会会员。她好学上进，知识渊博，具备扎实的专业基本功，授课风格严谨而不失活泼，庄重而不乏幽默。"读万卷书，行万里路"是她常对学生说的话，在教学生学数学的同时，她还向学生渗透古今中外、天文地理的知识，以及新闻时事……学生喜欢她的课，打心底里敬佩她、信任她。如今，她的学生里已有众多名校毕业生，至今与她保持着密切的联系。

蔡老师，与爱同行，静待花开；与书为伴，清净恬淡；与生为友，青胜于蓝。

参考文献

本书编写组. 刘彭芝教育思想研究［M］.北京：中国大百科全书出版社，2003.

陈成龙. 创造性语文教育［M］.北京：中国戏剧出版社，2006.

陈桂生. 师道实话［M］.上海：华东师范大学出版社，2004.

陈华云. 数学小论文的写作指导与实践案例［M］.杭州：浙江大学出版社，2013.

陈进兴. 高考数学常用解题方法：分类讨论法［M］.南宁：广西教育出版社，1992.

陈进兴. 一位教育局长的课改博客［M］.北京：语文出版社，2007.

陈进兴. 一位教育局长的课改日记［M］.北京：语文出版社，2005.

陈进兴. 用构造法解数学题［M］.南宁：广西教育出版社，1990.

陈晓华. 守望高三的日子［M］.福州：福建教育出版社，2005.

陈燕华. "微"张宏"观"：我的教育教学微主张［M］.厦门：厦门大学出版社，2021.

陈玉琨. 一流学校的建设——陈玉琨教育讲演录［M］.上海：华东师范大学出版社，2008.

陈玉琨. 卓越校长的追求——陈玉琨教育评论集［M］.上海：华东师范大学出版社，2012.

陈长兴. 启悟教育［M］.厦门：厦门大学出版社，2021.

储朝晖. 照亮成长：让教育更有智慧［M］.上海：华东师范大学出版社，2023.

崔允漷. 校本课程开发：理论与实践［M］.北京：教育科学出版社，2000.

崔允漷，等. 新课程关键词［M］.北京：教育科学出版社，2023.

戴曙光. 简单教数学［M］.上海：华东师范大学出版社，2012.

戴曙光. 数学，究竟怎么教［M］.上海：华东师范大学出版社，2016.

东缨. 教育大境界［M］.北京：北京大学出版社，2006.

杜威. 我们如何思维［M］.伍中友，译. 北京：新华出版社，2015.

方华. 做有温度的教育［M］.北京：中国人民大学出版社，2017.

弗赖登塔尔. 作为教育任务的数学［M］.陈昌平，唐瑞芳，等编译. 上海：上海教育出版社，1995.

傅国亮. 与名师为友［M］.北京：高等教育出版社，2005.

G·波利亚. 数学的发现［M］.刘景麟，曹之江，邹清莲，译. 北京：科学出版社，2006.

G·波利亚. 数学与猜想［M］.李心灿，王日爽，李志尧，译. 北京：科学出版社，2011.

G·波利亚. 怎样解题［M］.涂泓，冯承天，译. 上海：上海科技教育出版社，2011.

葛晓英. 混龄教育的探索与实践［M］.福州：福建人民出版社，2024.

龚春燕. 龚春燕与创新学习［M］.北京：北京师范大学出版社，2006.

顾远，周贤. 教育3.0［M］.北京：中国纺织出版社，2022.

郭少敏. 灯谜逻辑［M］.石家庄：花山文艺出版社，2018.

怀特海. 教育的目的［M］.张佳楠，译. 北京：教育科学出版社，2020.

黄东坡. 发现诗意的数学［M］.武汉：湖北人民出版社，2014.

蒋宗尧. 优秀教师的修炼之道［M］.上海：华东师范大学出版社，2010.

蒋宗尧. 中小学教师教学实用基本功［M］.北京：中国林业出版社，1998.

柯连平. 中学数学解题典型错误分析［M］.福州：福建科学技术出版社，1985.

雷夫·艾斯奎斯. 第56号教室的奇迹：让孩子变成爱学习的天使［M］.卞娜娜，译. 北京：中国城市出版社，2009.

李希贵. 重新定义学校［M］.北京：中国人民大学出版社，2017.

李希贵. 面向个体的教育［M］.北京：教育科学出版社，2014.

李希贵. 新学校十讲［M］.北京：教育科学出版社，2013.

李希贵. 学生第二［M］.上海：华东师范大学出版社，2006.

李希贵. 学生第一［M］.北京：教育科学出版社，2011.

李希贵. 学校制度改进［M］.北京：教育科学出版社，2021.

李希贵. 学校转型［M］.北京：教育科学出版社，2014.

李玉影. 图解培智学校课程层级目标体系——特教教师备课指南［M］.上海：华东师范大学出版社，2021.

李镇西. 自己培养自己［M］.上海：华东师范大学出版社，2017.

廖正义. 科学用脑　启迪人生［M］.厦门：鹭江出版社，2017.

廖正义. 科学用脑与数学教学［M］.福州：福建教育出版社，1999.

林崇德. 智力发展与数学学习［M］.北京：中国轻工业出版社，2011.

林明榕. 学海人生［M］.香港：天马出版有限公司，2005.

刘波. 教师成长力修炼［M］.宁波：宁波出版社，2015.

刘可钦. 教育其实很美［M］.北京：教育科学出版社，2011.

刘可钦. 刘可钦与主体教育［M］.北京：北京师范大学出版社，2006.

刘可钦，等. 大家三小：一所学校的变革与超越［M］.北京：中国人民大学出版社，2018.

刘彭芝. 人生为一大事来［M］.北京：高等教育出版社，2004.

刘胜峰. 做最好的新教师［M］.厦门：鹭江出版社，2015.

卢志文，裔胜东，方炳良. 中华灯谜教程［M］.北京：中国文史出版社，2005.

罗增儒. 数学解题学引论［M］.西安：陕西师范大学出版社，2000.

欧阳维诚. 唐诗与数学［M］.长沙：湖南教育出版社，2002.

欧阳维诚. 寓言与数学［M］.长沙：湖南教育出版社，2001.

帕克·帕尔默. 教学勇气：漫步教师心灵［M］.吴国珍，等译. 上海：华东师范大学出版社，2014.

祁团，丁莉莉. 学校管理的艺术［M］.上海：华东师范大学出版社，2008.

邱国华. 写作思维与训练［M］.南京：江苏凤凰教育出版社，2018.

邱国华. 语文教育观念的实践探索［M］.哈尔滨：黑龙江教育出版社，2023.

邱学华. 尝试　成功　发展［M］.武汉：湖北人民出版社，1996.

邱学华. 尝试教学法［M］.福州：福建教育出版社，1988.

任勇，陈平. 现代中职生心理故事［M］.厦门：厦门大学出版社，2017.

任勇，陈平. 现代中职生职业心理导向［M］.厦门：厦门大学出版社，2014.

任勇. 初中学习方法与能力培养［M］.西安：西北工业大学出版社，1988.

任勇. 好学校之境 [M].上海：华东师范大学出版社，2016.

任勇. 教育教学的辩证之道 [M].武汉：长江文艺出版社，2022.

任勇. 精彩数学就在身边 [M].北京：中国人民大学出版社，2011.

任勇. 任勇：研究让教育更精彩 [M].北京：首都师范大学出版社，2011.

任勇. 任勇：追求数学教育的真谛 [M].北京：首都师范大学出版社，2011.

任勇. 任勇：走向管理的文治境界 [M].北京：首都师范大学出版社，2011.

任勇. 任勇与数学学习指导 [M].北京：北京师范大学出版社，2006.

任勇. 玩出来的数学思维：任勇品玩数学 108 例 [M].北京：开明出版社，2021.

任勇. 为发展而教育 [M].北京：高等教育出版社，2009.

任勇. 现代中职生成才导向 [M].厦门：厦门大学出版社，2010.

任勇. 中学生灯谜猜制与训练 [M].厦门：鹭江出版社，2005.

任勇. 中学数学学习法 [M].西安：西北工业大学出版社，1995.

任勇. 中学数学学习指导的研究与实践 [M].北京：航空工业出版社，2002.

任勇. 走向卓越：为什么不? [M].福州：福建教育出版社，2009.

任勇. 优秀父母悄悄在做的那些事儿 [M].上海：华东师范大学出版社，2022.

苏霍姆林斯基. 给教师的建议 [M].武汉：长江文艺出版社，2021.

孙云晓. 习惯决定孩子一生 [M].北京：北京师范大学出版社，2013.

泰德·丁特史密斯. 未来的学校 [M].魏薇，译. 杭州：浙江人民出版社，2018.

汤勇. 修炼校长力 [M].成都：四川文艺出版社，2009.

汤勇. 做一个卓越而幸福的教育者 [M].北京：教育科学出版社，2012.

唐盛昌. 终生的准备与超越 [M].北京：高等教育出版社，2004.

童其林. 高考数学核心素养解读 [M].哈尔滨：哈尔滨工业大学出版社，2017.

王继华. 家教的革命：王继华文化育人哲思录 [M].哈尔滨：黑龙江教育出版社，2008.

王继华. 家庭文化学 [M].北京：人民出版社，2010.

王连笑. 细节影响数学高考的成败：吃 n 堑，长 m 智（$m>n$）[M].上海：华东师范大学出版社，2011.

王连笑. 中学数学中的整数问题 [M].天津：天津科学技术出版社，1983.

王淼生. 概念：数学教学永恒主题 [M].厦门：厦门大学出版社，2018.

王淼生. 理性数学：我的永恒追求［M］.重庆：西南大学出版社，2024.

王淼生. 数学百题　精彩千解［M］.福州：福建教育出版社，2009.

吴昌顺. 今日做校长［M］.北京：北京出版社，2004.

吴启建. 托起明天的教育［M］.厦门：厦门大学出版社，2013.

吴振奎，吴健，吴旻. 数学大师的创造与失误［M］.天津：天津教育出版社，2007.

吴振奎，吴旻，吴彬. 品数学［M］.北京：清华大学出版社，2010.

吴振奎，吴旻. 数学中的美［M］.哈尔滨：哈尔滨工业大学出版社，2011.

吴振奎，吴旻. 名人　趣题　妙解［M］.天津：天津教育出版社，2001.

吴振奎，吴旻. 数学的创造［M］.上海：上海教育出版社，2003.

吴正宪，刘延革，等. 吴正宪答小学数学教学50问［M］.上海：华东师范大学出版社，2017.

吴正宪，周卫红，陈凤伟. 吴正宪课堂教学策略［M］.上海：华东师范大学出版社，2024.

吴正宪. 吴正宪与小学数学［M］.北京：北京师范大学出版社，2006.

肖川. 教育的理想与信念［M］.长沙：岳麓书社，2002.

肖川. 教育的情趣与艺术［M］.长沙：岳麓书社，2008.

肖川. 教育的使命与责任［M］.长沙：岳麓书社，2007.

肖川. 教育的智慧与真情［M］.长沙：岳麓书社，2005.

肖川. 有"我"的教育学［M］.南昌：江西教育出版社，2023.

肖俊宇. 徜徉语文教研［M］.南京：江苏凤凰教育出版社，2016.

肖俊宇. 教海泛舟［M］.北京：中国文联出版社，2004.

谢俊后. 教育科学研究方法基础100问［M］.天津：天津教育出版社，1992.

谢淑美. 激活师生的成长潜能：班主任专业化修炼之道［M］.长春：东北师范大学出版社，2016.

谢淑美. 教室里的情与智［M］.厦门：鹭江出版社，2014.

谢淑美. 数学写作导学法：创新数学教学方式［M］.长春：东北师范大学出版社，2019.

谢淑美. 小学数学微写作里的大世界［M］.长春：东北师范大学出版社，2014.

谢颖蘋. 幼儿园创意美术活动案例集［M］.上海：华东师范大学出版社，2014.

徐品方. 古算诗题探源［M］.北京：科学出版社，2008.

徐品方. 女数学家传奇［M］.北京：科学出版社，2005.

徐品方. 数学符号史［M］.北京：科学出版社，2006.

徐品方. 数学诗歌解题［M］.北京：中国青年出版社，1997.

徐品方，陈宗荣. 数学猜想与发现［M］.北京：科学出版社，2012.

徐世贵，李淑红. 做个研究型教师［M］.上海：华东师范大学出版社，2019.

徐世贵. 卓越教师成长之路［M］.北京：开明出版社，2015.

严育洪，曾国贤. 让学生灵性成长［M］.北京：教育科学出版社，2011.

严育洪. 教育，你怎么了？［M］.北京：首都师范大学出版社，2015.

燕国材，朱永新，袁振国. 非智力因素与学习［M］.武汉：湖北教育出版社，1987.

燕国材. 智力与学习［M］.北京：教育科学出版社，1981.

杨昌洪. 中国古代教育家思想解读［M］.长春：吉林大学出版社，2009.

杨世明. 数学发现的艺术：数学探索中的合情推理［M］.青岛：青岛海洋大学出版社，1998.

姚跃林. 安静做真实的教育［M］.上海：华东师范大学出版社，2017.

姚跃林. 教育无非服务［M］.上海：华东师范大学出版社，2020.

姚跃林. 让教育带着温度落地［M］.上海：华东师范大学出版社，2017.

姚跃林. 让教育更加尊重生命［M］.上海：华东师范大学出版社，2019.

姚跃林. 让教育稍稍有点诗意［M］.上海：华东师范大学出版社，2021.

应永恒. 本然语文［M］.福州：福建教育出版社，2016.

余文森、洪明. 课程与教学论［M］.福州：福建教育出版社，2015.

余文森. 从有效教学走向卓越教学［M］.上海：华东师范大学出版社，2015.

余文森. 新时代中国课堂教学改革与创新［M］.北京：教育科学出版社，2024.

余文森. 有效教学十讲［M］.上海：华东师范大学出版社，2009.

曾建胜，苏文木. 做有智慧的教师［M］.福州：福建教育出版社，2011.

曾建兴. 每堂都是心育课［M］.武汉：湖北教育出版社，2016.

曾若虹，肖来付. 择善而固执之：曾若虹与"小白鹭"［M］.厦门：厦门大学出版社，2023.

张思明. 用心做教育［M］.北京：高等教育出版社，2005.

张思明. 张思明与数学课题学习［M］.北京：北京师范大学出版社，2006.

张玮. 玮光溢彩 我的十年［M］.北京：中国文化出版社，2012.

张玮. 苇絮轻扬 我的二十年［M］.北京：中国文化出版社，2022.

张远南. 高中数学新课程拓展模块［M］.厦门：鹭江出版社，2006.

赵祥枝. 活力数学 奔跑人生［M］.厦门：厦门大学出版社，2019.

郑钢. 走向未来的教育［M］.上海：上海教育出版社，2024.

郑英. 班主任，可以做得这么有滋味［M］.北京：中国人民大学出版社，2019.

郑英. 教育，可以这么生动有趣［M］.北京：中国人民大学出版社，2021.

郑英. 教育，向美而生［M］.北京：中国人民大学出版社，2019.

郑英. 课堂，可以这么有声有色［M］.北京：中国人民大学出版社，2020.

钟启泉，崔允漷. 新课程的理念与创新——师范生读本［M］.北京：高等教育出版社，2008.

钟启泉. 核心素养十讲［M］.福州：福建教育出版社，2018.

钟祖荣. 现代人才学［M］.杭州：浙江教育出版社，1988.

周弘. 周弘老师给父母们的50个忠告［M］.广州：广东科技出版社，2004.

周勇. 跟孔子学当老师［M］.上海：华东师范大学出版社，2008.

周远生. 周远生与差异化教育［M］.北京：北京师范大学出版社，2020.

朱永通. 教育的细节［M］.上海：华东师范大学出版社，2015.

朱永新. 扎根中国大地办教育：共和国70年教育70人文选［M］.太原：山西教育出版社，2019.

朱永新. 中国著名特级教师教学思想录（二）［M］.上海：华东师范大学出版社，2016.

佐藤学. 静悄悄的革命［M］.李季湄，译.长春：长春出版社，2003.

往事历历在目，教诲时时铭记

写这本书，让我回忆了许多事，想起了许多人。这些事，见证了一位青年教师的一路走来，"我的人生供你参考"，我相信我的人生是有参考价值的；这些人，影响了一位青年教师的成长蝶变，他们是我生命中的贵人，贵人相助，高人点悟。

写这本书，原本还有一章"古今中外大良师"，专门写"古今中外"对我产生影响的中外教育家、大先生，后来我把他们揉进了其他章节里。一辈子学做良师也是一辈子向着教育家那方，把教育家精神融入自己的血液里。

写这本书，我又梳理了许多成长片段。当年吾师的循循善诱，身边同事的榜样引领，教师朋友的同行互助，附近同仁的创新之举，同窗学友的奋斗精神，远方专家的谆谆教诲，书中学者的教育智慧，论道名家的崇论宏议，带教学员的不负韶华……往事历历在目，分类叙说。

写这本书，我又重新翻阅了许多书。写一个人的事，我往往会说到他写的书；说一本书的事，我往往会说到这本书的作者这个人。所以，我会不时地去找书，只有找到相关的书，再次读进去，再次与作者对话，才能更好地写活人物。重读了一百多本书，感觉此时重读胜初读，我对教育、对作者又有了新的认识。

写这本书，我又有了更多的成长思考。成长路上，我们听到、看到、读到、感受到很多与影响成长有关的话语或事件，关键在于师者心悟，也就是于漪老师所说的："一个教师真正的成长就在于他内心深处的觉醒。"唯有觉醒者才能萌生积极向上的心态，学习到想学的、可以学到的东西，把自主发展看作一种需要。

写这本书，还是有一些事、一些人没有写到。尽管这本书写了许多促我成长的故事和人物，但考虑到书的篇幅、章节结构、手头资料、故事类似等原因，还是漏写了一些引领我成长的贵人，盼能理解。你们的教诲，我永远铭记于心。

写这本书，真要感谢好多人。要感谢朱永通老师，他对这本书起到指导性和敦促性的作用；要感谢对书稿审读的几位语文老师，他们说"当第一读者很荣幸"，不让我说出姓名，那我就一拿到样书立即寄给"审读者"；要感谢所有关心这本书写作的朋友，因为要赶书稿，必须专心，推掉了一些朋友之事，这里向大家表达歉意！

特别要说明的是，由于书的篇幅长，头尾跨度比较大，肯定有些要说的人和事有所遗漏，肯定有一些资料未能一一说明作者或出处。即便是写到的人和事也可能会有小部分缺漏或偏差，如无大碍，也请包容。

写完这本书，我在很大程度上对教师成长进行了一次相对深层次的梳理，对教师从普通走向优秀再走向卓越有了更明晰的思路，对教师专业发展有了更科学和理性的认识。

教师成长，是一个永恒的话题。回首往事，对教育生涯的深思永不停止；展望未来，对教师发展的新探已经开始。

一辈子学做教师，一辈子学做良师！

2024 年 10 月 1 日